Sigrid Damm

CORNELIA GOETHE

Insel Verlag

Vierte Auflage 1989
Insel Verlag Frankfurt am Main 1988

Druck: May + Co., Darmstadt
Printed in Germany

Nicht viel werden wir
Mehr von Liebe reden, weil der harte und drückende
Irdische Kerker zusammenfällt wie frischer Schnee.
Francesco Petrarca

„1777 Junius … den 8ten vormittags 11 Uhr gestorben, den 10ten beerdigt: Frau Cornelia Friderica Christiana Göthin Ehe-Gemahlin H. Hofraths- und Land-Schreibers Joh. Georg Schlossers alt 26 Jahr 8 Monath." Eine Grabtafel, schmucklos, mit einer kleinen steinernen Silhouette. Efeu, Stiefmütterchen – es war Ende Oktober, als ich davor stand. Die Tafel eingelassen in die Mauer eines Friedhofes. Die Mauer niedrig, dahinter Stacheldraht, Eisenbahnlinien, Züge lärmen vorbei. Auf der anderen Seite eine Hochstraße voller Autos. Dazwischen, gerade noch geduldet, eine Enklave, der Friedhof, der friedliche Hof mit alten Bäumen und Grabstätten, gepflegt, klein; schnell durchschreitet man ihn. Emmendingen heißt die Stadt, in der das Grab der Cornelia Goethe ist, der Stein verzeichnet auch das, nach dem Junius 1777 und der Zahl 27, der laufenden Eintragsnummer in das Sterberegister des Kirchenbuches, steht: Emmendingen.

Gelegen am südlichen Oberrhein im Breisgau, im Westen die fruchtbare rheinische Tiefebene und die Weinberge des Kaiserstuhls, im Osten Vorberge und Berge des Mittleren Schwarzwaldes. Eine angenehme, wohltuende Landschaft, ein Paradies im Munde der Touristen. Wer auf den Eilwegen in diese Paradiese den kleinen Friedhof in Emmendingen mit der Grabstätte Cornelias aufsucht, tut es wohl zumeist um Johann Wolfgang Goethes willen. Der Name Goethe. Es ist das Grab der Schwester eines großen Dichters.

Ich kam um ihretwillen, kam allein zu Cornelia. Stand vor dem Grab, war voll Zweifel, ob, was mich schon lange bewegte, zu verwirklichen sei: über sie zu schreiben. Kein bedeutsames Werk liegt vor, nur Tagebuchblätter eines jungen Mädchens, auf französisch, in der Zeitmode stilisiert, einige wenige Briefe. Die Überzahl der persönlichen Zeugnisse ist vernichtet. Cornelia ist jung gestorben.

Was war der Grund meiner Zweifel? Ich wollte doch nicht Leistung. Ich wußte doch, daß das Leben dieser Frau gerade im Zuschütten ihrer Ursprünge und Fähigkeiten, im Nicht-Leben bestanden haben muß.

Aber wie etwas beschreiben, was es nicht gab? Einem gestaltlosen, fast ungelebten Leben, ausschließlich im häuslichen Bereich, ereignislos, ohne Ortswechsel, ohne äußere Dramatik, Gestalt geben? Und warum?

Warum sie ein solches Leben lebte – die bedrängende Frage. Feinfühligkeit, Entschlossenheit, Intelligenz, Charakter, Begabung, alles ist Cornelia eigen, dennoch hat sie nicht die Kraft, sie selbst zu sein. Wünsche und Sehnsüchte ersticken in ihr. Immer läßt sie sich von anderen leiten.

Fortwährende Fremdbestimmung. Erst durch den Vater, der streng ist und den sie haßt. Dann durch den Bruder, den sie liebt. Harmonisch-heiter und produktiv ist diese Beziehung, doch letztlich auch zerstörerisch, weil der Bruder sie fallenläßt. Schließlich durch den Ehemann, dem sie zutreibt, um dem Vater zu entkommen. In der Bindung zwischen Frau und

Mann wiederum Fremdheit, vielleicht die schmerzlichste, die Haß und Liebe zugleich löscht und nur kalte Gleichgültigkeit beläßt.

„Er hat mir meine Güter genommen. Mein Lachen, meine Zärtlichkeit, mein Freuenkönnen, mein Mitleiden, Helfenkönnen, meine Animalität, mein Strahlen, er hat jedes einzelne Aufkommen von all dem ausgetreten, bis es nicht mehr aufgekommen ist. Aber warum tut das jemand, das versteh ich nicht ..." Ingeborg Bachmann schreibt das in „Der Fall Franza". Cornelias Schicksal, immer wieder durchlebt, an keine Zeit und Umwelt gebunden. Aufhebbar nur im Bewußtmachen.

Cornelias Grab in Emmendingen, ihr steinernes Bildnis auf der Grabplatte, ich trete einen Schritt vor, lege meine Hände darauf. Oktoberkalter Stein.

Erinnere mich an Zeichnungen, die ich von Cornelia kenne. Eine vom Bruder auf einem Korrekturbogen des „Götz". Mit Bleistift, eine Seitenansicht. Große Ähnlichkeit mit dem Bruder. Für Zwillinge hielt man die Geschwister. Die gleiche Nase, die gleiche hohe Stirn wie der Bruder, aber tiefer liegende Augen, lange Wimpern, geschwungene Brauen. Die Lippen geschlossen, zart und voll. Im Gesicht eine glückliche, in sich gekehrte Heiterkeit. Das Profil klar, schön, streng. Nur die Frisur entstellend, ein unvorteilhafter Aufbau, der Zeitmode entsprechend. Etwa 1770 soll Goethe die Zeichnung gemacht haben, zwanzig ist Cornelia da. Das Porträt hat sehr viel gemeinsam mit dem, was Goethe Jahre später von Charlotte von Stein entwirft beziehungsweise das ihm als Zeichner und ihr als der Porträtierten zugeschrieben wird. Bis heute ist ungeklärt, ob es wirklich Charlotte ist oder nicht doch die Schwester Cornelia. Die Ähnlichkeit beider Frauen, von Johann Georg Zimmermann belegt, der Charlotte wie Cornelia gut kannte, erschwert die Entscheidung. Freundin und Schwester, vielleicht ist es der liebende Blick Goethes, der Gemeinsamkeiten in den Zügen beider Frauen wahrnimmt und zeichnerisch übersteigert.

Ein anderes Bild Cornelias sehe ich vor mir. Es ist mir das vertrauteste. Eine Frau, sensibel, erotisch, mit empfindsamen Zügen. Eine eigenwillige, faszinierende Schönheit. Nichts Gefälliges. Da will nichts nach außen strahlen. Aber etwas ruht in ihr, scheinbar von niemandem erweckt, von niemandem gebraucht. Eine berührende, betroffen machende Einsamkeit geht von dem Bild aus und zugleich eine große Ermutigung, eine innere Kraft, die ich sonst nur von den Selbstporträts der Paula Modersohn-Becker und der Frida Kahlo kenne.

Cornelia Goethes Kopf ist nach vorn geneigt, der Blick gesenkt, die Augen von den Lidern verdeckt. Schwere Lider. Eine schmale Nase. Das volle lange Haar ist nach hinten gekämmt und aufgesteckt, ganz natürlich. Ein Bild ohne die geringste Spur von Koketterie, ohne Pose. Der Maler Johann Ludwig Ernst Morgenstern hat das Porträt geschaffen. Es ist eine Rötelzeichnung, weiß gehöht. Zwischen 1772 und 1775 entstanden, vielleicht als Cornelia schon eine verheiratete Frau ist, ein Kind in ihrem Leib trägt.

Der Bruder wird viele Jahre später die Schwester in „Dichtung und Wahrheit" schildern. Einzig seine Worte haben die Erinnerung an diese Frau nicht gänzlich gelöscht. Ohne ihn wäre Cornelia vergessen. Seine Darstellung löst die Fragen nach ihrem Leben aus. Kleine Freundlichkeiten, Zärtlichkeiten der

Kindheit, verstreut über die vielen Seiten, ändern an einem Grundeindruck nichts, er setzt sich fest, wächst: Häßlichkeit bleibt im Gedächtnis. Unsinnlich, häßlich, lebensunfähig sei sie gewesen. Das ist Goethes Urteil über Cornelia. Eigene frühe Zeugnisse seiner jahrelangen liebenden Vertrautheit mit der Schwester sowie Zeugnisse Dritter sprechen eine andere Sprache. Warum Goethes späte, befremdliche Abwehr, sein vernichtendes Urteil?

„Er hat mir meine Güter genommen. Mein Lachen, meine Zärtlichkeit ...", schreibt Ingeborg Bachmann und fragt: „Aber warum tut das jemand, das versteh ich nicht, aber es ist ja auch nicht zu verstehen, warum die Weißen den Schwarzen die Güter genommen haben, nicht nur die Diamanten und die Nüsse, das Öl und die Datteln, sondern den Frieden, in dem die Güter wachsen, und die Gesundheit, ohne die man nicht leben kann, oder gehörten die Bodenschätze mit den anderen Schätzen zusammen, manchmal glaub ich es."

Am siebenten Dezembertag des Jahres 1750 wird Cornelia Goethe geboren. „Willkommen, kleine Bürgerin / Im bunten Tal der Lügen! / Du gehst dahin, du Lächlerin! / Dich ewig zu betrügen."

Frankfurt ist der Geburtsort des Mädchens, die Stadt, die „unstreitig in einer der schönsten Gegenden in gantz Teutschland" liegt. „Der Mayn lauffet an dessen Mauren hin und theilet es in zwey Theile, davon die eine Seite ihren Nahmen zum Gedächtnüß der alten Francken beybehalten hat; die andere aber Sachsenhaussen genennet wird ..." Die „Laage" sei die „anmuthigste von der Welt".

„Gegen Morgen siehet man das Gebürge des Oden-Walds, und gegen Abend dasjenige des Wester-Walds. Der von dieser Gegend herab fliessende Mayn-Strohm läst jenes zur lincken und dieses zur rechten Hand, und formiret mit denen an dessen Uffern nächst der Stadt angelegten vortrefflichen Lust-Gebäuden und Gärten allenthalben eine weite und entzückende Ebene", wie in der „Beschreibung des gegenwärtigen Zustandes der Freien Reichs- Wahl und Handels-Stadt Franckfurth am Main" von 1747 nachzulesen ist. Ihr Verfasser Johann Bernhard Müller meint: „Wen Gott lieb hat den giebt er Wohnung und Nahrung zu Frankfurth."

Der Dezember des Jahres 1750 ist kalt. Früher Wintereinbruch. Die flache Ebene nach der West- und Südwestseite der Stadt mit ihrer Mannigfaltigkeit der Fruchtfelder, Obst- und Weingärten, liegt starr. Ebenso das getreidereiche Wetterauische Plateau im Nordosten. Einzig Töne in Weiß und Grau. Die Wiederholung am kahlen Himmel. Farblos die Landschaft. Auch der Fluß farblos. Eisstücke treiben darauf. Hauchdünne. Sie treiben dem Ufer zu, am Ufer schichten sie sich übereinander mit einem merkwürdigen Geräusch. Ein hoher singender Ton. Abklingen, Wiederkehr; jede Welle, jede Windbewegung erzeugt ihn von neuem. Die Eisstücke, sie bilden sich unablässig und werden unablässig zerstört.

Auch in der Stadt am Fluß, in Frankfurt, die Wiederkehr des gleichen. Kinder werden geboren, Mädchen und Jungen. Am siebenten Tag des Dezember 1750 das Mädchen Cornelia. Unweit des Stromes in einem verwinkelten gotischen Haus in einer Stube zu ebener Erde.

Der erste Schrei. Kälte, Unbehagen, die Berührung fest zugreifender Hände, die Wohligkeit der mit einer Bettpfanne angewärmten Wiege. Die Aufregung im Haus läßt nach, das Umherrennen, Türenschlagen. Die Kessel mit heißem Wasser in der Küche werden vom Herd gezogen.

Die Mutter ist selbst fast noch ein Kind. Mit siebzehn ist sie an einen viel älteren Mann verheiratet worden, an Johann Caspar Goethe, einen gebürtigen Frankfurter. Achtunddreißig Jahre alt, Kaiserlicher Rat und Besitzer eines ansehnlichen Vermögens. Sie, Catharina Elisabeth, ist die Tochter des Stadtschultheißen und Bürgermeisters Textor. Soziales Prestige bringt sie in die Ehe, er das Geld. Eine für beide Seiten vorteilhafte Verbindung, geschlossen von den Familien. Im ersten Ehejahr das erste Kind, ein Junge, Johann Wolfgang. Nun Cornelia.

Im Haus am Großen Hirschgraben wird das Mädchen geboren. Der Hirschgraben war einst, wie der Name sagt, Wildgehege, die Stadtmauer schloß sich an. Später wird der Graben zugeschüttet, die Fläche bebaut. Gotische Häuser mit Steildächern, doppelten Dachböden, Ecken und Winkeln entstehen. Zwei davon gehören Cornelias Vater Johann Caspar Goethe. Spielstätte in den ersten Kinderjahren. Geheimnisvoll, angsterregend, bergend; die verstaubten Dachböden mit dem vielen Gerümpel, die Mägdekammern und Stuben der Diener, die Küche im Erdgeschoß mit dem großen Herd, dem Rauchfang, die Vorratskammern mit den lockenden Gerüchen, die dunklen Gewölbe unter der Erde, die Treppen, Wendeltreppen und Verstecke im Haus. Im obersten Stock vom Gartenzimmer aus der Blick in die Nachbargrundstücke, bis zur Ringmauer Frankfurts hin, zum Galgentor, durch das die zum Hängen Verurteilten zur Richtstätte herausgeführt werden, durch das Kaiser und Könige ihren Einzug halten, dahinter eine weite Ebene und rechts, zum Roßmarkt hin, in der Ferne die Erhebungen der Taunusberge.

Cornelia wächst mit mehreren Kindern im Haus am Hirschgraben auf. Da ist der Erstgeborene, ihr Bruder Johann Wolfgang, genau ein und ein viertel Jahr älter als sie. Zwei Jahre nach ihr wird Hermann Jakob geboren, 1754 die Schwester Catharina Elisabeth, 1756, am 1. April, wird ein Kind tot geboren, siebenundfünfzig dann kommt Johanna Maria zur Welt, sechzig der Bruder Georg Adolf. Die Kinder erleben sich nie alle miteinander. Die Schwestern und der Bruder Adolf sterben im Alter von einem und zwei Jahren, Hermann Jakob mit sieben Jahren.

Zu Cornelias früher Kindheit gehört die Großmutter väterlicherseits. Sie lebt mit im Haus, bewohnt die Stube zu ebener Erde nach dem Garten hin. Von ihr, Cornelia Goethe, hat die Enkeltochter den Namen. Oft wird das Mädchen bei ihr gewesen sein. Die alte Frau, immer in Weiß gekleidet, wie überliefert ist, hat Zeit, redet, erzählt, verwöhnt die Enkel. Zum Beispiel schenkt sie ihnen das Puppentheater. Der Mechanikus Winkler führt es vor. Es ist das letzte Geschenk der Großmutter. 1753 erkrankt sie, die Kinder dürfen nicht mehr zu ihr, ein Jahr später stirbt sie.

Zu ihren Lebzeiten wagte Johann Caspar Goethe keinerlei bauliche Eingriffe in die einst von der Mutter erworbenen zwei gotischen Häuser am Hirschgraben. Der Plan zu einem Umbau muß ihn aber schon lange beschäftigen, denn sofort nach dem Tod der Mutter beginnt er mit der Ausführung. Aus den verwinkelten alten Gebäuden soll ein einziges Haus werden, in modernem Stil, mit großen Zimmern, breiten Treppen, alles geräumig und hell.

Die Zeit der Bautätigkeit ist eine aufregende Zeit für die Kinder. Der Vater hat zu tun, die Kinder sind oft unbeaufsichtigt. Zimmerleute und Maurer sind im Haus. Wände werden durchbrochen, Balken freigelegt, die Wendeltreppe abgerissen. Spielplätze, gefährliche. Als das Dach abgedeckt wird, kann man nicht im Haus bleiben. Cornelia und die Geschwister werden bei Verwandten untergebracht, im Haus „Zum Esslinger" auf dem Hühnermarkt Ecke Neugasse. Es ist das Geschäfts- und Wohnhaus des Spezereihändlers Georg Adolf Melber und seiner Frau Johanna Marie, der „lustigen Tante Melber", Schwester der Mutter. Wie zu Hause gotische Gewölbe und Treppen. Aber mehr noch, aus dem Fenster der Blick auf Markttreiben und Messegewühl. Cornelia wird oft am Fenster gestanden haben, die Augen weit, wird das Fenster öffnen, wird sehen und beobachten. Eine lärmende Welt, die an ihr vorbeizieht. Entfernt, nicht greifbar. Wie gern möchte sie näher sein. Neidvoll sieht sie den Bruder Wolfgang da unten zwischen den Menschen, den Buden, Fässern, Wagen, Ständen. Er streift umher. Sie als Mädchen darf das nicht, unschicklich ist es. Manchmal erzählt der Bruder Cornelia von seinen Abenteuern in der Stadt.

Nach zwei Jahren, Ende 1756, ist der Umbau am Hirschgraben beendet. Johann Caspar Goethe hat sich mit dem modernen Haus den Raum geschaffen, in dem er ein Leben nach seinen Vorstellungen führen kann: eine auf Bildung und Besitz gerichtete Existenz. Da der Vater für Cornelia dreiundzwanzig Jahre in diesem Haus die beherrschende Gestalt ist, muß von ihm geredet werden.

Johann Caspar Goethe bekleidet niemals in seinem Leben ein öffentliches Amt. Er übt keine Tätigkeit aus. Er lebt von dem vielen Geld, das er geerbt hat, lebt als Partikular, als Privatmann. Er ist der Sohn eines Schneidermeisters aus dem Thüringischen, der als junger Mann in Paris und Lyon lebte und sich 1686, ein Jahr nach der Aufhebung des Edikts von Nantes, als strenger Lutheraner in Frankfurt am Main niederläßt. In zweiter Ehe heiratet er 1705 die Witwe des Gasthalters Schellhorn, sie bringt die Gast- und Schildwirtschaft „Zum Weidenhof" an der Zeil in Frankfurt als Mitgift ein. Dort wird Cornelias

Vater 1710 geboren. Nicht Schneider soll der Sohn werden, sondern Jurist; mit Doktortitel und Degen an der Seite sieht der Vater ihn wohl. Mit vierzehn schickt er ihn auf das angesehene lutherische Casimirianum in Coburg. Unterricht in Latein, theologische Bildung, strenger Glaube. Diese Prägung hält sein Leben lang an.

Als Johann Caspar Goethe zwanzig ist, stirbt sein Vater, und er ist künftiger Erbe eines großen Vermögens: der Weidenhof, zwei Häuser, Gartengrundstücke, 14 Insätze und Grundstücksbeleihungen, 17 Sack Geld, nach den Münzen der verschiedenen Staaten sortiert. Nach dem Tode des Vaters setzt Johann Caspar seine Ausbildung fort, zunächst in Gießen, dann vier Jahre an der Universität Leipzig. 1735 geht er ans Reichskammergericht in Wetzlar, mit achtundzwanzig promoviert er zum Doktor der Jurisprudenz. Verschiedene Laufbahnen stehen ihm offen, an der Universität, in Freien Städten, im Fürstendienst oder in der Diplomatie. Als junger wohlhabender Mann geht er aber zunächst auf Kavalierstour. Gleich nach der Promotion, Ende Dezember 1738, bricht er auf. Drei Jahre Bildungsreisen. Italien: Venedig, Padua, Bologna, Loreto, Siena, Rom, Genua. Es wird das große Erlebnis. Später beschreibt er es ausführlich in seinen „Viaggio in Italia". Nach Italien kommt Frankreich. Paris. Schließlich Straßburg. Dort läßt er sich mit einunddreißig Jahren nochmals für ein Semester an der Universität immatrikulieren, um den berühmten Johann Daniel Schöpflin zu hören.

Ende 1741 ist Johann Caspar Goethe wieder in seiner Geburtsstadt. Die nächsten anderthalb Jahre scheinen allein durch die Anteilnahme an der in Frankfurt stattfindenden Kaiserkrönung ausgefüllt zu sein. Dreißig Wahlkonferenzen in ihrer Vorbereitung,

Feste, Feuerwerke, Manifeste, Bälle – ein unvorstellbarer Aufwand. Das Krönungs-Diarium, zwei umfangreiche Foliobände in schönem Druck mit vielen Kupfern, die Tag für Tag der Jahre 1742/43 festhalten, wird Johann Caspar seinen Kindern oft zeigen. Ein Höhepunkt in seinem Leben. Am 15. März 1742 ist dann die Zeremonie, die „graduirte und übrige Bürgerschaft“ schwört dem bayrischen Kurfürsten Karl Albrecht den Huldigungseid, er wird als Karl VII. zum Römischen Kaiser Deutscher Nation gewählt und residiert fortan in der Zeil in Frankfurt. Er ist ein Gegner Habsburgs. Bayern erkennt die Thronfolge Maria Theresias nicht an und löst damit den österreichischen Erbfolgekrieg aus, der ganz Europa überzieht. Fast zeitgleich mit der Wahl des Bayern zum deutschen Kaiser reiten in München die Husaren Maria Theresias ein. 1743 siegt dann ihr Verbündeter Georg II., König von England, unmittelbar vor den Toren Frankfurts bei Dettingen über die Franzosen und Bayern. Dann wendet sich der Krieg nochmals. Karl VII. zieht 1744 wieder in München ein, ein Jahr später stirbt er. Wiederum in Frankfurt Vorbereitungen zu Krönungsfeierlichkeiten. Am 13. September 1745 wird dann ein Habsburger, der Gatte Maria Theresias, als Franz I. zum deutschen Kaiser gewählt.

Geschichtsdaten, die ein Stück Lebensgeschichte Johann Caspar Goethes sind. Vom bayrischen Kaiser Karl VII. erkauft er sich in der kurzen Zeit von dessen Herrschaft den Titel eines „Wirklichen Kaiserlichen Rates“. Das Gesuch liegt im Goethe- und Schiller-Archiv in Weimar. Die Ernennung erfolgt am 16. Mai 1742. 313 Gulden und 30 Kreuzer bezahlt Johann Caspar Goethe dafür. Das Geld wird unter die Beamten der Kanzlei verteilt. Nur der Schultheiß von Frankfurt, die sieben ältesten Schöffen und der älteste Syndikus tragen einen solchen Titel. Es ist eine außerordentliche gesellschaftliche Repräsentanz, die sich damit verbindet.

Der Beginn einer großen Laufbahn für Johann Caspar Goethe? Sein Sohn Wolfgang wird später in „Dichtung und Wahrheit" schreiben, daß Politik, schneller Wechsel der deutschen Kaiser, die Karriere des Vaters zerstört habe. Unter dem Bayern ernannt, habe er vor den Habsburgern keine Gnade gefunden. Er erzählt auch, der Vater habe sich sogar für ein Amt ohne Bezahlung zur Verfügung gestellt, das sei aber abgeschlagen worden, verletzt habe er sich zurückgezogen und geschworen, niemals eine Stellung anzunehmen. Es gibt keine Belege für diese Version, keinen Beleg, daß sich Johann Caspar Goethe jemals um eine berufliche Karriere bemühte, seine Dienste dem Hause Habsburg oder irgendeinem anderen Staate anbot.

Der käufliche Erwerb des Titels „Wirklicher Kaiserlicher Rat" geschieht offenbar einzig, um gesellschaftsfähig und zugleich gesellschaftlich unabhängig zu werden. Johann Caspar Goethe setzt sich mit zweiunddreißig zur Ruhe, lebt zurückgezogen als Privatmann. Er steigt in jene Schicht in Frankfurt auf, die sich als geistige Nobilität versteht. Kunstliebhaber, Sammler, Mäzene im kleinen, Geselligkeiten, ein offenes Haus.

Unter solchem Aspekt wählt der Achtunddreißigjährige wohl auch seine Frau, die Tochter des ersten Mannes der Stadt, des Schultheißen Textor. Am 20. August 1748 wird die Hochzeit gefeiert, „in des Herrn Hoff-Rath von Lohnen garten vor dem St. gallen Tohr unten an der Wind Mühlen gelegen". Das junge Mädchen muß sich unter Anleitung ihres Ehemannes in Sprachen, Klavierspiel und Singen vervollkommnen. Johann Caspar Goethe selbst beherrscht mehrere Sprachen, zeichnet, spielt Laute, besucht Konzerte, geht in Bürgerhäuser, in denen man sich zu Gastmählern und Vorträgen zusammenfindet. Auch in seinem Haus versammelt sich wöchentlich ein Freundeskreis, ein „amici vicorum".

Nach dem Umbau des Hauses am Hirschgraben wählt Johann Caspar Goethe ein neues Wappen. Wie er seine Person, sein Haus und das Leben, das er darin führt, gedeutet wissen will, drückt er darin aus. Unter das Wappen der Textors fügt er im Bandstreifen von links unten nach rechts oben drei Leiern. Das Haus „Zu den drei Lyern" heißt es fortan. Im Dienste der Künste und Wissenschaften sieht sich Johann Caspar Goethe.

Sein Lebensstil entspricht dem ganz. Er sammelt Bücher, Steine, Gewehre, Kunstgegenstände. Zum Beispiel aus Holz geschnittene Figuren von niederländischen und deutschen Meistern. Bei einer Auktion kauft er allein fünfzig Figuren, wie der Katalog ausweist. Er besitzt viele Skulpturen und Gegenstände aus Gips und weißem Ton mit antiken und mythologischen Darstellungen. Vor allem aber sammelt Johann Caspar Goethe Gemälde. Frankfurt hat damals eine große Bedeutung als Kunstmarkt, ist Umschlagplatz der Kunst zwischen den Niederlanden und Italien, und die zeitgenössischen Maler stellen hier aus, Tischbein aus Kassel und Seekatz aus Darmstadt. Johann Caspar erwirbt nicht alte Bilder, sondern zeitgenössische, die er zum Teil selbst in Auftrag gibt. Er ist mit Johann Friedrich Uffenbach befreundet, dem die Maler der Stadt, sich gerade aus dem Zunftzwang der Weißbinder und Anstreicher lösend, das Präsidium ihrer neuen Zunft antragen. Johann Caspar Goethes Auftragserteilung ausschließlich an Künstler der Frankfurter Malerschule ist ungewöhnlich. Hundertzwanzig Bilder etwa sind es, die sich in seiner Sammlung befinden. Heinrich Sebastian Hüsgens Kunstführer durch Frankfurt von 1780 zählt Goethes Kabinett zu den sehenswerten der Stadt und verzeichnet die wesentlichen Maler.

Die großzügige Lebensweise im Haus am Hirschgraben ist möglich, da Johann Caspar Goethe über ein zinstragendes Vermögen von 70000 Gulden verfügt. Er gehört damit längst nicht zu den reichsten Bürgern der Stadt. Der Frankfurter Seidenhändler Firnhaber zum Beispiel besitzt 600000 Gulden, der Schnupftabakfabrikant Jacob Bolongaro-Crevenna 2 Millionen Gulden. Zum Vergleich: ein Handlanger verdient täglich 20 Kreuzer, ein Dienstbote bekommt pro Jahr 15 bis 24 Gulden, der Stadtprediger hat ein Gehalt von 500 Gulden jährlich, und Cornelias Großvater Textor, der höchstbezahlte Beamte der Stadt, bezieht jährlich 1800 Gulden. Die Familie Goethe gibt pro Jahr, wie die Buchführung der Jahre 1753–1759 ausweist, im Durchschnitt 2592 Gulden aus. Der Hausumbau allein kostet 14000 Gulden.

Cornelia wächst also in einer Welt von äußerster Wohlhabenheit auf. Da fehlt es an nichts. Schon die Vierjährige bekommt ein silberbesticktes Kleid für 4 Gulden und 32 Kreuzer. Die Sechsjährige erhält einen mit Pelz besetzten Rock für 48 Gulden, wie das Rechnungsbuch vom 18. Dezember 1756 ausweist. Oft fügt Johann Caspar Goethe den Kleiderausgaben ein „Novissima forma“ hinzu, was heißt, vom allerneuesten Zuschnitt. Auch Cornelias Bruder und natürlich Johann Caspars Frau werden in dieser Weise versorgt.

Gleichermaßen Wert legt der Vater auf die Erziehung seiner Kinder: „Mein Vater war lehrhafter Natur und wollte gern dasjenige, was er wußte und vermochte, auf andere übertragen. Ihm fehlte keine der Eigenschaften, die zu einem rechtlichen und angesehenen Bürger gehören", schreibt Goethe rückblickend. Es gibt kaum Dokumente, die zu Aufschlüssen über Mentalität und Charakter Johann Caspar Goethes führen könnten. Die wenigen Überlieferungen geben ein einseitig starres Bild eines äußerst strengen, sich an Prinzipien orientierenden Menschen. Ist das wirklich alles? Gibt es keine Zwischentöne? Wie war Johann Caspar Goethe als junger Mann, was erfreute, erzürnte ihn? Wie war er später? War er genußfähig, heiter, zog er inneren Gewinn aus seinem Besitz, seiner Bildung? Die Fragen bleiben offen.

Die Überlieferer, die Ehefrau, der Sohn Wolfgang, indirekt über letzteren die Tochter Cornelia, sprechen aus der Perspektive von Betroffenen. Sie leiden unter Johann Caspar Goethe, unter den Eigenschaften, die wohl dominierend gewesen sein müssen, und geben damit seine Person in der für sie bedrückenden Einseitigkeit ohne die vielleicht doch vorhandenen Zwischentöne wieder. Ich denke, daß Johann Caspar Goethe mit seinem selbstgewählten Leben als Privatmann letztlich nicht einig werden konnte, das Fehlen eines öffentlichen Betätigungsfeldes sich auf sein ganzes Wesen auswirkte. Die Kehrseite war, daß er aus diesem Mangel heraus seine Familie und die Erziehung seiner Kinder als Hauptinhalt seines Lebens sah. Das Haus am Hirschgraben ist sein alleiniger Aufenthalts- und Arbeitsort. Diese ausschließliche Konzentration auf die Familie bringt es mit sich, daß er im autoritären Verhältnis zu Frau und Kindern soziales Unausgefülltsein und Unsicherheit kompensiert. Alles deutet darauf. Er muß seine „lehrhafte Natur“ im Laufe der Jahre immer stärker herausgekehrt haben, muß zunehmend pedantisch, schwierig und grillenhaft geworden sein und sich und seine Familie mit seiner didaktischen Manie tyrannisiert haben.

Seine junge Frau Catharina Elisabeth leidet darunter, versucht sich aber zu entziehen. Heiter, sinnenfroh, wie sie ist, prallt sein Bildungstrieb an ihr ab. Johann Caspar bekommt sie offenbar nie in den Griff. Sie ist nicht uninteressiert, im Gegenteil, ihre Liebe zum Theater, zu Musik und Literatur sind belegt, desgleichen ihre Anteilnahme am Leben von Künstlern, ihre Warmherzigkeit, ihre Lebensklugheit. Sie sieht alles im lebendigen Fluß und entzieht sich jeder Art von Bildungsbesessenheit durch den Gatten. Rückblickend auf ihre Kindheit schreibt sie einmal, daß sie „Gott danke“, daß ihre „Seele von Jugend auf keine Schnürbrust angekriegt hat, sondern daß sie nach Herzens Lust hat wachsen und gedeihen, ihre Äste weit ausbreiten können und nicht wie Bäume in den langweiligen Ziergärten zum Sonnenfächer ist verschnitten und verstümmelt worden“. Eine Anspielung auf ihren Gatten und seine Erziehungsvorstellungen? Die Verhältnisse damals schließen Widerspruch aus. Catharina Elisabeth tut zu Lebzeiten alles, wie es der Mann wünscht. Opposition wird lediglich heimlich betrieben. Als Schild werden die obligatorischen Hausfrauenpflichten vorgehalten. Kaum ist denkbar, daß es ihre wirkliche Abneigung gegen die bildende Kunst gewesen ist, sondern vielmehr die gegen ihren Mann und seine systematische Sammlertätigkeit, die sie später seine Skulpturen und Plastiken als „Nacktärsche“ bezeichnen läßt und sie nach seinem Tode, als sie eine kleine Wohnung bezieht und das Haus am Hirschgraben räumt, sagen läßt: „... alles kling klang wird verkauft ..." Vom Seekatzschen Familienporträt, auf das Johann Caspar so stolz war, meint sie, Rahmen und Brett zum Übermalen seien noch tauglich.

Die Kinder aber können sich dem Vater nicht entziehen. „In dem Verhältnis der Kinder zu den Eltern", schreibt Goethe auf einem Blatt, das er „Dichtung und Wahrheit" einfügen wollte, „entwickelte sich der sittliche Charakter der ersten eigentlich gar nicht. Der Abstand ist zu groß. Dankbarkeit, Neigung, Liebe, Ehrfurcht halten die jüngeren und bedürftigen Wesen zurück, sich nach ihrer Weise zu äußern. Jeder tätige Widerstand ist ein Verbrechen. Entbehrungen und Strafen lehren das Kind schnell auf sich zurückzugehen und, da seine Wünsche sehr nahe liegen, wird es sehr bald klug und verstellt." Johann Caspar Goethe ist ein Vertreter des Barock und seiner Pädagogik, in ihr gilt das Familienoberhaupt als Stellvertreter Gottes.

Da er alles, wie der Sohn später sagt, „nur durch unsäglichen Fleiß, Anhaltsamkeit und Wiederholung erworben" hat, verlangt er Gleiches von seinen Kindern. Streng und unnachgiebig ist der Vater. Er entwirft einen Erziehungsplan, bestimmt die Lehrer, zehn sind es insgesamt, die seine Kinder im Laufe der Jahre unterrichten. Er scheut keinerlei Kosten, und er beaufsichtigt, prüft, gibt ihnen auch selbst Stunden. Ein anstrengendes Programm, das er mit großer Konsequenz durchsetzt.

Erlernen von Lesen und Schreiben bereits im dritten Lebensjahr, Elementarunterricht auch in anderen Fächern, mit sieben Griechisch und Latein, mit neun kommt Französisch hinzu. Und immer wieder das Fach Schönschreiben. Mathematik. Unterweisungen im Zeichnen, im Spielen eines Instrumentes. Italienischunterricht, vom Vater erteilt. Englisch, Geographie, Einführung in das Studium juristischer Werke, Fechtunterricht, Reiten, Anstandslehre, Tanz.

Die Kinder sind vollauf beschäftigt. Bei Cornelias Brüdern dient der Unterricht von vornherein der Vorbereitung eines Universitätsstudiums. Bei ihr aber, dem Mädchen? Johann Caspar Goethe macht etwas für seine Zeit Ungewöhnliches, er läßt seiner Tochter Cornelia dieselbe Bildung zuteil werden wie seinen Söhnen Wolfgang und Jakob. Sicher gibt es graduelle Unterschiede vom Alter der Kinder her, auch mag der Schwerpunkt auf dem Erstgeborenen liegen, bei Cornelia wird mehr Wert auf musische Fächer gelegt werden. Aber im Prinzip erhält das Mädchen die gleiche umfassende Ausbildung wie die Brüder.

Bereits im Mai 1753, die Tochter ist noch nicht einmal drei, schickt der Vater sie zur „Ludimagistrae Hoffin". Maria Magdalena Hoff ist die erste Lehrerin Cornelias. Sie hat eine Spielschule für Jungen und Mädchen, der Bruder Wolfgang ist seit einem Jahr dort. Etwa zwanzig Kinder aus den angesehensten Familien der Stadt kommen da zusammen.

Jeden Tag nun für Cornelia der aufregende Gang durch die Stadt. Freilich, es ist nicht weit, im Sechsten Quartier, das den Großen Hirschgraben, die Weißadlergasse, die Katharinenpforte und den Großen Kornmarkt umfaßt, befindet sich das Haus der Frau Hoff. Cornelia wird von einem Diener hinbegleitet. Zum Mittagessen wird sie in das Haus am Hirschgraben zurückgeholt. Den Nachmittag verbringt sie wieder in der Schule. Es ist eine Ganztagsschule. Biblische Geschichten werden erzählt, aus volkstümlichen Erbauungsbüchern wird vorgelesen. Die Einführung in das Schreiben, Lesen und Rechnen beginnt. Das ist meist nur für die Knaben, die Mädchen lernen Stricken. Cornelia interessiert sich für das, was die Jungen tun. Der Bruder wird ihr schon im Vorjahr im Haus am Hirschgraben stolz seine Kenntnisse vorgeführt und sich ihr gegenüber als kleiner Lehrer betätigt haben. Er borgt ihr seine Tafel mit den Linien, gibt ihr Papier, läßt sie probieren. Übt mit ihr, wie es die Schulmeister tun. Buchstaben, Silben, Worte und Sätze werden mit Bleistift geschrieben, Cornelia muß sie mit Tinte nachziehen. Einiges kann das Mädchen wohl schon, als sie sich an den großen Tisch bei Frau Hoff setzt. Ein Abc-Buch mit den Sprüchen Salomonis kauft der Vater am 14. Februar 1754 für zwölf Kreuzer.

Bald gibt es für das Mädchen in der Spielschule der Maria Magdalena Hoff nichts mehr zu lernen. Der Vater nimmt Cornelia heraus, meldet sie im Rolandschen Institut an. Diese Lehranstalt, an die eine Pension gebunden ist, wird von dem Franzosen Johann Nicolaus Roland geleitet. Die Schule bietet ein vielseitiges Unterrichtsprogramm, das das der deutschen Schulmeister weit übertrifft. In den „Frankfurter Tag- und Anzeigen-Nachrichten" vom 16. Oktober 1753 erscheint ein Avertissement, Roland verkündet, „die Jugend beiderlei Geschlechts mit Hilfe der geschicktesten Meister in allen Wissenschaften zu unterrichten". Die Anstalt wird, wie das Schüler-Verzeichnis vom 1. Juli 1755 ausweist, von den Kindern der reichsten Frankfurter Bürger besucht.

Cornelia im Rolandschen Institut. Voll- und Halbpensionäre gibt es da. Cornelia, die die Schule vom 1. April 1756 bis Ende Februar 1757 besucht, gehört wohl zu den Halbpensionärinnen, denn im Rechnungsbuch des Vaters sind in diesem Zeitraum jeweils für den Monat drei Gulden eingetragen. Cornelia beginnt mit dem Französischen, sie vervollkommnet sich weiter im Lesen, Schreiben und Rechnen, lernt etwas Geographie und wird in die Anfangsgründe des Zeichnens eingeführt. Sie erhält ihren ersten Unterricht in den „galanten Wissenschaften", der Anstandslehre. Noch nicht sechs Jahre ist Cornelia, als sie in das Institut kommt, als sie es verläßt, ist sie sieben. Der Bruder besucht diese Schule nicht. Cornelia geht allein, eine kurze Zeit wohl zusammen mit Hermann Jakob. Wolfgang, den der Vater in die Schellhaffersche Quartierschule schickt, ist von April sechsundfünfzig an zu Hause. Er hat die Blattern, ist bis November krank, die Narben im Gesicht bleiben zeit seines Lebens. Erst hat er keinen Unterricht, dann übernimmt der Vater ihn, gibt Latein, zieht nach und nach Privatlehrer für die anderen Fächer hinzu.

Mit dem Austritt aus dem Rolandschen Institut im Februar 1757 endet für Cornelia der Besuch einer öffentlichen Schule. Sie wird fortan zu Haus unterrichtet, meist gemeinsam mit den Brüdern Wolfgang und Jakob.

Die Belastungen durch das Lernen sind für Cornelia groß. Aber auch ihr Eifer und ihre Wißbegier. Sie hat vermutlich eine schnelle Auffassungsgabe, und die Freude am Erlernten, an der eigenen Leistung tröstet sie über manches hinweg. Vielleicht versteht zu diesem Zeitpunkt der Vater auch noch, das Mädchen durch kleine Belohnungen in ständiger Bereitschaft zu halten. Die Zeit zum Spielen allerdings wird knapp gewesen sein. Immer seltener geschieht, was die Mutter später der jungen Bettina Brentano erzählt: „Meine Kinder machten mit ihren Schulkameraden auf Tischen und Stühlen die tollsten halsbrecherischen Gefährlichkeiten, sie bauten Türme und spielten Festungsbelagerung und stürzten Hals über Kopf mitsamt einem unterminierten Turm herunter." Cornelia mit den Brüdern, den Freunden der Brüder, ausgelassen ist sie, wild.

Vergnügungen, wenige, auch außerhalb des Hauses. Spaziergänge am Mainufer, die Beobachtung der kleinen und großen Nachen auf dem Fluß, die Ankunft des von Mainz zurückkehrenden Frankfurter Passagier- und Marktschiffes. Bei Windstille wird es von drei Pferden stromaufwärts getreidelt. Cornelia auf der Promenade, die am Ufer entlangläuft. Sie ist in Begleitung Erwachsener. Herausgeputzt, artig, gesittet, wie es gewünscht wird.

Etwas lockerer geht es zu, wenn ein Gang in die Gärten ansteht. Drei besitzen die Goethes, einen Garten vor dem Friedberger Tor, einen Baumgarten vor dem Eschenheimer Tor und einen Rebhang am Röderberg. Äpfel, Birnen, Zwetschgen, Walnuß, schwarze und weiße Maulbeere, Mandel, Mispel, Weinrebe. Die Rebenernte ist das lustigste Fest, bis in die Dämmerung hinein Lachen und Singen, eigenes und das von anderen Rebgärten herüberschallende, dann mit dem Einbruch der Dunkelheit das Feuerwerk, Lichter am Himmel, Schüsse, auf dem Heimweg Stille und Kühle der Herbstabende.

Auch zur Großmutter Anna Margaretha und zum

Großvater Johann Wolfgang Textor mag das Mädchen gern gehen. Meist Einladungen des Sonntags zum Mittagsmahl, gemeinsam mit den Eltern. „Gänse Flügelgen“, Pastetchen, Kapaun in Gelee und die Brottorte der Großmutter. Und wenn man Halsweh oder Magenverstimmung hat oder vorgibt, sie zu haben, bekommt man eine wohlschmeckende Arznei aus Ehrenpreis, Hirschzungenblättern, Muskatblumen und anderen Kräutern. Aber bald schon werden die Besuche bei den Großeltern Textor seltener, es gibt politische Unstimmigkeiten zwischen Großvater und Vater.

Im Jahr 1756 ist ein Krieg ausgebrochen, den man dann den Siebenjährigen Krieg nennen wird. Preußen hat ihn veranlaßt, und Johann Caspar Goethe steht auf der Seite Preußens, verherrlicht Friedrich. Der Stadtschultheiß Textor dagegen ergreift für Österreich und den Kaiser Partei. Es kommt zu Auseinandersetzungen und beinahe zu Tätlichkeiten zwischen Textor und seinem Schwiegersohn. Am 1. Januar 1759 dann wird Frankfurt von französischen Truppen besetzt, die erst im Februar 1763, nach dem Frieden von Hubertusberg, die Stadt wieder verlassen. Für Johann Caspar Goethe ist es eine unerträgliche Situation, zumal für zweieinhalb Jahre, bis zum 30. Mai 1761, der französische Stadtkommandant Graf Thoranc bei ihm einquartiert wird und in den Prunkräumen des ersten Stockes wohnt. Offiziere und Ordonnanzen im Haus am Hirschgraben, Bittsteller, Bürger. Es ist eine ständige Unruhe. Die große Tür wird nicht abgeschlossen. Zwei Wachen stehen Tag und Nacht davor.

Für die Kinder ist das eine aufregende Sache. Sie erleben den Siebenjährigen Krieg nicht wie unzählige andere als Elend und Not, sie erleben ihn, in ihrem behüteten Großbürgerhaus, als Abenteuer. Nicht nur Militärs gehen bei Graf Thoranc aus und ein, sondern sehr bald die Frankfurter Maler. Der Franzose bewundert die Gemäldegalerie von Johann Caspar Goethe, will eine ähnliche erwerben und löst den größten Mäzenatenauftrag aus, den die Frankfurter je erlebt haben. Wolfgang muß sein Giebelzimmer räumen. Es hat das beste Licht und wird daher Malwerkstatt. Vierhundert Bilder gibt Thoranc in Auftrag und nimmt sie nach den zwei Jahren in seine Heimat Grasse in der Provence mit. Die Kinder werden den Malern oft zusehen, heimlich, gegen den Willen des Vaters, werden beobachten, was im Haus vor sich geht, immer wieder zurückgerufen von Johann Caspar zu ihren Arbeitspflichten, zum Unterricht, zum Üben von Lektionen.

Der Jahresbeginn 1759 bringt nicht nur die durch den Krieg bedingte französische Einquartierung in das Haus am Hirschgraben, in den Januar fällt auch ein Ereignis, das für das Verhältnis von Cornelia und ihrem Bruder Wolfgang folgenreich ist. Wuchs sie bisher mit zwei Brüdern auf, so ändert sich das. Cornelias jüngerer Bruder Hermann Jakob stirbt. Schon im Mai des Vorjahres ist im Ausgabenbuch des Vaters zu lesen „Jakob Weingeistumschläge". Längere Krankheit vermutlich. Nun, am 11. Januar 1759, der Eintrag: „Kosten für das Begräbnis des seligen Jacöbleins, speziell."

„... ich und meine Schwester", erinnert sich Goethe in „Dichtung und Wahrheit", „sahen" uns „allein übrig" und „verbanden" uns „um so inniger und liebevoller". Neun und zehn sind sie da; sechs Jahre, bis zu Wolfgangs Abreise nach Leipzig, ihrem fünfzehnten und seinem sechzehnten Lebensjahr, bleiben sie zusammen.

Geschwisterliche Nähe über viele Jahre. Belege darüber gibt es kaum, einzig Goethes Autobiographie und Bettina Brentanos Aufzeichnungen nach Erzählungen Catharina Elisabeths. Bettinas Bericht enthält zwei aufschlußreiche Stellen. „Zu der kleinen Schwester Cornelia", heißt es, „hatte er, da sie noch in der Wiege lag, schon die zärtlichste Zuneigung, er trug ihr alles zu und wollte sie allein nähren und pflegen und war eifersüchtig, wenn man sie aus der Wiege nahm, in der er sie beherrschte: da war sein Zorn nicht zu bändigen ..." Zuneigung ist offenbar schon zeitig bei Goethe mit Besitzansprüchen verbunden. Und diese erweitern sich zum Bedürfnis, den Besitz nach eigenen Vorstellungen zu formen. Bettina erzählt, daß es der Mutter „sonderbar" aufgefallen sei, daß Goethe „bei dem Tod seines jüngeren Bruders Jakob ... keine Träne vergoß, er schien", schreibt sie, „vielmehr eine Art Ärger über die Klagen der Eltern und Geschwister zu haben. Da die Mutter nun später den Trotzigen fragte, ob er den Bruder nicht lieb gehabt habe, lief er in seine Kammer, brachte unter dem Bett hervor eine Menge Papiere, die mit Lektionen und Geschichtchen beschrieben waren; er sagte ihr, daß er dies alles gemacht habe, um es dem Bruder zu lehren". Soweit Bettina. Man kann es nur so lesen: durch den Tod entzieht sich der kleine Bruder der liebenden Formung durch den Älteren. Das kann ihm der Zehnjährige nicht verzeihen. Selbst wenn wir bei beiden Quellen die Fragwürdigkeit solcher Überlieferungen bedenken, bleibt ein Kern. Goethes Hinwendung ist heftig, besitzergreifend, schließt kindliches Belehrenwollen des anderen ein.

War es beim Bruder so, wird es auch bei der Schwester so sein. Ja, stärker noch, denn Cornelia ist ein Mädchen. Alles, was der Junge um sich herum sieht, bei Eltern, Großeltern, befreundeten Familien, sagt ihm, daß ihr Geschlecht dem seinen zu gehorchen hat. Schon bald wird er sich Cornelia gegenüber ganz selbstverständlich als kleiner Patriarch aufspielen; „gekiffen" und „gedonnert" habe er mit ihr in jenen Frankfurter Jahren, gibt der Leipziger Student in Briefen an die Schwester zu. Da wird er sich schon von dem großen Rousseau bestätigt sehen, in dessen Briefroman „La Nouvelle Héloise" er liest: „Die Frau ist dazu geschaffen, dem Mann nachzugeben und selbst seine Ungerechtigkeit zu ertragen, Knaben kann man nie dahin bringen; ihr innerstes Gefühl erhebt und empört sich gegen die Ungerechtigkeit; die Natur schuf sie nicht, Ungerechtigkeit zu dulden."

Und Cornelia, ist sie die Fügsame, Schmiegsame? Keineswegs haben wir sie uns so vorzustellen. Freilich, sie kann zärtlich, schwesterlich-sanft sein, wenn der Bruder es ist, wenn sie sich mit ihm einig weiß. Aber sie hat auch andere Züge. Die gleichberechtigte Ausbildung, die der Vater ihr zuteil werden läßt, macht sie selbstbewußt, klug, witzig, überlegen. Sie streitet mit dem Bruder, widerspricht.

Von der zwölfjährigen Cornelia haben wir ein Porträt. Der Darmstädter Maler Seekatz hat es geschaffen. Es ist ein Familienbildnis, das Mädchen ist mit den Eltern und dem Bruder darauf. Eine kleine

Dame, Erwachsenenkleid, weiter, langer Reifrock, seegrüne Seide, mit ausschwingenden Schößen, das Oberteil rosafarben, gebauscht, über den kindlichen Brüsten ein Dekolleté. Betont gerade ihre Haltung, fast steif, die Hände vor der Brust artig gefaltet, sie weiß ihre Rolle zu spielen. Überlegen das Gesicht. Heiter, offen, beinahe ein wenig hochmütig. Die großen dunklen Augen blicken den Betrachter herausfordernd an. Auf dem Kopf ein zierliches Häubchen, das ihr gut steht, ein Reif darüber. Auch um den Hals ein Band, alles in der Zeitmode, kostbar, raffiniert. Die Tochter eines reichen Frankfurter Bürgers, eine kleine Person, die weiß, was sie will, die – das Bild sagt es – schon einen ausgeprägten Charakter hat.

Das Porträt zeigt auch jene Spur von Koketterie und Geziertheit, die, im Gegensatz zu den Knaben mit ihrem Erbteil Patriarchat, das Erbteil der Mädchen ist. In sie gesenkter Wahn, durch äußeren Glanz Macht über das andere Geschlecht zu gewinnen. Je stärker der Wahn, um so leichter ist die wirkliche Ohnmacht vergessen. Da ist zum Beispiel vor dem Seekatzschen Familienbild ein anderes Gemälde entstanden, auf dem Schwester und Bruder zu sehen sind. Eines von den vielen, die Graf Thoranc in Auftrag gibt, die Kinder stehen Modell. Beide in einer Art Schäferkostüm. Cornelia im langen Kleid, mit großem rosa Schlepphut, Blumen in der Hand, die sie hochhält, die andere rafft geziert den Rock. Der Bruder vor ihr, in devoter Geste, kniend. Er sieht zu ihr auf, reicht ihr einen Strauß. Spiegelverkehrung; die auch in der Wirklichkeit gefördert und von den Mädchen angenommen wird. Der Bruder durchschaut es, im in Leipzig geschriebenen Lied „Kinderverstand" heißt es über die Knaben:

Und mancher ist im zwölften Jahr
Fast klüger, als sein Vater war.

Über die Mädchen dagegen:

Das Mädchen wünscht von Jugend auf
Sich hochgeehrt zu sehn,
Sie ziert sich klein und wächst herauf
In Pracht und Assembleen ...
Sie sinnt nur darauf, wie sie sich ziert,
Ein Aug' entzückt, ein Herze rührt,
Und denkt ans andre nicht.

Die Schwester aber ist die Ausnahme, sie denkt sehr wohl „ans andere", lebt in ihm, ist daher dem Bruder Ergänzung, Gegenpart, Gefährtin, Gespielin. Eine „an Annehmlichkeit immer wachsende Gesellschafterin" fand er in Cornelia, erinnert er sich.

Wettlauf im Schulischen. Die Anzahl der Stunden, die die Privatlehrer ihr geben, ist ebensogroß wie die seine. Schwester und Bruder haben die selben Lehrer, oftmals werden sie gemeinsam unterrichtet. Aus dem Rolandschen Institut, das die Tochter einst besuchte, hat der Vater gute Lehrkräfte in das Haus am Hirschgraben geholt. Über viele Jahre sind sie Cornelias und Wolfgangs Lehrer, zwei davon setzen ihre Unterweisungen fort, als der Bruder schon die Universität in Leipzig besucht.

Da ist zunächst Johann Heinrich Thym, gebürtig aus Waltershausen im Gothaischen, der Meister der Schönschreibkunst, der „Kalligraph und Privatinformator". Schon die sechsjährige Cornelia lernt bei ihm das Schönschreiben, von ihrem neunten bis zum elften Jahr unterrichtet er sie allein, sonst mit dem Bruder. Bis 1765 – Cornelia ist fünfzehn – tauchen regelmäßig 2 Gulden 45 Kreuzer pro Semester für den „Magister artis scribendi“ im Haushaltsbuch des Vaters auf. Von Thym also hat Cornelia ihre schöne Handschrift, die wie gestochen wirkt, völlig gleichmäßige Züge, nicht die kleinste Unregelmäßigkeit, beinahe zu akkurat. Wie viele Stunden muß sie geübt haben, über Tafeln und die von Thym selbst verfertigten Schönschreibehefte gebeugt, den Federkiel in der Hand, Tinte, Sand und das kleine Messer zum Anspitzen des Kieles neben sich.

Thym unterrichtet Cornelia nicht nur in Schriftkunde, sondern auch in Mathematik, Geographie, Geschichte und Naturkunde. Wie reich der Unterricht von Stoff und Umfang her ist, entzieht sich unserer Kenntnis.

Ein weiterer Lehrer ist Domenico Giovinazzi. Er ist ein Dominikanermönch, der aus Glaubenszweifeln das Kloster verlassen hat und sich in Frankfurt am Main ansiedelte. Rat Goethe zieht ihn in sein Haus, Giovinazzi hilft ihm bei der Abfassung seiner „Reise durch Italien“, mit Frau Catharina Elisabeth singt er italienische Arien. Anfang der sechziger Jahre erteilt er Cornelia und Wolfgang Italienischunterricht. Stundenweise übernimmt ihn der Vater bei Cornelia, denn Goethe berichtet in „Dichtung und Wahrheit“: „Mein Vater lehrte die Schwester im selben Zimmer das Italienische, wo ich den Celarius auswendig zu lernen hatte.“

Auch Französisch müssen die Kinder lernen. Eine Mademoiselle Gachet unterrichtet sie. Cornelia ist sieben. Als die Französischstunden beendet werden, ist sie zwölf. Auf Rat der Lehrerin Gachet wird für

Cornelia das „Magasin des Adolescentes“ von Madame le Prince de Beaumont angeschafft. Es ist eine moralische Wochenschrift für Jugendliche. Dieselbe Autorin verfaßt auch die „Lettres du Marquis de Roselle“. Von Leipzig aus wird der Bruder der Schwester die Lektüre empfehlen. „Wenn du den hübschesten Diskurs über Mädgen Gelehrsamkeit lesen wilst, kanst du ihn in den Briefen des Marquis de Roselle finden.“

Cornelia hat auch Handarbeitsunterricht. Stricken lernt sie bei der Hoffin; Frauenhandschuh, Halstücher, Armsträuchelchen. Weißnähen dann bei Frau Roland, bei Mademoiselle Gachet, ab 1764 dann bei Gertrud und Elisabeth Thisson. Unendliche Geduld erfordern diese Arbeiten, zeitaufwendig sind sie. Weißsticken, und „zwar ohne Nähnadel in Gold und Silber“ muß beherrscht werden, Weißnähen bis hin zum Spitzenflicken und zu Perlenarbeiten, die damals in Mode sind. Cornelia bringt es auch hier, ob mit Spaß oder Überdruß, wissen wir nicht, zu großer Fertigkeit. Mutter und Lehrerinnen dringen auf Fleiß und Geduld auch in dieser Sache. Im Goethehaus in Frankfurt wird eine kleine Brieftasche aufbewahrt, die Cornelia dem Bruder Wolfgang stickte. Weiße Seide, hellblaues Futter, zarte Blumenranken in Blau darauf, alles von einer Akkuratesse wie Cornelias Schriftzüge.

Den Zeichenunterricht erteilt der Kupferstecher Johann Michael Eben, geübt in der Wiedergabe von Städteprospekten. Von September 1758 bis Mitte Oktober 1761; Goethe erinnert sich, daß er täglich eine Stunde mit der Schwester zusammen vom Zeichenmeister beschäftigt wird. Die Kinder müssen Köpfe aus senkrechten und waagerechten Strichen zeichnen. Als Vorlage werden ihnen die „Affekten“ von Le

Brun gegeben. Von Wolfgang wissen wir, daß er Köpfe des venezianischen Malers Piazetta „in klein Oktav mit englischem Bleistift in feinster und sauberster Weise auf holländisch Papier“ kopiert. Von Cornelias zeichnerischen Arbeiten ist nichts überliefert.

Ihre musikalische Ausbildung erhält Cornelia bei Johann Andreas Bismann, Sohn eines Fuhrmannes aus Fischbach bei Gotha, der als junger Mann nach Frankfurt kommt und hier über sechzig Jahre als Kantor, Klavierlehrer, Vizekapelldirektor und Leiter von Kirchenkonzerten wirkt. Über zehn Jahre ist Bismann Cornelias Lehrer, von 1762 bis kurz vor ihrer Heirat. Monatlich drei Gulden bekommt der Musiker, das ist der höchste Betrag, den Rat Goethe an einen Lehrer zahlt. Wie viele Stunden er pro Woche erteilt, ist nicht nachzuweisen. Überliefert ist nur, daß Cornelia täglich zwei bis drei Stunden auf dem Klavier übte. Sie muß es im Laufe der Jahre zu einer außerordentlichen Fertigkeit im Klavierspiel gebracht haben. Sie war wohl sehr musikalisch, hatte auch eine schöne Stimme und sang zur Laute. Verschiedene Überlieferungen berichten von ihrer Vortragskunst. Sie spielte und sang als Kind und junges Mädchen im Haus am Hirschgraben, wenn Besuch kam. Auch später in Emmendingen spielte sie eine Zeitlang fast täglich und sang zur Freude der Gäste. Sie hatte im Elternhaus ein gutes Instrument, und des öfteren ist im Ausgabenbuch Johann Caspar Goethes ein Betrag zum Stimmen des Klaviers oder einer für eine kleine Reparatur vermerkt. Kurz nach ihrem achtzehnten Geburtstag, im Januar 1769, schenkt der Vater der Tochter ein eigenes, sehr kostbares Instrument, das sie dann auch mit nach Emmendingen nehmen wird. Dreihundert Gulden kostet es. Johann Caspar läßt es von einer bekannten Firma aus Gera kommen. Ein „Fridericianum Instr." steht im Rechnungsbuch. Es ist ein modernes Klavier, eine Art Flügel.

Nicht nur den Klavierunterricht, sondern auch die Gesangsstunden erhält Cornelia bei jenem Johann Andreas Bismann. Den Tanzunterricht dagegen übernimmt Friedrich Joseph Ferrand, der auch der Anstandslehrer des heranwachsenden Mädchens ist. Den Tanzunterricht hat sie mit dem Bruder. Verbeugungen, Knickse, Schritte, das Wiegen der Körper, es sind noch höfische Tänze, die der Franzose sie lehrt, nicht der ausgelassene und freie deutsche Tanz, den Goethe dann in Wetzlar, Sesenheim und Straßburg tanzen wird. Der Vater ist beim Unterricht zugegen, er spielt die Flöte dazu.

Gemeinsamkeiten der Geschwister. Ängste vor dem Vater, befreiendes, heimliches Sich-Lustigmachen darüber. Manchmal Abrede, Cornelia wird vom Bruder vorgeschickt, bei der Tochter, seinem Cornelchen, ist Johann Caspar vermutlich zuweilen mild und nachsichtig.

Gemeinsamkeit auch: die einander gestandene Furcht vor dem seltsamen Hausgenossen, dem geisteskranken Clauer, der im obersten Stockwerk wohnt, sein Diener in einer der Dachstuben. Ruhelose Schritte über dem Kopf Cornelias, in wechselndem Rhythmus. Seltene Ausbrüche, dann Schreie, sonst merkwürdige Gesten, Blicke. Das Leid seines Wahnsinns verfolgt Cornelia bis in ihre Träume. Immer sieht sie seine Augen.

Achtzehn Jahre älter als Cornelia ist Johann David Balthasar Clauer. Seine Eltern sind früh verstorben, Rat Goethe ist von der Mutter als Vormund eingesetzt. 1755 promoviert Clauer noch in Göttingen, kann aber nie einen Beruf ausüben. Aus „Anstrengung und Dünkel" sei er „blödsinnig" geworden, heißt es in den Akten. Johann Caspar Goethe nimmt das Mündel in sein Haus. Zwar speist Clauer nicht am Familientisch, sitzt auch nicht in der abendlichen Runde. Aber er lebt im Haus, ist ständig anwesend; bedrohlich, fremd, Mitleid erregend. Der Vater beschäftigt ihn als Abschreiber, auch Wolfgang tut das schon als Elfjähriger; ob Cornelia es tut, entzieht sich unserer Kenntnis. Wir wissen nur, daß sie die Vormundschaftsberichte an die Behörden, die Abrechnungen, die Krankheitsprotokolle nach dem Diktat des Vaters schreibt. Sechs Jahre lang, von 1767 bis 1773.

Als Cornelia neunzehn ist, hat Clauer solche Tobsuchtsanfälle, daß der Vater zwei Grenadiere in das Haus nimmt, die den Kranken Tag und Nacht bewachen. Eine bedrückende Erfahrung Cornelias über viele Jahre, über lange Zeiten, da sie allein sein wird, der Bruder nicht im Haus weilt.

Noch aber ist er da. Noch tauschen sie Eindrücke aus. Vertrautes Gespräch über alles. Auch über Bücher, vom Vater oder den Lehrern empfohlene oder selbst gewählte. Heftchen, beim Trödler für wenig Geld zu haben, die Haimonskinder, Siegfried, die schöne Melusine, die schöne Magelone, der Erzzauberer Faust, Fortunatus mit dem Wunschhütlein, Robinson Crusoe, die Insel Felsenburg – die Phantasie spielt, Rollen werden eingenommen, phantastische Verwandlungen gehen vor.

Ein Buch verbietet der Vater: Klopstocks „Messias“. Daß die Lektüre dadurch für Cornelia und Wolfgang um so anziehender wird, ist verständlich. Heimliches Lesen also. Für uns ist heute kaum nachvollziehbar, was die junge Generation damals an den Oden Klopstocks so fasziniert. Der Ton des ekstatischen Feierns, der sich erregend mitteilt, durch syntaktische Umstellungen, stammelndes Sprechen? Der „Messias“ als Sprungbrett in die Phantasiewelt des Möglichen – so ähnlich muß es gewesen sein. Auch für Cornelia und Wolfgang. „Wann“ sie „konnten“, berichtet Goethe in „Dichtung und Wahrheit“, lernten sie in „Freistunden in irgend einem Winkel verborgen, die auffallendsten Stellen auswendig“.

„Portias Traum rezitierten wir um die Wette, und in das wilde verzweifelnde Gespräch zwischen Satan und Andramelech, welche ins Rote Meer gestürzt worden, hatten wir uns geteilt. Die erste Rolle, als die gewaltsamste, war auf mein Teil gekommen, die andere, um ein wenig kläglichere, übernahm meine Schwester. Die wechselseitigen, zwar gräßlichen aber doch wohlklingenden Verwünschungen flossen nur so vom Munde, und wir ergriffen jede Gelegenheit, uns mit diesen höllischen Redensarten zu begrüßen.“ Der Bruder erinnert sich, wie er mit Cornelia an einem „Samstagabend im Winter“ auf einem „Schemel hinter dem Ofen“ sitzt, der Vater ist im Zimmer und läßt sich vom Barbier für den sonntäglichen Kirchgang rasieren. Die beiden murmeln ihre „herkömmlichen Flüche ziemlich leise“.

„Nun hatte aber Andramelech den Satan mit eisernen Händen zu fassen; meine Schwester packte mich gewaltig an, und rezitierte, zwar leise genug, aber doch mit steigender Leidenschaft." Der Barbier erschrickt, läßt das Seifenbecken fallen. Der Vater erfährt von der verbotenen Lektüre; „da gab es einen großen Aufstand, und eine strenge Untersuchung ward gehalten ...".

Andere Gemeinsamkeiten der Geschwister. Theaterspielen. Im Haus des Schöffen von Olenschlager mit Kindern befreundeter Familien geschieht es. Cornelia und Wolfgang haben die Hauptrollen. Man führt Johann Elias Schlegels Tragödie „Canut" auf. Man spielt Racines „Britannicus". Wolfgang ist Nero, der junge Olenschlager Britannicus. Cornelia spielt die Agrippina. In französischer Sprache alles. Viel wird ihnen da abverlangt, eine erstaunliche Sache. Aber nicht nur eigenes Spiel, gelegentlich auch Besuche im französischen Theater der Stadt. Großvater Textor hat Cornelias Bruder eine Freikarte geschenkt. Ob die Schwester jemals mit in das Theater gehen darf, ist ungewiß.

Konzerte aber besucht Cornelia, das ist überliefert. Zum Beispiel eines am 25. August 1763. Im Scharfischen Saal im Scharfengäßchen auf dem Liebfrauenberg findet es statt. „Pro concerto duorum infantium 4 fl. 7 kr" [für ein Konzert zweier Kinder 4 Gulden 7 Kreuzer] trägt der Vater in sein Rechnungsbuch ein.

Schon Wochen vorher ist Aufregung in der Stadt. Zwei Geschwister werden kommen, die Kinder des erzbischöflichen Salzburger Vizekapellmeisters Leopold Mozart, die Wunderkinder, die schon halb Europa bereist haben, Anna Maria Mozart und ihr Bruder Wolfgang Amadeus. In der Ankündigung heißt es, daß „das Mägdlein, welches im 12. und der Knab, der im 7ten Jahr ist, nicht nur Concerten auf dem Clavessin oder Flügel, und zwar ersteres die schwersten Stücke der größten Meister spielen wird; sondern der Knab wird auch ein Concert auf der Violin spielen, bei Sinfonien mit dem Clavier accompagnieren, das Manual oder die Tastatur des Claviers mit einem Tuch gänzlich verdecken, und auf dem Tuch so gut spielen, als ob er die Claviatur vor Augen hätte . . .“

Das Mädchen Anna Maria Mozart ist in Cornelias Alter, auch Cornelia ist zwölf, wird in wenigen Monaten dreizehn. Es ist die Zeit, da schon des öfteren vom Weggang des Bruders auf die Universität die Rede ist, Gedanken einsetzen, was aus ihr dann werden wird. Die kindlich-naive Illusion einer immerwährenden Gemeinsamkeit gerät ins Wanken. Was wird sie, das Mädchen, tun? Wozu hat sie eigentlich das alles gelernt, sich geplagt und gemüht über so viele Jahre? Bestürzend, erschreckend wird die Frage vor ihr stehen.

Da findet jenes Konzert statt. Es bekommt vielleicht eine besondere Bedeutung für Cornelia, bleibt ihr unauslöschlich im Gedächtnis.

Ich sehe sie an jenem Tag, wie sie mit Eltern und Bruder den Scharfischen Saal auf dem Liebfrauenberg betritt. Cornelia in ihrer unbequemen Kleiderpracht. Blicke nach allen Seiten, vorschriftsmäßiges Grüßen, Kopfnicken, Konversation, Artigkeiten. Der Vater ist zufrieden mit ihr. Dann sitzt sie auf ihrem Stuhl, überaus gerade. Als die beiden Kinder Anna Maria und Wolfgang Amadeus das Podium betreten, sind nur sie allein für Cornelia vorhanden. Sie hört, starrt, fassungslos. Vor einem öffentlichen Publikum spielt das Mädchen, unbefangen, sicher. Und Cornelia nimmt wahr, wie die Blicke zwischen ihr und dem Bruder Wolfgang Amadeus hin- und hergehen.

Für Cornelia ist diese Anna Maria Mozart unbegreiflich. Doch, vielleicht, langsam versteht sie, beglückt und erregt. Es ist nicht nur das Spiel, die Virtuosität, die sie so fasziniert. Dieses Mädchen tut etwas, was an ihre, Corneliens, nie eingestandenen geheimsten Wünsche rührt. Reisen, Welt sehen, erfahren, öffentlich wirken, wie dieses Mädchen, diesen Gedanken hat sie noch nie gewagt. Wie oft hat der Bruder auf der Landkarte mit den Fingern Wege verfolgt, Städte, Flüsse, Gebirge in anderen Ländern gesucht. Ihn hält der Vater dazu an. Sie nicht. Und sie vollzieht es auch innerlich nicht mit. Wozu? Der Bruder wird in einer fernen Stadt studieren. Sie nicht. Er wird nach dem Universitätsbesuch Reisen machen; nach Italien, nach Frankreich, wie der Vater. Sie nicht.

Läßt diese Anna Maria Mozart Cornelia an ihrer Bescheidung zweifeln? Sie das verwerfliche, zerstörerische Gedankenspiel tun, den Sinn des Lebens in eigener schöpferischer Arbeit zu suchen? Scharfe Sehnsüchte werden plötzlich wach, zu einer Zeit, da die Wände sich immer bedrohlicher um Cornelia schließen; immer öfter sprechen Mutter und Vater jetzt von ihrer „Zukunft“, von Heirat.

Aufrührerische Gedanken dagegen. Solche, wie sie die dreizehn Jahre nach Cornelia geborene Caroline Schlegel-Schelling achtzehnjährig formuliert. „Soll ich dir noch eins sagen, das auch wohl Folge einer kleinen Sonderbarkeit ist“, schreibt Caroline einer Freundin, „ich würde, wenn ich ganz mein eigner Herr wäre und außerdem in einer anständigen und angenehmen Lage leben könte, weit lieber gar nicht heyrathen, und auf andre Art der Welt zu nuzen suchen.“

Cornelia im Scharfischen Konzertsaal in Frankfurt. Sie hört den Beifall der Menge, sieht die Begeisterung, sitzt und rührt vielleicht keine Hand. Der Saal leert sich. Cornelia geht mit den Eltern und dem Bruder nach Hause. Auf dem Heimweg, in der Nacht, die folgenden Tage und Wochen läßt sie das nicht los. Sie sieht immer dieses Mädchen, spürt eigene Wünsche, verbotene, anormale.

Geheimnis, einzig dem Bruder anvertraut. Was sagt er? Bestärkt er sie? Ja, phantastische Träume, Bruder und Schwester werden zusammen leben, gemeinsam etwas werden. Du wirst mit mir auf die Universität kommen, verspricht er ihr. Das ist belegt. Nach dem ersten Erschrecken Glück darüber, ja, so wird es sein.

Es sind jene Jahre, da die Geschwister sich immer enger aneinander binden. Es ist die Zeit, da sie aus der kindlichen Naivität heraustreten und in den beiden Halbwüchsigen das Geschlecht erwacht, Neugier und Aufregung der Pubertät sie beherrscht. Einer im anderen das Fremde, andere entdeckt; erregt durch Verbote und Tabus, zärtlich-frei in geschwisterlicher Vertrautheit. Von „jenem Erstaunen beim Erwachen sinnlicher Triebe, die sich in geistige Formen, geistige Bedürfnisse, die sich in sinnliche Gestalten einkleiden“, spricht Goethe erinnernd, von „Betrachtungen darüber, die uns eher verdüstern als aufklären“, von „Irrungen und Verirrungen, die daraus entspringen“. Und das alles, meint er, „theilten und bestanden die Geschwister Hand in Hand, und wurden desto weniger aufgeklärt, als die heilige Scheu der nahen Verwandtschaft sie, indem sie sich einander mehr nähern, ins klare treten wollte, nur immer gewaltiger auseinander hielt".

Verhüllte Erregung ist in den Zeilen, so viele Jahre später geschrieben, noch spürbar.

Es besteht wohl kein Zweifel, daß es der Bruder, daß es Goethe ist, der das Mädchen Cornelia erotisch weckt. Und daß umgekehrt für seine erwachende Männlichkeit die Schwester als erstes ihm nahes weibliches Wesen von großer Bedeutung ist. Der Eros regt sich in ihnen beiden in jener natürlich geschwisterlichen Form, die Gleichheit zwischen Weib und Mann, Partnerschaft impliziert und zugleich durch die Verweigerung einer letzten Nähe die „sinnlichen Triebe" sublimiert, in „geistige Formen und Bedürfnisse einkleidet", wie Goethe sagt, ohne die Körperlichkeit je leugnen zu können.

Die Anziehungskraft, die die Geschwister aufeinander ausüben, muß groß gewesen sein. Auch erste Liebschaften beider ändern daran nichts. Wolfgangs Liebe zu Gretchen, Cornelias zu Arthur Lupton. Sie werden einander anvertraut und erregt und beunruhigt mit dem Blick auf den anderen, auf Bruder oder Schwester, registriert. Von Goethe haben wir ein Zeugnis in „Dichtung und Wahrheit" darüber.

Er erinnert sich an seine Beziehung zu Gretchen, einem einfachen Frankfurter Mädchen. Diese kleine Liebe wird von den Eltern entdeckt und streng verboten. Sein Schmerz ist groß. Da tröstet ihn Cornelia. „So wie Vertraute, denen man ein Liebesverhältniß offenbart", schreibt er, „durch aufrichtige Theilnahme wirklich Mitliebende werden, ja zu Rivalen heranwachsen und die Neigung zuletzt wohl auf sich selbst hinziehen, so war es mit uns Geschwistern: denn indem mein Verhältniß zu Gretchen zerriß, tröstete mich meine Schwester um desto ernstlicher, als sie heimlich die Zufriedenheit empfand, eine Nebenbuhlerin losgeworden zu seyn; und so mußte auch ich mit einer stillen Halbschadenfreude empfinden ..., daß ich der Einzige sey, der sie wahrhaft liebe, sie kenne und sie verehre." Vom „seltsamen Falle", da „die Vertrauenden sich nicht in Liebende umwandeln durften", spricht Goethe weiter. Seine meisterliche Erzählregie der Andeutungen kann letztlich nicht verdecken, was er hier enthüllt: das geschwisterliche Verhältnis an der Grenze des Tabus.

Goethe gesteht, daß die Geschwister einander in dieser Zeit alles sind. Und auch er will der „Einzige" sein, der die Schwester „wahrhaft liebe, sie kenne und verehre". Indem er vom Aufatmen Corneliens berichtet, als sie die Nebenbuhlerin los ist, deutet er auf die Ausschließlichkeit ihres schwesterlichen Anspruchs. Sicher gilt das gleichermaßen für ihn. Überliefert ist nicht, wie er auf seinen ersten *Nebenbuhler* reagierte.

Als Cornelia vierzehn ist, verliebt sie sich in einen jungen Engländer. Es ist der Sohn eines Webereibesitzers aus Leeds, und er wohnt nahe dem Hirschgrabenhaus in der Pfeilschen Pension. Sechzehn ist er. Cornelia lernt ihn mit dem Bruder gemeinsam kennen. Der Vater lädt den jungen Mann in sein Haus ein.

Die englische Sprache ist damals sehr in Mode, und in Frankfurt gibt es keinen englischen Schulmeister. 1762 weilt für kurze Zeit der Wanderlehrer Johann Peter Christoph Schade aus Hildburghausen in der Stadt. Die Kinder des Rat Goethe zählen zu seinen ersten Schülern. Aber Schade verläßt die Stadt bald wieder. Die Ankunft des jungen Arthur Lupton ist für Johann Caspar eine Gelegenheit, den Englischunterricht seiner Kinder fortzuführen. Er richtet in seinem Haus ein „congressus anglius", ein englisches

Kränzchen, ein. Sein Ausgabenbuch belegt es: „congressus anglius! 8. Februar 1764 Unkosten für die Bewirtung 48 Kreuzer, 1. Mai 1764 Unkosten für die Bewirtung 20 Kreuzer." Am 14. Juli 1764 eine ähnliche Eintragung.

Cornelia verliebt sich in Arthur Lupton. Ob ihre Neigung von dem Engländer erwidert wird, was sich zwischen beiden abspielt, wissen wir nicht.

Goethe spricht in „Dichtung und Wahrheit" von einem „kleinen Liebeshandel", der, so glaubt er „bemerkt zu haben", sowohl „schriftlich als auch mündlich in englischer Sprache geführt wurde". – „Beide jungen Personen", heißt es, „schickten sich recht gut füreinander: er war groß und wohlgebaut wie sie, nur noch schlanker ... sein Herz war voll Güte und Liebe ... seine Neigungen so dauernd als entschieden und gelassen." Also keine flammende Leidenschaft von der Seite des Mannes, besagt die Erinnerung des Bruders.

Von Cornelia selbst haben wir ein Zeugnis, ihr Gefühl für Lupton war heftig und intensiv, über vier Jahre hält es an. Der Bruder wird nur Augenzeuge des Beginns jener Verliebtheit, dann weilt er nicht mehr in der Stadt. Ist es für ihn ein Erleben, das ihn genauso beunruhigt, wie er es seinerseits von Cornelia im Hinblick auf sein Gretchen berichtet? Und empfindet er, als nach vier Jahren die Beziehung Cornelias zu Lupton abbricht, eine ebensolche „heimliche Zufriedenheit", einen Nebenbuhler „losgeworden zu seyn", ist froh, nun wieder der „Einzige" zu sein, den sie „wahrhaft liebe"? Vermutlich ja. Ihre ersten Verliebtheiten schließen sie noch enger aneinander, und die Tröstung, die der Bruder in seinem Liebesschmerz durch Cornelien erfährt, ist ihm noch spät im Gedächtnis und beweist ihm die Ausschließlichkeit der schwesterlichen Liebe.

Der Oktober des Jahres 1765 naht. Der Bruder wird auf die Universität geschickt. Cornelia bleibt zurück. Drei lange Jahre. Der tägliche Umgang, das solidarische Miteinander jäh beendet. Die Schwester in die Universitätsstadt nachzuholen, verspricht der Bruder vor der Abreise. Jugendlich-naive Verschwörung? Beruhigungsformel, um die Trennung zu überwinden, gedankenlos dahingesagt? Geheime Ahnung, radikal wird die Gleichheit zerbrechen, zwei Leben, ein männliches, ein weibliches? Der Grund, warum *er* das Elternhaus verlassen darf, ist sein Geschlecht. Zärtlich-geschwisterliche Geste also, nicht Wahrhabenwollen der Lebenstatsachen, deshalb: ich werde dich nachholen, du wirst die gleiche Chance haben wie ich. Den Weggang nach Leipzig hat Goethe später als Befreiung gesehen. „Die heimliche Freude eines Gefangenen, wenn er seine Ketten abgelöst und die Kerkergitter bald durchgefeilt hat, kann nicht größer seyn, als die meine war, indem ich die Tage schwinden und den October herannahen sah." Kaum zu zähmende Freude und das Wissen, die Schwester dazulassen, ausgeliefert dem, was er selbst als Bedrängung und Überschattung seiner Kindheit und Jugend empfand.

Das Mädchen allein. Der Bruder bleibt Bezugspunkt von Cornelias Existenz, Hoffnungsspiegel geheimer, noch nicht verschütteter Lebenswünsche. Innere Kräfte müssen Cornelia zugewachsen sein. Sie arbeitet an sich. Das Versprechen des Bruders ist scheinbar eine ihr Individuum organisierende Kraft. Phantastischer Traumraum, der die Tür im Frankfurter Haus am Hirschgraben einen Spalt zur Welt hin öffnet. Welthunger, der niemals gestillt werden wird.

Als der Bruder nach Jahren zurückkehrt, sieht er befremdet auf die Schwester. Sein Rollenverhalten ist festgelegt. Weib und Mann, getrennte Sphären; Rousseau, die Welt und eigene Erfahrungen mit Mädchen haben das Ihrige getan. Wenn Goethe jemals als Junge sich in die Schwester hineinversetzte, ihren Wünschen nachspürte, sie mitempfand, sie förderte – er wird das nicht mehr tun. Die Beziehung zu Frauen hat eine andere Grundlage. Auch zur Schwester. Cornelia wird verwiesen. Nach dieser ungestümen kindlich-jugendlichen Gleichheit, nach der Erweckung ihrer Ansprüche. Wie bitter.

Aber nehmen wir nichts vorweg.

Heiter beginnt alles zunächst. Nach der Trennung Briefe, die hin- und hergehen, Ersatz für Gespräch. Bogen voll, die Feder fliegt über das Papier, im Sächsischen, im Hessischen. Zusammenfalten, siegeln. Frankfurt–Leipzig. Leipzig–Frankfurt. Die Illusion von Nähe. Der Sechzehnjährige, die Fünfzehnjährige. „Liebste Schwester", „liebes Schwestergen"; „Mein kleines gutes, gutes, mein bonbon", schreibt der Bruder. „Guten Tag meine kleine hochgelahrte". „Närrgen", „Engelgen", „kluge Schwester", „kleines Mädgen" nennt er sie zärtlich und versichert ihr, daß kein anderes Frauenzimmer in Leipzig sie, Cornelia, ihm ersetzen könne. „Ich gehe manchmahl in die Comödie. Ich wünschte daß ich dich mitnehmen könte", am 6. Dezember, einen Tag vor ihrem Geburtstag. Er ersehnt also ihre Gegenwart. Und auch Cornelias Briefe, die er immer wieder herausfordert, möglichst viele, möglichst lange, genaue Beschreibungen aller Vorkommnisse des Frankfurter Lebens, bedeuten ihm Aufheben der Fremdheit, Ersatz für heimatlich und familiär Gewohntes, dessen er entbehrt. „Es ist heute des Großpapas Geburtstag", notiert er am 12. Dezember 1765 abends um acht, „du wirst sitzen und schmaußen, mitlerweile ich armer Mensch mit einem Gänse Flügelgen und einer Semmel zufrieden seyn muß. Doch ich will mich vergnügen, indem ich an dich schreibe."

Um sich zu „erlustigen", schreibt Goethe der Schwester lange Briefe. „Ich habe eben jetzo Lust mich mit dir zu unterreden; und eben diese Lust bewegt mich an dich zu schreiben."

„Thue desgleichen", bittet er. Vertraulichkeit: „zehen" ist es, „also ein bißgen spät und demohngeachtet habe ich im Sinne ein wenig mit dir zu schwätzen", am Ostertag 1766. Ein andermal: „Es ist spät. Hör, die Glocke des Rathhauses läutet zweymahl, es ist halb zwölf. Die Katzen miauen wie toll ... Leb wohl, ich gehe ins Bett. Morgen sprechen wir noch miteinander." Dies immer wieder. Ungezwungenes Plaudern, deutsch, englisch, französisch, dichterische Versuche dazwischen, Leseeindrücke, Urteile über Leute, über Sitten und viel über die sächsischen Mädchen. Und Ansprachen an die Schwester. Briefe, oft zehn Seiten und mehr, manchmal über eine Woche hin verfaßt, tagebuchartig. Liebenswürdig, knabenhaft überheblich, ein besserwisserisches Studentchen, die eigene

Gewichtigkeit wird überernst betont, im nächsten Moment durch Ironie aufgehoben. Dreizehn solcher Briefe schreibt der junge Goethe aus Leipzig, über hundert Seiten. Sie sind erhalten geblieben, Goethe hat sie nicht vernichtet, wie so viele Jugendzeugnisse. Er bekam sie aus dem Nachlaß seiner Mutter und benutzte sie für seine Autobiographie „Dichtung und Wahrheit". In Weimar liegen die Handschriften heute.

Cornelias Briefe aber, an Zahl vermutlich mehr, sind verbrannt. Der Bruder überantwortet sie wie so viele andere dem Feuer. Er spricht vom ästhetischen Genuß beim Anblick einer langsam ins Grünliche übergehenden Flamme hinter den Gittern des Kamins. Die Briefe der Schwester versinken in ein Nichts. Ein schrecklicher Verlust. Um Cornelias willen. Denn diese ihre Schreiben an den Bruder in Leipzig sind wohl die einzigen, in denen sie Leben aufbaut. Sie sucht noch ihr Ich, füllt die leeren weißen Wände ihres Frauenzimmers mit Buchstaben.

Eine Spekulation, sind doch die Briefe verloren! Aber in jenen anderen, denen des Bruders, ist sie, Cornelia, vorhanden. Aus den Antworten Goethes, seinen Ermahnungen, Verboten und Geboten löst die Schwester sich, wird Gestalt. Lebendig, schön, wenn wir wollen, wenn wir bereit sind, sie zu sehen. Nur die Anstrengung unserer Phantasie kann den Briefen Goethes jene zweite Dimension geben, die Adressatin aus ihnen heraustreten lassen.

Zugleich bleibt sie gefangen, ist Objekt brüderlich zärtlich formender, fordernder Liebe. Goethes Narzißmus frappiert. Hinter seinen heiter-spielerisch verführenden Worten wird die Tragödie sichtbar. Schuldzuweisungen wären verfehlt. Es ist die Welt, die Goethe formt; liebend-patriarchalisch überträgt er das auf die Schwester. Wir können es verfolgen, in allen Briefen, sich steigernd bis zum Höhepunkt des dreizehnten und letzten Briefes. Da liegt die autoritäre Struktur bloß.

Andeutungen in dieser Richtung gibt es bereits im ersten Brief. „Liebes Schwestergen", heißt es am 12. Oktober 1765, kurz nach der Ankunft in Leipzig. „Es wäre unbillig wenn ich nicht auch an dich dencken wollte. id est es wäre die größte Ungerechtigkeit die jemahls ein Student, seit der Zeit da Adams Kinder auf Universität gehen, begangen hätte; wenn ich an dich zu schreiben unterließe." Zwei Monate später dann, am 6. Dezember: „Sey stoltz darauf Schwester, daß ich dir ein Stück der Zeit schencke die ich so nothwendig brauche." Das Wort von der Zeit kehrt dann immer wieder. „Du hast Zeit dazu." – „Schreibe bald und mehr wie du getan hast, schrieb ich dir nicht auch 3 halbe Bögen und habe weniger Zeit wie du ..." – „Du schreibst immer so kurtze Briefe ... Ich habe so viel zu thun und schreibe so lange Briefe." Dann die Anweisung, wie er Cornelias Briefe „wünsche": „lang, akkurat, voll der geringfügigsten Umstände". Immer wieder kommt er darauf zurück. „Du hast nichts zu thun, da kannst du dich hinsetzen und zirkeln, ich aber muß alles in Eile thun."

Vorwurf für Cornelias nicht selbstgewähltes Leben: die überflüssige Zeit, die sie, ins Haus gesperrt, hat, eine Auszeichnung. Und die Verkehrung: seine Zeit als Opfer, als Geschenk für sie. „Neige dich", fährt er im Brief vom 6. Dezember fort, „für diese Ehre die ich dir anthue, tief, noch tiefer, ich sehe gern wenn du artig bist, noch ein wenig! Genug! Gehorsamer Diener. Lachst du etwann Närrgen, daß ich in einem so hohen Tone spreche. Lache nur."

Und er gibt ihr die Erklärung. Kaum eineinhalb Monate ist der Sechzehnjährige da Student. „Wir Gelehrten", schreibt er, „achten – was! Meinst du etwa 10 rh. nicht. Nein wir gelehrten achten euch andern Mädgen so – so wie Monaden. Warrlich seitdem ich gelernt habe daß mann ein Sonnestäubgen in einige 1000 teilgen teilen könne, seitdem sage ich, schäm ich mich daß ich jemahls einem Mädgen zugefallen gegangen binn, die vielleicht nicht gewußt hat, das es thiergen giebt, die auf einer Nadelspitze einen Menuet tanzen können."

Wissen, aufregend und neu, Eindringen in bisher unbekannte Bereiche, führt zur Erhebung über das andere Geschlecht, diese Macht, einzig auf Grund der Männlichkeit erworben, wird unreflektiert zum verdienten Privileg, die davon Ausgeschlossenen sind die minderen Wesen, zu denen man sich hinabneigt. „Doch daß du siehst wie brüderlich ich handle", schließt der Brief, „so will ich dir auf deine närrischen Briefe antworten."

Der Bruder wird es nicht unterlassen, der Schwester immer wieder bewußtzumachen: „Ihr andern kleine Mädgen könnt nicht so weit sehen, wie *wir Poeten.*" Am 12. Oktober 1765. 1766, am Ende einer Abhandlung in einem Brief an Cornelia: „... diese Aufklärung ist nicht für Dich, sondern für einen Mann, der über diese Gegenstände und diese Vorkommnisse nachdenkt, der davon etwas hat."

Warum schreibt er dann? Die Schwester ist das seit der Kindheit ihm vertraute weibliche Wesen. Hinter ihr stehen Freundinnen, Frankfurter Mädchen. Auch für sie sind die Briefe gedacht. „Ihr sollt mich auch lieb haben, und alle Tage wünschen: o wäre er doch bald bey uns." Durch seine Schreiben möchte er anwesend sein, Einfluß nehmen. Immer wieder Grüße, Küsse, Komplimente. „Küße Schmitelgen und Runckelgen von meinetwegen. Die lieben Kinder! denen 3 Madles von Stockům mache das schönste Compliment von mir", am 6. Dezember 1765. Marie Henriette Schmiedel, Elisabeth Catharina Runckel, die drei Kaufmannstöchter Stockum, alle zwischen vierzehn und sechzehn.

Nähe zu Cornelia ist auch Nähe zum weiblichen Geschlecht. Er spricht es nicht aus, aber die Briefe legen es bloß: zunehmend geht eine Faszination von diesem Geschlecht für ihn aus. Seitenlange Berichte über die Sächsinnen. „Ah, meine Schwester was für Creaturen sind diese sächsischen Mädgen! Manche sind närrisch, die meisten nicht sehr sitt- und tugendreich, und alle sind kokett." Nur schlecht verbirgt er hinter Kritik Neugier, er wird nicht müde, die „Mädgen" zu beschreiben. Im Tone heiterer Überhebung natürlich. Nicht nur die Koketterie, auch die Putzsucht der Sächsinnen mißfällt ihm. Im Brief vom 14. März 1766: „... zwey Uhr nachmittags! Sie ist frisirt, biß fünf hat es noch viel Zeit. Aber der gantze Nachmittag mus beym Putzen verloren gehn. Schauet diese Kästgen an, was daraus herfürquellen wird. Blumensträuse, Halskrausen, Stirnläppgen, Fächer, Geschmeide und allerhand Flitterkram mehr. Sie wählt, sie wirft weg, bauet auf, zerstört, bindet, zerreißt. Schließlich siehet man ihr Haupt in gothischer Weise ausstaffirt mit einem Qwodlibet, das man für einen Turban halten könte. Mit welchen weiteren Bagatellen sie sich beschäftigt wil ich unerwähnt laßen." Der Bruder kennt sich aus. Auch den Redeschwall der Sächsinnen mag er nicht. „Einer der größten Fehler unserer Damen ist daß sie viel schwätzen und dabey zu wenig wißen ... alles was sie sagen sind Nichtigkeiten“; doch, fügt er hinzu, „mir ist ein Mädgen das ein Nichts sagt lieber als ein Mädgen das nichts sagt.“

Unverhohlene Interessenbekundung. Nicht ohne Zweck. Das Bildende, für Goethe zeitlebens charakteristisch, regt sich in ihm. „Ziehn“, „hofmeistern“ will er. „Glaubt mir, meine Liebe“, schreibt er der Schwester, „daß ihr mir sehr ans Herz gewachsen seyd. Ein Mädgen ist eine so zierliche Creatur daß ich nicht leiden mag wenn welchen unter ihnen Verderbnüss drohet; deshalb mögte ich daß sie durch meine Würckung alle gut werden.“ Ob er nicht Lehrer werden solle, überlegt er sogar. „Was meynst du?“, am 14. März 1766 an Cornelia. „Ich habe den Gedancken gehabt, nach meiner Rückkehr in meine Vaterstadt Magister einer Schule des schönen Geschlechts zu werden. Es wäre nicht so unwerth wie man denckt; immerhin wäre ich so meinem Vaterlande nützlicher als wie wenn ich Advocatus würde.“

Er wird es verwerfen. Seine pädagogischen Ambitionen aber bleiben. Mit zunehmender Lebenserfahrung werden die Formen seiner Einwirkung subtiler, faszinierender, besonders bei Frauen. Der Student in Leipzig aber spricht noch ganz naiv. Je unwissender ein Mädchen, desto besser für ihn. „Mitlerweile“, heißt es, „hofmeistre ich hier an meinen Mädgen, und mache allerhand Versuche, manchmal gerähts manchmal nicht. Die Mdll. Breitkopf habe ich fast ganz aufgegeben, sie hat zu viel gelesen und da ist Hopfen und Malz verlohren.“ Im gleichen Brief spricht er von Anna Katharina Schönkopf, seiner „kleinen Wirtin“; sie habe die „Hauptqualität“, ein „gutes Herz“, das durch keine „allzugrose Lecktüre verwirrt ist, und läßt sich ziehen. Ich werde Ehre mit ihr einlegen, sie hat schon ganz erträgliche, auch manchmal artige Briefe schreiben lernen, aber mit der Orthographie wills nicht fort. Überhaupt muß man die beym sächsischen Frauenzimmer nicht suchen.“ Später, als Goethe wieder in Frankfurt ist, wird er Käthchen Schönkopf vorwerfen, daß einer ihrer Briefe neunzehn Rechtschreibefehler enthalte.

In Goethes pädagogischem Konzept spielt die Schwester eindeutig die Hauptrolle. Seine Briefe aus Leipzig an sie sind der erste Bildungsroman seines Lebens.

Ehrgeizige Pläne hat Goethe mit Cornelia. „Es ist gar viel für ein Mädgen deines Alters, aber es ist für meine Schwester zu wenig“, heißt es, und hier setzt seine Erziehungsarbeit ein. In den einzelnen Etappen ist sie in den Briefen nachzuvollziehen. Skurril, kaum begreifbar für uns heute, ist der männlich-arrogante Ton Goethes der ein Jahr jüngeren Schwester gegenüber. „Du bist ein braves Kind ...“

„... wenn du weiter hübsch artig bist ...“ Lob und Tadel gießt er wie ein selbstgerechter Gott über Cornelia aus.

Da sind zunächst ihre Briefe. Stil und Rechtschreibung werden beurteilt, die Briefe seziert. „Critick über deinen Brief: Abzwecken ist kein Briefwort ... *Indem* ist nicht gut. *Verlauten will* ist Curial. *Als* ist nicht besser. *Durchleben* ist poetisch ... *Herbst* setze lieber Weinlese, *Exequien* deutschgeschrieben! ... *Dass dir bald* p. warum lässest du die Verba auxiliaria aus, ... *Veran*staltung ist nicht gut.“ Das ist die Antwort auf einen Brief Cornelias vom 21. November 1765. Und zugleich die Empfehlung des Bruders:

„Schreib deine Briefe auf ein gebrochenes Blatt und ich will dir die Antwort und die Critick darneben schreiben. Aber lasse dir vom Vater nicht helfen. Das ist nichts. Ich will sehen wie du schreibst."

Die Beispiele ließen sich beliebig fortsetzen. Oft auch Lob dazwischen, besonders für die Rechtschreibung. Das Lob aber hat, wie später viele Urteile Goethes in „Dichtung und Wahrheit", etwas Zerstörerisches. Es kommt von einer solchen Höhe, daß es verletzen *muß*. „Um einige Worte über den Styl deines Briefes zu sagen, er mißfällt mir nicht, außer einigen leichten Fehlern", der Siebzehnjährige im Januar 1766 an die Schwester. Zwei Monate später: „Immerhin, ich muß dich loben ... und meine dem Lobe zugefügte Bitte, du mögest deine Erzählungen fortsetzen, bürget dir dafür daß deine Schreibensart mir nicht gäntzlich mißfällt."

Auch Verbote spricht Goethe aus. In Voltaires „Mahomet" mitzuspielen sei für Cornelia „unschicklich". Sie solle es lassen.

Dann Lektürevorschriften. „Allein ich muß dich auch lesen lernen, siehe so must du es machen. Nimm ein Stück nach dem andern, in der Reihe, ließ es aufmerksam durch, und wenn es dir auch nicht gefällt, ließ es doch. Du must dir Gewalt antuhn. ... Manchmahl werde ich Stücke aussuchen, und dein Urteil darüber erforschen. Dieses ist besser und dir nützlicher als wenn du 20 Romanen gelesen hättest. Diese verbiete ich dir hiermit völlig ..." Einschränkend setzt er hinzu, das harte Verbot in ein Gebot wandelnd: „Aber mercke dirs, du sollst keinen Romanen mehr lesen, als die ich erlaube." Zwei Jahre später dann scheint ihm die schwesterliche Lektüre völlig aus der Kontrolle geraten zu sein, daher die simple, aber strikte Anweisung, „das Jahr über das wir noch von einander seyn werden, so wenig als möglich zu lesen".

Diese Art Eingriff nimmt Cornelia vom Bruder offenbar nicht hin. Widerspricht sie, lehnt sich auf, rechtfertigt sich, begründet ihre Bedürfnisse? Das alles bleibt, da die Briefe vernichtet sind, im ungewissen. Gedanke und Gefühl nur ahnbar; allein aus dem Text des Bruders. An einigen wenigen Stellen wiederholt er nachdrücklich Verbote. Reaktion auf ihre Einwände offenbar. Zum Beispiel geht es um die Lektüre von Giovanni Boccaccios Novellensammlung „Decamerone". Der Bruder untersagt sie der Schwester; „sonst ließ italienisch was du willst, nur den Decameron von Boccacio nicht". Cornelia argumentiert, selbst den Papst muß sie ins Feld geführt haben. Der Bruder antwortet knapp und bestimmt: „Nichts vom Decameron. Papst hin Pabst her."

Auch Tasso wird abgelehnt. Und: „Der Pitaval ist nichts für Dich ..." Wenig später geht er auf Cornelias Briefe über diese Bücher ein. Sie hat sie also gelesen, den Tasso wie auch den Pitaval. Den Bruder scheint das zu entmutigen, zuweilen wird er ungehalten über seine Mißerfolge. „Ich binn recht beklagenswerth daß meine Bitten in betreffs des Lesens keinerlei Würckung auf dich tuhn", am 14. März 1766. „Doch ich dencke daß ich umsonst predige", ein andermal. „Du wilst nur deine Romane. So lies sie. Ich wasche mir die Hände in Unschuld." Was heißt, folgt Cornelia ihm nicht, lehnt er Verantwortung ab.

Ja, mehr noch, es ist eine heimliche Drohung, sich von ihr zurückzuziehen. „Du siehst ich studiere doppelt für mich und für dich. Die Stunden, die mir frey bleiben, sorg ich für dich, belohne mich, und folge." Am 6. Dezember 1765. Im gleichen Brief: „Ich sag es noch einmahl: wenn du haben willst daß ich für dich sorgen soll; so must du mir folgen ..." Die Hinwendung zur Schwester ist an Bedingungen geknüpft. Goethe merkt nicht, wie er Cornelia gegenüber in die ihm beim Vater selbst so verhaßte Rolle des pedantischen Schulmeisters verfällt. Für die Schwester nimmt das Bruderbild Züge des Vaters an, scharf, bedrückend, das Bild verzerrt sich.

Aber liebende Nähe macht es vermutlich wieder klar. Für eine Zeit jedenfalls, eine kurze glückliche Zeit. Bereitschaft des Bruders, ihr zuzuhören. „Guten Tag meine liebe kleine hochgelahrte." Er wünscht Ausarbeitungen von ihr zu sehen und will ihre Meinung über die seinigen wissen; „mehrere Nachricht ... was dir vorzüglich gefallen und was dir mißfallen".

„Meine Schwester, meine Verse: wen Du fortfährst, sie mir zu loben, werde ich von nichts anderem sprechen ..." Er schickt englische Gedichte, „solche daß Steine weinen könten".

„Sind sie nicht wunderbar, Schwester? O ja! Ohne Zweifel", fügt er hinzu und belehrt die Schwester, daß auch ein Glanz des Gebers auf sie falle: „Denck wohl daran Schwester, welch ein glückliches Mädgen du bist, einen Bruder zu haben der englische Verse macht. Ich bitte dich, nicht hochmüthig deßwegen zu werden." Heiter, ironisch ist er im Übermaß seiner eigenen Wertschätzung. Einen „närrischen Knaben" nennt er sich selbst.

Auch Einwände der Schwester akzeptiert der Bruder zuweilen. „Großen Danck für deine Ermahnungen." Goethe am 6.12.65. Wenn ihm auch die „Spötterey" Cornelias über seine „Weißheit ... ungelegen" kommt, will er doch „lieber von einem Mädgen als von einem Kritiker gerichtet werden". Und es ist anzunehmen, daß die Schwester dem Bruder nicht nachsteht im Schulmeistern, in pedantischem Lob und Tadel, Besserwisserei. Der Bruder fordert es heraus, ein heiterer Schlagabtausch, bei dem beide gewinnen. Scheinbar unangefochten, leicht, nimmt Cornelia Lob und Tadel des Bruders auf, macht sich lustig über seine überspannte Gelehrsamkeit. Als Fortführung seiner kindlichen Lehrerrolle sieht sie es wohl zunächst naiv. Aber so einfach ist es nicht.

Goethes Allergie gegen kritische Einwände der Schwester nimmt zu. Und nicht immer verwendet er feine Mittel. Er sei zwar „kein Donnerer mehr wie in Frankfurt" („Ich rase! – rief ich offt; das ist vorbey. Ich binn so sanfft! so sanfft!"), aber Keifen komme noch vor. „Werde nicht böse, daß ich gekiffen habe, du bist selbst schuld daran ...", schreibt er aus Leipzig. Und prinzipiell: „... keine Vorwürfe Schwester, ein zärtliches Mädgen muß nicht zanken ..."

„Spitzige Sätze", die er nicht „verdiene", moniert er in ihren Briefen. Einmal muß Cornelia ihre Auffassungen über Männer und Frauen polemisch dargelegt haben. Goethe wehrt sofort ab. „Darnach höre ich dich aber predigen über die ungleichen Aufgaben der beyden Geschlechter", entgegnet er am 27. September 1766. „Dazu sage ich nichts, weil ich zu solchen Belehrungen keinen Anlass gegeben habe." Er fühlt sich angegriffen.

Was mag Cornelia geschrieben haben? Zumindest wissen wir durch die Briefstelle Goethes, daß sich Cornelia Gedanken machte, die Geschlechterfrage nicht unreflektiert als Naturzustand in ihrem Bewußtsein war, und daß sie das Bedürfnis hatte, darüber zu schreiben. Das Nachdenken über ihr Leben und das des Bruders trieb sie offenbar dahin. Der Bruder tummelt sich in der Welt, sie ist ins Haus gesperrt. Männliches und weibliches Leben streben auseinander. Er gehört zu den „Gelehrten", zu den „Poeten", sie zu den „kleinen Mädgen". Immer wieder macht der Bruder ihr das bewußt. „Ihr guten Mädgen", so Goethe am 11. Mai 1767 an Cornelia, er ist achtzehn, sie siebzehn, „wir sind klüger als ihr denckt, wir leben hier in der angenehmsten Freiheit, und müsten Tohren seyn wenn wir uns euch unterwürfen . . ."

Er spricht die Wahrheit. Studierstube und Tanzsaal, Universität und Wirtshaus, „Comoedie", „Gastereyen", „Spazierfahrten", Gesellschaften und Freunde in Leipzig locken, bedrücken, formen den Bruder.

Aber längst nicht alles, was ihm widerfährt, kann er der Schwester mitteilen. Nicht weil sie sein Vertrauen nicht hat. Nein, aber der Vater wird seine Briefe an Cornelia lesen. Also Selbstzensur. Inszenierung mit heimlichem Blick auf den Vater: welch fleißiger Student. Kluge Beschränkung auf Bildung, Mitteilung gelehrter Dinge, Tugendübungen.

Goethe präsentiert Wissen – verschweigt Erfahrung. Erfahrung, die Leben bedeutet, die quälend, beglückend, rauschhaft ist. Wäre die Schwester in seiner Nähe, würde mündliche Unterredung möglich sein, bliebe sie seine Vertraute. So aber läßt das Leben andere Menschen an Cornelias Stelle treten. Den zehn Jahre älteren Behrisch zum Beispiel, der in Leipzig der intime Freund des Bruders wird. „Gute Nacht ich binn besoffen wie eine Bestie", endet ein Brief an diesen. Drei Wochen später, am 2. November 1767, schreibt Goethe ihm: „Mein zerschmissenes Gesicht hält mich zu Hause, sonst kriegtest du so keinen langen Brief." Wie könnte er das nach Frankfurt mitteilen. Der Vater würde es nie billigen. Ermahnungen, vielleicht ernsthafte Maßnahmen würde es zur Folge haben.

Cornelia gerät in doppeltem Sinne durch den Vater in eine Zwangslage. Einmal leidet sie selbst unter seiner Autorität, zum anderen vermittelt durch den Bruder, der seine Vertraulichkeit ihr gegenüber aus Angst vor dem Vater zurücknimmt.

Cornelia im Frankfurter Haus am Hirschgraben. Schon wenige Monate nach der Abreise des Bruders ist von „Aderlaß Cornelchens" die Rede. Am 21. Dezember 1765. Cornelia muß also krank gewesen sein. Was sie hatte und ob sie länger krank war, entzieht sich unserer Kenntnis. Gegen Jahresende dann wird Cornelia konfirmiert. Am 1. Januar 1766 notiert der Vater den Betrag, den „Herr Pastor für Corneliens Konfirmation" erhält. Auch dieses Fest muß sie ohne den Bruder feiern. Kirchgang und anschließendes Essen im Haus am Hirschgraben. Der Pastor und die Großeltern Textor sind zugegen. Von Verantwortung und Erwachsenwerden wird viel gesprochen. Aber durfte Cornelia schon, als der Bruder noch da war, nicht so oft und niemals so lange wie er das Haus verlassen, so scheint sich dies Verbot noch zu verstärken. Von Unschicklichkeit, Gefahren, von Sitte und Sittsamkeit ist die Rede.

Cornelia vermißt den Bruder. Haben Schwester und Bruder seit der Kindheit in solidarischem Miteinander, in kindlich-heiterer Verschwörung gegen den Vater gelebt, so ist Cornelia nun allein, kann sich nicht mit dem Bruder aussprechen. Selbst in den Briefen nicht, sie passieren die Zensur des Vaters.

Aber Cornelia hat doch die Mutter. Setzt sich jenes

solidarische Miteinander von jugendlicher Mutter und heranwachsenden Kindern nun zwischen Mutter und Tochter fort? Anscheinend nicht.

Wir sehen die Mutter, als Cornelia drei, als sie vier ist. Zärtlichkeiten, Liebkosungen, Verständnis. Die Tochter soll sein, wie sie, die Mutter, als Kind war: übermütig, frei, ohne „Schnürbrust", nicht „verstümmelt" wie ein Ziergartenbaum. Sie tut alles, damit es so sein kann, tut es auch hinter dem Rücken ihres Mannes, auch gegen seine ausdrücklichen Verbote. Aber Johann Caspar ist stärker, er ist das Familienoberhaupt, er gibt den Ton an. Vielleicht ist er es, der Mutter und Tochter entfremdet. Alles, was überliefert ist, deutet auf ein mit den Jahren zunehmend kühles und distanziertes Verhältnis von Catharina Elisabeth zu ihrer Tochter Cornelia. Welche Gründe es im einzelnen dafür gibt, ob Zurückhaltung und Aversionen gegen die Mutter auch von Cornelia ausgehen, wissen wir nicht. Aber sicher empfindet das Mädchen die Beziehung zwischen Mutter und Tochter als belastend, als schmerzlich.

Mit dem Weggang des Bruders hat sich für Cornelia die Situation im Haus am Hirschgraben überhaupt grundlegend geändert.

Die Zeit, die der Vater vorher für die Ausbildung des Sohnes verwandte, gehört jetzt allein der Tochter. Johann Caspar geht auf das sechzigste Lebensjahr zu. Seine begabte Tochter ist vermutlich sein Stolz und seine Freude. Ihrer Erziehung gilt sein Ehrgeiz, sie ist der Inhalt seines unbefriedigten Lebens. Es ist ihm angenehm, die Tochter um sich zu haben, und er wünscht, daß sie ihn bewundere. Etwas, was ihm offenbar durch seine junge Frau versagt bleibt. Die Besonderheit der Vater-Tochter-Beziehung.

Das tägliche Miteinander, viele Stunden meist.

Cornelia gehorcht widerstrebend. Die Wünsche des Vaters sind Befehle. Ermüdend, immer hört sie die gleichen Geschichten, sie kann sie schon Wort für Wort auswendig: Erinnerungen an seine Jugend, die Italienreise, die Krönungsfeierlichkeiten in Frankfurt. Dann sein Diktat, Rechnungen, Berichte an Behörden und ähnliches. Ihre Hilfe bei den Schreibarbeiten des Vaters war beträchtlich, wie überliefert ist. Vermutlich liest Cornelia dem Vater auch des öfteren vor.

Und dann der Unterricht. Die Lehrer, die die Geschwister gemeinsam unterwiesen, kommen zum Teil weiter in das Haus. Auch Johann Andreas Bismann setzt seinen Klavier- und Gesangsunterricht fort. Vieles übernimmt der Vater aber. Neue Fächer kommen hinzu, die Zeiten für die gestellten Aufgaben verlängern sich. Ist das Mädchen krank, müssen die Stunden nachgeholt werden. Unerbittlich. Der Vater okkupiert die Tochter wahrscheinlich völlig. Das alles sei für sie notwendig, sagt er.

Der Vater liebt die Tochter, liebt sie sogar „über alles", wie die Mutter später sagen wird. Das heranwachsende Mädchen bleibt für ihn die kleine Cornelie, sein Cornelchen, wie er zärtlich schreibt. Fast zu jedem 7. Dezember, ihrem Geburtstag, trägt er in sein Ausgabenbuch ein: „Geburtstagsbrezel der Cornelie" oder „zum Geburtstag Cornelchen eine Brezel".

Der Vater verwöhnt die Tochter.

Am 4. Juni 1767 notiert er in sein Buch: „Mlle Goethe pour le manteau 22 fl." Ein Mantel für zweiundzwanzig Gulden, der Jahreslohn eines Dienstboten. Auch Cornelias kleine Wünsche und Extravaganzen werden weiter befriedigt. Im Ausgabenbüchlein wie vordem: „Taft für Cornelchen", „1 Paar Stiefel der Tochter", „Cornelie für ein Sommerhütchen", „Cornelie für Fächer, Spitzen", „Kleider ändern", „17 Ellen Baumwollstoff für Cornelie", „Herrn Winckler für einen Halsschmuck für Cornelie". 1766 und 1767 heißt es des öfteren „Cornelie Rechnung". Auch steht da „Cornelie monatliches Geld".

Verwöhnt Johann Caspar die Tochter wirklich aus Liebe oder weil er ihren inneren Widerstand spürt, sie sich geneigt machen will? Bedeutet Cornelia diese Verwöhnung überhaupt etwas oder ersehnt sie nicht vielmehr eine andere Art Verwöhnung, Verständnis zum Beispiel?

Das Verhältnis von Vater und Tochter muß mit den Jahren immer spannungsreicher und widerspruchsvoller geworden sein.

Johann Caspar Goethe wird eine Bedrückung für das Mädchen. Er liebt sie, wie er ihr immer wieder sagt. Sie beginnt an ihrer Liebe zu zweifeln, liebt ihn nicht mehr wie einst, kann es ihm aber nicht sagen.

Es ist kein voraussetzungsloser Vorgang. Jedes Kind wächst mit der natürlichen Bereitschaft zur Liebe auf. Diese wird genährt oder erstickt. Im Verhältnis zwischen Cornelia und ihrem Vater Johann Caspar Goethe muß es ein mit den Jahren fortschreitender Prozeß der Erstickung gewesen sein.

Nach außen werden Anweisungen und Gebote selbstverständlich befolgt, nicht einmal die Gesichtszüge dürfen sich verraten. Mit Energie ringt Cornelia offenbar unter den Augen des Vaters um innere Selbständigkeit, löst sich in den Jahren, da der Bruder in Leipzig ist, innerlich vom Vater. Eine große Leistung, aber es muß unter den autoritären Verhältnissen ein lautloser Aufstand bleiben.

„Mein Vater hatte nach meiner Abreise", erinnert sich Goethe im Achten Buch von „Dichtung und Wahrheit", „seine ganze didaktische Liebhaberei der

Schwester zugewendet, und ihr bei einem völlig geschlossenen, durch den Frieden gesicherten und selbst von Mietleuten geräumten Hause fast alle Mittel abgeschnitten, sich auswärts einigermaßen umzutun und zu erholen." Daß die Schwester dem Vater das „nicht verzieh, daß er ihr diese drei Jahr lang so manche unschuldige Freude verhindert oder vergällt", daß die Schwester von den „guten und trefflichen Eigenschaften" des Vaters auch „ganz und gar keine annehmen wollte", urteilt der Bruder kühl und distanziert; findet es ungerecht. Es ist ihm nicht mehr bewußt, daß er selbst vom „Kerker" spricht, daß er vor der Abreise nach Leipzig einen „Gegencursus" zu den vom Vater verordneten Studien entwirft und dies Geheimnis der Schwester anvertraut.

Seine Freiheit macht ihm ihre Bedrängnisse gegenstandslos. Unverständnis äußert er daher über ihre Haltung zum Vater. Cornelia habe auf „eine Weise", die ihm „fürchterlich erschien, ihre Härte gegen den Vater gewendet", erinnert er sich. „Sie tat alles, was er befahl und anordnete, aber auf die unlieblichste Weise von der Welt. Sie tat es in hergebrachter Ordnung, aber auch nichts drüber und nichts drunter. Aus Liebe oder Gefälligkeit bequemte sie sich zu nichts ..." Diese Aufzeichnung ist das einzige Dokument über das Verhältnis von Vater und Tochter. Goethe gibt die Quelle an, es ist der Inhalt eines „geheimen Gespräches" mit der Mutter. Gleich nach seiner Rückkehr aus Leipzig findet es statt, die Mutter „beklagte" sich über den Ungehorsam der Tochter.

Cornelias Ungehorsam ist Suchen nach ihrem Ich, der Generation der Mutter völlig fremd, dem Vater, der in der Ausbildung der Tochter sein Werk sieht, bedrohlich. Cornelia reagiert klug. Sie begehrt nicht auf, spielt die Tochterrolle – genau bis zur Grenze des Herkömmlichen, so kann der Konflikt nicht offen ausbrechen. Bewußtsein ihres engen Spielraumes als Mädchen setzt das voraus. Was der Bruder „Härte“ nennt, ist wohl Festhalten an einem selbstgewählten Ziel. Als Gefühlskälte und Aggressivität wird es von der Umwelt empfunden. Aber nur im Sichverschließen, im Abgrenzen ist für Cornelia Eigenes machbar.

Im Gegensatz zum Bruder steht ihr nicht die Welt zur Verfügung, sondern nur abgezogenes Wissen, vom Vater vermittelt oder aus den Imaginationen ihrer eigenen Lektüre gezogen. Aber noch geht sie vorwärts, sieht offenbar ein Ziel. Ist es jenes Phantom: ich hole dich in die Universitätsstadt nach? Oder das Bild von Anna Maria und Wolfgang Amadeus Mozart, seit jenem Tag im Frankfurter Konzertsaal ihr vor Augen? Bruder und Schwester gleich begabt, umjubelt. Könnten nicht auch außerordentliche Schicksale für *sie* bereitet sein? Sie – eine Schriftstellerin?

Wir kennen Cornelias Motive und Beweggründe nicht. Eines aber ist sicher, sie arbeitet ungestüm an sich. Der Briefwechsel mit dem Bruder ist ihr dabei Stachel, Antrieb. Ist es nicht aufregend, selbst in jener Begrenzung, zu erfahren, womit der Bruder sich beschäftigt, wie er sich in Vorlesungen, in Betrachtungen der Leipziger Gesellschaft die Welt aufschließt, über diesen und jenen Gegenstand Abhandlungen schreibt, dazu ihre Meinung erbittend. Gebannt in das väterliche Haus, hat das Mädchen keine andere Möglichkeit, Welt zu erfahren. Die Briefe des Bruders aus der Ferne sind eine Chance. Cornelia nimmt sie wahr.

Aber: Seine Lektürevorschriften, seine Ge- und Verbote, lösen bei Cornelia offenbar Widerspruch aus. Cornelia wehrt sich, behauptet ihren Standpunkt.

„... *ich kan nicht anders werden*", antwortet sie. Dies sind ihre Worte, überliefert als Zitat im Brief des Bruders. Der Dialog zwischen den Geschwistern verschärft sich daraufhin. „Zu einem Satze" müsse er doch „eine Bemerckung machen", schreibt Goethe am 28. Mai 1766 an Cornelia: „*ich kan nicht anders werden* ... Jeder Mensch der dahin gedieh daß er im Stande ist zu dencken, des Guten und des Übels gewahr zu werden, kan, weil er einen Willen hat, das eine abtuhn und das andere annehmen. Wenn er zum Übel neiget, so geschieht es nicht, weil er sich der Gegenseite nicht ergeben konte sondern weil er es nicht wollte; sonst wäre er eine Maschine. Du wirst die Güte haben diese Wörter in folgender Weise zu ändern: *ich will nicht anders werden.*"

Die Sprache verrät sich, „... der Gegenseite ... ergeben ...", die liebende Freundlichkeit fällt plötzlich ab, dieses „Du wirst die Güte haben ..." ist böse. Goethe gesteht sich wohl ein, daß sein „Hofmeistern", sein „Ziehn" gescheitert ist. Er ändert daraufhin die Taktik.

Er lobt die Schwester, die „hochgelahrte". – „In der Taht du verdienst diesen Namen in Rücksicht auf deinen bewundernswerthen Brief ... voll so vielen guten Gefühlen, so vielen Reflexionen, so vielen geistreichen Einfällen . . ." Dies sei ein „Zeugnüß", das er ihrem „Wißen" und ihrem „Genius" ausstelle. Das schreibt er am 27. September 1766. Acht Monate danach, im dreizehnten und letzten Brief aus Leipzig, vom 11. Mai 1767, wiederholt der Bruder das Lob, steigert es noch.

Zugleich vollzieht sich ein äußerst merkwürdiger Umschlag. Auch er bereitet sich in Andeutungen vor. Einmal schon hieß es: „Du lieber Himmel, wie bist du gelehrt geworden! Ich werde mich inskünftige hüten dir zu rahten was du lesen solst, denn du weißt mehr als ich." Dann wieder bezichtigt sich Goethe, die „Talente" der Schwester bisher nicht in ihrem „ganzen Umfang gekannt" zu haben: „Ich gestehe dirs, meine gantze Kunst wäre nicht im Stande eine Szene zu schreiben, wie sie dir die Natur eingegeben hat."

Schließlich die Konsequenz, die der Bruder daraus zieht: „Mich überwältigt dein Brief, deine Schrifften, deine Denckungsart. Ich sehe darinne nicht mehr das kleine Mädgen, die Cornelia, meine Schwester, meine Schülerin, ich sehe einen reifen Geist, eine Riccoboni, eine fremde Person, einen Autor, von dem ich selbst ietzo lernen kann. Oh meine Schwester, bitte keine solchen Briefe mehr, oder ich schweige."

Für Cornelia muß das schockierend gewesen sein. Der Bruder, der sich in Leipzig tagtäglich verändert, entwickelt, kann es an ihr nicht ertragen. Kann nicht verwinden, daß sie selbständig wird, nicht mehr allein seine Schülerin ist. Aus Angst reagiert er, „keine solchen Briefe mehr, oder ich schweige". Es ist eine Drohung. Keine andere Auslegung ist möglich. Partnerschaft ist nicht gefragt. Nur Folgsamkeit erwünscht.

Als Vertrauensbruch muß Cornelia das aufgefaßt haben. Oder sind sie beide so in ihren Rollen gefangen, brüderlich-schwesterlich liebend, daß keinem bewußt wird, was vorgeht?

Cornelia wird es als ungutes Gefühl reflektiert haben. Einlenkend unterbreitet der Bruder im gleichen Brief ein Kompromißangebot: wenn Du das erfüllst, Cornelia, werden wir miteinander auskommen können. „Fahr fort, fahr fort, meine Schwester, dein schlichtes Gemüth, deine ungewöhnliche Redlichkeit, deine Naivität werden die Erforschung der Welt besiegen, das Wißen und die Critick deines Bruders bewältigen."

Dann schweigt Goethe. Über Monate kein Brief. Den Sommer über, den Frühherbst. Zufall, Zeitnot, oder macht er seine Drohung wahr? Träfe letzteres zu, hätte Cornelia sich nicht gefügt. Zaghaftes Aufbegehren vielleicht. Da wir ihre Briefe nicht haben, wissen wir es nicht. Aber wir vermuten es. Als der Bruder nämlich Ende Oktober wieder schreibt, hat er über das Verhältnis zur Schwester lange nachgedacht, und er entwickelt ihr seine Vorstellungen über ihre Beziehungen zueinander. Ein betörender Brief, voller Liebe und Selbstliebe. Er muß eine zerstörerische Wirkung auf Cornelia gehabt haben. Der junge Goethe, der sich anschickt, alles in Frage zu stellen, alle künstlerischen und gesellschaftlichen Kategorien aufzubrechen, teilt hier der Schwester ausdrücklich die Bedingungen des Geschlechterfriedens mit, die das Bürgertum im Laufe seiner Selbstfindung gnadenlos befestigen wird.

Achtzehn ist Goethe da, als er am 12. Oktober des Jahres 1767 jenen Brief an seine Schwester verfaßt. Es ist Nachmittag. Er sitzt in seiner Leipziger Stube, die er Cornelia beschrieben hat: „Hier steht mein Bett! da meine Bücher! dort ein Tisch aufgeputzt wie deine Toilette nimmermehr seyn kann." Er geht nicht in die Universität an diesem Tag. „Ich will auch die heutigen Vorlesungen versäumen, und mich mit dir unterhalten ... Gewiß Schwester, du verdienst einen recht langen Brief. Ich habe heute frühe alles durchgelesen was du mir dieses Jahr über geschrieben hast, und finde, daß ich Ursache habe sehr beschämt zu seyn."

„Zuförderst muß ich von deinen Ausarbeitungen reden, von denen ich bißher, auf eine etwas unhöfliche Weise sehr stille geschwiegen habe. Ich muß dich nothwendig loben, und glaube daß du viel Gutes dencken und schreiben würdest, wenn ..." Das Wenn nimmt dann den größten Raum ein. Einwände über Einwände. Sie habe zwar „feine Empfindungen", bescheinigt er ihr, aber „zu leicht gefült und zu wenig überlegt", ihre „Ideen über die meisten Gegenstände" seien „sehr brouillirt", ihr „Geschmack" durch „verschiedne Lecktüren ... mercklich verdorben"; wie bei den „meisten Frauenzimmern" sei er „bigarrirt wie ein Harlekinskleid". Es bleibt fast nichts übrig.

Der Bruder aber kann helfen. Alles würde sich zum Guten wenden, wenn – „wenn deine Einbildungs Kraft, deine Art eine Geschichte zu betrachten, und deine Erzählungs Art in eine andre aber doch nicht sehr veränderte Richtung gebracht würden".

„Ich kann mich hierüber nicht deutlicher erklären, ohne äußerst weitläufig zu werden", fährt er fort, „habe Geduld biß ich zu euch komme, da will ich dir hierinn wie in verschiednen andern Wissenschaften Unterricht geben, die ich nur für dich, und wenige Mädgen gesammelt habe." Und Goethe unterstreicht diesen Gedanken nochmals nachdrücklich im Hinblick auf Cornelias Lektüre, die ihren Geschmack verderbe. „... deswegen wollte ich dich bitten, das Jahr über das wir noch von einander seyn werden, so wenig als möglich zu lesen, viel zu schreiben; allein nichts als Briefe, und das wenn es seyn könnte, wahre Briefe an mich, die Sprachen immer fort treiben, und die Haushaltung, wie nicht weniger die Kochkunst zu studiren, auch dich zum Zeitvertreibe auf dem Claviere wohl zu üben, denn dieses sind alles Dinge, die ein Mädgen, die meine Schülerinn werden soll nothwendig besitzen muß ... Ferner verlange ich daß du dich im Tanzen perfecktionirst, die gewöhnlichen Kartenspiele lernst, und den Putz mit Geschmack wohl verstehest."

Stillstand in allem, was Cornelias gedankliche Beschäftigung, ihre schriftstellerische Arbeit, ihre geistige Bildung betrifft – dafür Übungen in weiblichen Tugenden. Das verlangt der Bruder. Bis zu seiner Rückkehr. Die Schwester soll allein *sein* Werk sein. „Wirst du nun dieses alles, nach meiner Vorschrift, getahn haben, wenn ich nach Hause komme; so garantire ich meinen Kopf, du sollst in einem kleinen Jahre das vernünftigste, artigste, angenehmste, liebenswürdigste Mädgen, nicht nur in Franckfurt, sondern im ganzen Reiche seyn ... Ist das nicht ein herrliches Versprechen! Ja, Schwester, und ein Versprechen das ich halten kann und will. Und sage, wenn ich bey meinem hiesigen Aufenthalt, auch nichts gelernt hätte, als so ein groses Werck auszuführen, würde ich nicht ein großer Mann seyn."

Wir sehen Cornelia im Frankfurter Haus am Hirschgraben. Seit Mai wartet sie täglich auf die fahrende Post, täglich eilt sie die Stufen der breiten Treppe hinab, wenn Hufschläge zu hören sind – immer vergeblich. Als sie den letzten Brief vom Bruder erhielt, standen die Bäume in den Hausgärten in Blüte, nun färbt sich das Laub bereits. Es ist Mitte Oktober. Endlich ein Zeichen. Sie hält einen versiegelten Brief aus Leipzig in der Hand. Rennt die Treppe hinauf, zwei Stufen auf einmal, in ihr Zimmer im Quergebäude des zweiten Stockwerkes – wenn sie nur jetzt niemand stören würde. Öffnet das Siegel, faltet die Blätter auseinander – wieviel der Bruder geschrieben hat. Ihre Augen fliegen über die Zeilen, hastig – Freude und Enttäuschung, Zorn und Zärtlichkeit sind eines. Wieder und wieder wird sie den Brief dann lesen – die Zwiespältigkeit bleibt.

Zum „Zeitvertreibe" solle sie auf dem „Claviere" spielen, rät er; sie kann nur lachen, wo sie doch, wie überliefert ist, täglich stundenlang übt. Tanzen und Kartenspiel, wo denn? Da sie ins Haus gebannt bleibt, der Vater ihr die kleinste Annehmlichkeit verbietet. Kochkunst – ja. Das Bitterste aber, vom Bruder zu hören, daß alle ihre Aufzeichnungen, ihre ehrgeizigen Arbeiten sein Mißfallen finden. Mit leichter Geste, freundlich, wischt er sie vom Tisch. Nur wenn sie seiner Anleitung folge, werde es etwas. So, nicht anders, ist es zu lesen. Ein Jahr also verzichten auf Lektüre, auf Ausarbeitungen. Warten, den Vater derweil ertragen, die Vorwürfe der Mutter. Welch brüderliche Anmaßung, welch Schulmeisterei, der Zorn mag Cornelia die Kehle zuschnüren. Was weiß er, der sich in Leipzig in seiner „angenehmen Freiheit" austobt, von ihrem jetzigen Leben, ihren Bedrängungen, Wünschen?

Und doch, wie verlockend sein Angebot, wird er sein Versprechen wahr machen, wenn er nach Frankfurt zurückkommt; ja doch, er garantiert seinen Kopf. Erinnerung an geschwisterliche Gleichheit, Vertraulichkeit im Sprechen und Denken, sollte dieser Zustand nicht wieder herzustellen sein? Die Schwester liebt den Bruder, glaubt ihm, beugt sich.

Cornelia hat gar keine Wahl. Der Bruder fällt die Entscheidung, dann bricht er den Briefwechsel ab. Im letzten Jahr seines Leipzig-Aufenthaltes nicht die kleinste Zeile, die kümmerlichste Nachricht. Der Bruder unnahbar, sprachlos, nicht existent, das erste Mal in ihrem Leben für so lange Zeit. Das Schweigen. Zurückstoßen. Mißachtung.

In Cornelia wird in jenem Jahr das Vertrauen zum Bruder heftig erschüttert, vielleicht sogar zerstört. Glaube an ihn und Unglaube sind in ihr. Verzehrt von Hunger nach Leben, reduziert auf ihre banale Mädchenexistenz, sieht sie sich plötzlich auf sich gestellt.

Was wird aus ihrem Leben, ihrer Zukunft? Ewig im väterlichen Haus. Entfliehen, wohin? Sie hat keine Alternative. Der Bruder wird sie nicht bieten. Also illusionslose Vernunftehe, Heirat – das ist der einzige Weg, vorgezeichnet, von allen gegangen. Welche Wünsche, welche Fähigkeiten sie auch immer hätte.

Cornelia weiß nicht, daß jenes Mädchen Anna Maria Mozart, dem sie im Frankfurter Konzertsaal lauscht, dem der Bruder Wolfgang Amadeus zuruft: „Ich habe mich recht verwundert, daß du so schön komponieren kannst", von dem der Vater schreibt, sein „Mädl" sei „eine der geschicktesten Spilerinnen in ganz Europa", – daß jenes Mädchen verlöschen, jene „penetrante Farblosigkeit" annehmen wird, von der Wolfgang Hildesheimer in seinem Mozart-Buch spricht. Mit siebzehn, heiratsfähig, wird sie ins Haus gebannt, darf nicht mehr reisen, keine Konzerte mehr geben. Ihr Lebensinhalt: auf einen Mann zu warten. Als er kommt, darf sie ihn nicht heiraten, da der Vater die Tochter nach dem frühen Tod seiner Frau zur Haushaltsführung und als Gesprächspartnerin benötigt. Während der Bruder Wolfgang Amadeus sich unter jahrelangen Kämpfen von dem übermächtigen Vater löst, gelingt es der Schwester niemals. Sie gehorcht dem Vater. Auch dann, als er sie zum letztmöglichen Zeitpunkt, dreiunddreißig ist sie, an einen ältlichen Witwer mit fünf Kindern verheiratet, der zur Belohnung für ihren jungfräulichen Status (in praemium virginitatis) eine „Morgengabe" von fünfhundert Gulden zahlt. Ihr erstes, ein Jahr danach geborenes Kind überläßt die Tochter ihrem Vater auf dessen Wunsch. Als Anna Maria später nach dem Tod ihres Mannes über ihren berühmten Bruder die „Mitteilungen der Schwester Mozarts" verfaßt, erzählt sie alles, was den Bruder betrifft, ihre eigene, frühe Leistung als Pianistin aber erwähnt sie mit keinem Wort, von ihr selbst heißt es nur, sie lebe „in anspruchsloser ruhiger Stille ganz den schönen Pflichten der Gattin und Mutter". Sie identifiziert sich mit den zeitüblichen Erwartungen an die Frau, verkörpert das Ideal der Selbstlosigkeit.

Anna Maria Mozart begreift instinktiv, wie auch Cornelia Goethe begreifen wird: die Welt gehört den Männern. Sie sind die Mächtigen. Und Widersinn; nur durch sie, über sie ist Teilhabe am Leben möglich. Wie aber? Indem man ihrer Macht mit einer anderen begegnet, mit der der Weiblichkeit. Hier setzen die phantastischen Träume der Frauen ein, von der zeitgenössischen Literatur der Empfindsamkeit gründlich genährt: Schönheit, Tugend, Leidenschaft macht die Mächtigen, die Männer, wehrlos und die Machtlosen, die Frauen, zu Siegern. Auch Cornelia, vom Bruder auf ihr Mädchen-Sein verwiesen, setzt sich damit auseinander, probiert diese Rolle, spielt sie durch.

Wir haben ein erregendes Dokument darüber. Cornelia Goethes Tagebuch ist überliefert. Wie es erhalten blieb, wer es einst besaß, welche Wege es nahm, ist nicht mehr nachzuvollziehen. Genau hundert Jahre nach Cornelias Tod, im Jahr 1877, erwirbt es der Leipziger Verleger und Sammler Salomonis Hirzel. Von wem, weiß niemand. Seither liegen die fortlaufenden Blätterlagen, achtundsiebzig Seiten, fast unversehrt, kaum vergilbt, in der Leipziger Handschriftensammlung. Die schönen Schriftzüge Cornelias in völliger Ebenmäßigkeit über alle Seiten. Nur wenn sie ihren Namenszug darunter setzt, vergißt sie alle Disziplin. In phantasievollen Schwüngen, weit ausholend, barock, steht da: Goethe. Nicht der Vorname, nur der Familienname. In einigen wenigen Fällen setzt sie die Abkürzungen für Cornelia Friderica Christiana, setzt sie C. F. C. davor. Niemals schreibt sie ihre Vornamen aus.

Das Tagebuch der Cornelia Goethe ist das einzige Zeugnis, das Einblick in ihre innere Welt gibt. Siebzehn Jahre wird Cornelie, als sie ihre geheime Niederschrift beginnt, neunzehn, als die Notizen abbrechen. Fast zwei Jahre ihres Lebens haben wir vor uns – ihre Gedanken, Gefühle, Sprache, ihre

Stimme. Ein großer Glücksfall bei all dem unwiderruflich Verlorenen.

Das ausschließliche Thema des Tagebuches ist Cornelias Schicksal als Frau. An eine ihres Geschlechtes, eine Gleichaltrige, wendet sie sich. Es ist keine Zwiesprache, Cornelia erwartet keine Antwort. Die Briefform ist vielmehr Eingeständnis von Einsamkeit, Kommunikationssehnsucht, Anschreiben gegen die eigene Leere; auch Zeitstil, in Modebüchern gelesen, nachgeahmt.

Meine erste Lektüre der Tagebücher. Erwartung, Spannung, ich lese und – ich bin enttäuscht. Welche Nichtigkeiten, wie farblos. Verliebtheiten, Liebeshändel über Seiten, Seiten. Berichte über Konzertbesuche, Mädchenbegegnungen, Beschreibungen von Ballereignissen. Spitze Reden, Klatsch, Eifersüchteleien. Ist das alles?

Es ist die Welt, in der sie lebt. Dazwischen plötzlich Sätze, grelles Licht, Cornelia steht vor mir, tritt aus der Konvention heraus. Für Sekunden. Ich brauche lange, um dieses Brieftagebuch zu verstehen, um hinter seinen kunstvollen inneren Aufbau zu kommen. Es ist Rollenspiel, fortwährendes, ermüdendes. Die Rollen sind für uns heute kaum nachvollziehbar. Erst das Lesen von Cornelias Lieblingsbüchern, aufregende Gegenwartsliteratur für sie, zwischen 1742 und 1754 erschienen, Samuel Richardsons „Pamela oder Die belohnte Tugend“, Richardsons Sittenroman „Clarissa“, die Geschichte eines vornehmen Frauenzimmers, und vom gleichen Autor der von ihr so bewunderte Roman „Sir Charles Grandison“, bringt mich den Denk- und Gefühlskategorien, den

Handlungszwängen eines Mädchens von damals näher.

Läßt mich begreifen, dieses Brieftagebuch ist der Versuch Cornelias, Selbstbewußtsein zu gewinnen. Sie will sich finden, ihrer versichern – außerhalb des „weiblichen Schicksals“. Wie nah ist dieses Motiv für Heutige noch, die Zeitgrenze schwindet. Wer ist es, sie oder ich oder die andere neben mir? Literatur als schmaler Steg, der einzig hinüberführt, schwankend, kaum erkennbar. Briefe – eine Alltäglichkeit. Das Wagnis nicht eingestehend. Eine Adressatin wählen, um die Entscheidung zu verdecken, vor sich selbst und anderen: hier erzählt eine Frau ihre eigene Geschichte in geschlossener Form; als Literatur.

Diese Literatur wird nicht an die Öffentlichkeit dringen. Weder in Cornelias Zeit noch in einer späteren. Erst am Beginn des 20. Jahrhunderts, 1903 wird im Umkreis der Goethe-Forschung die Aufmerksamkeit darauf gelenkt, das Tagebuch wird erstmals publiziert, 1960 dann in einem Ergänzungsband zur Gedenk-Ausgabe von Goethes Werken aufgenommen. In Französisch, wie Cornelia es verfaßt hat. Eine edierte Übersetzung ins Deutsche liegt bis heute nicht vor.

Und doch ist dieses Tagebuch innerhalb der großen Zahl der damaligen europäischen Briefromane ein bemerkenswerter Beitrag. Eine weibliche Schreibart stellt sich vor, variiert die männliche. Hier spricht eine Betroffene, wie sie ihre Welt erfährt, gestaltet ihre Erfahrungen romanhaft und autobiographisch zugleich. Authentizität ist der Reiz. Mit allen Abstrichen, die zu Lasten der Banalität und Eingeschnürtheit des weiblichen Lebens gehen. Literatur kann nur eigene Erfahrungen vermitteln. Und wie sollte in ihr der Widerschein der Welt sein, wenn die patriarchalische Familienstruktur die Frau in die Begrenzung des Hauses bannt. Es sind die „Leiden“ eines weiblichen „jungen Werthers“, die Cornelia Goethe beschreibt. Fünf Jahre bevor der Bruder dann mit seinem Briefroman die deutsche und europäische literarische Welt in Aufruhr versetzt. Da ist er schon durch Städte und Menschen getrieben, hat Schmerzgrenzen erreicht, hat sich in einem Kreis von Gleichgesinnten in unendlichen Widersprüchen geformt. Erfahrungen, die Cornelia immer versagt bleiben werden.

Goethes „Werther“ endet mit dem Selbstmord des Helden. Der Briefroman der Schwester endet mit der Selbstabtötung der Heldin, mit stummer Verneinung. Literatur und Leben sind im Falle Cornelias identisch. Ist es die illusionslose Vorwegnahme ihres Schicksals?

Zur gleichen Zeit, da der Sturm und Drang sich als literarische Bewegung etabliert, eine Gruppe junger Männer mit rebellischen Strategien die Welt neu zu sehen versucht, ist der Briefroman der achtzehnjährigen Cornelia Goethe weiblicher Widerschein dieses Aufbruchs.

Woher der Mut? Der Bruder provoziert ihn. Er will ihr Richardsons Roman „Sir Charles Grandison“ ausreden. „Du bist eine Närrin mit deinem Grandison.“ Er legt sie auf weibliche Schreiberinnen fest. Sie sei eine Riccoboni, ihr Text enthalte so viele „geistreiche Einfälle“, daß er ihn „Mdlle Lussan zugeschrieben hätte“, wenn er nicht ablehne, sie des „Plagiats“ zu verdächtigen. Marie Jeanne de Riccoboni (1714–1792), französische Autorin erfolgreicher Briefromane, und Marguerite de Lussan (1682–1758), ebenfalls Französin, Verfasserin von Romanen und historischen Schriften. Cornelia wehrt sich offenbar heftig gegen diese Einordnung, denn im Brief vom 11. Mai 1767 entschuldigt sich der Bruder, einlenkend schreibt er: „Wenn ich deine Talente voll und ganz gekannt hätte, so hätte ich nie Mdlle Lussan mit dir verglichen, sie war eine gute Geschichtsschreiberinn, eine reizvolle Plauderinn, es fehlen ihr aber Gefühle wie ich sie bey dir bewundere."

Cornelia hat eigene Vorstellungen, am Beginn des Tagebuches beruft sie sich auf den Engländer Richardson, er habe den Schreibanstoß gegeben; „... schließlich habe ich meine Bedenken überwunden, und zwar als ich die Geschichte des Sir Charles Grandison las". Sowohl die Form reizt sie als das dort beschriebene Männlichkeitsideal. Mit einem Lob Grandisons setzt ihr Tagebuch ein. „Was für ein ausgezeichneter Mann, dieser Sir Charles Grandison; schade, daß er nicht mehr auf dieser Welt ist." Henriette Byron heißt das Mädchen, dem die Liebe Grandisons gehört. „Alles würde ich darum geben", schreibt Cornelia, „um in einigen Jahren, wenn auch nur wenig, der Miss Byron zu gleichen."

Für Charles Grandison muß eine Frau gleichermaßen äußere wie innere Vorzüge haben, Liebreiz des Körpers und Liebreiz der Seele sind ihm eine Einheit. Schönheit allein läßt ihn kalt. Grandison nähert sich der Frau, die er liebt, nicht aus ökonomischen Erwägungen, nicht vordergründig mit sexuellem Besitzanspruch, sondern menschlich, als Bruder zunächst, als Freund. Das Modell Jäger und Gejagte, Käufer und Gekaufte ist außer Kraft. Das Ideal der Gleichheit taucht auf, die Ehe aus Liebe. Aus Sympathie und

Übereinstimmung erwächst Neigung und Leidenschaft – und führt zur Heirat. Ein völlig neuer Gedanke.

Cornelia ist berührt. Ihre Zukunft sieht sie. Die Verbindung von Liebe und Ehe, ihr geheimer Wunsch. Schreibend versucht sie sich darüber klarzuwerden, zugleich sich in der literarischen Fiktion davon zu distanzieren. Sie will sich ihrer Individualtität versichern, befragt diese aber von vornherein nur nach den Qualitäten der Weiblichkeit.

Abgrund ihrer Zeit, in den sie stürzt. Die Widersprüche unlösbar. Cornelia wird an ihnen scheitern.

Mit dem 1. Oktober 1767 setzt die geheime Korrespondenz ein, einzelne Briefe sind es zunächst. Dann, als Zutrauen und Mut zur Briefform sich gefestigt haben, geht Cornelia zum Tagebuch über, briefartige fortlaufende Berichte, nun über mehrere Tage geschrieben, manchmal über Wochen. Päckchenweise schickt Cornelia diese Brieftagebücher ab, sieben Sendungen. Reiz des Verbotenen, Triumph über den Vater, sie ohne sein Wissen aus dem Haus am Hirschgraben gehen zu lassen.

Die erste Sendung umfaßt acht Tagebuch-Briefe aus der Zeit vom 16. bis 22. Oktober 1768, die zweite dreizehn Schreiben, die letzte, die siebente dann, fünf Berichte vom Juni und August 1769. Nach Worms an Katharina Fabricius, die Tochter des Fürstlich-Leiningischen Hofrates und Syndikus Johann Georg Fabricius, die Cornelia im Frühjahr oder Sommer siebenundsechzig in Frankfurt kennenlernt, gehen sie. Die Antworten Katharinas sind nicht überliefert.

Die Briefe beginnen, als der Bruder aus Leipzig droht, zu schweigen, wenn sie fortfahre, ihn mit ihrer Art zu denken, ihrer Überlegenheit zu beunruhigen. Das Tagebuch setzt kurz nach der Rückkehr des Bruders in das Haus am Hirschgraben in Frankfurt ein, ist also in seiner Anwesenheit, unter seinen Augen, aber geheimgehalten vor ihm, geschrieben. „Er weiß nichts von alle dem, was ich Ihnen schreibe ..." Der Satz endet: „... denn er würde es nicht dulden, da er sich als meinen Sekretär bezeichnet, wenn es sich um Sie handelt". Wohlgemerkt, nicht sie soll sein Sekretär sein, sondern er der ihre. Heiteres Wortspiel, in Wirklichkeit würde er die Beziehung an sich reißen, sich mit Katharina Fabricius, für die er schwärmt, austauschen. Für Cornelias Probleme wäre kein Raum mehr. Goethe nimmt seine Rolle ein. Cornelia hat nichts dagegenzusetzen.

Sie kann sich nur von ihm abgrenzen. Und das nur insgeheim. Cornelias Schreib-Experiment ist eine Reaktion auf eine vom Bruder ihr gegenüber bezogene Haltung. Allein, ohne ihn, ohne seine Vorschriften, will sie sich dem schwierigen Thema nähern.

Seit dem 1. September 1768 ist Goethe wieder in Frankfurt am Main. Krank kommt er von Leipzig zurück. „Drey volle Wochen" sei er „nicht aus der Stube gekommen", klagt er am 30. Dezember. Am 31. Januar, „fast zwey Monat, an einem fort ganz eingesperrt"; im „Elend" sitze er, „das bissgen Freyheit ist auch wieder aus, und ich werde wohl noch ein Stückgen Februar im Käfigt zubringen ..." Am 13. Februar dann spricht er von einem Zustand, der ihn „vier Wochen an den Bettfus, und vier Wochen an den Sessel anschraubte".

Auch in Cornelias Tagebuch ist von der Krankheit des Bruders die Rede. 7. Dezember 1768: „Meinem Bruder geht es sehr schlecht, er hatte plötzlich einen heftigen Kolikanfall, der ihn übermäßig leiden ließ. Man wendet alles an, um ihm etwas Ruhe zu verschaffen, aber vergeblich. Ich kann ihn nicht in einem solchen Zustand sehen, ohne daß sich mir das Herz verkrampft. Daß ich ihm nicht helfen kann." Am 10.: „Nach zwei Tagen Leidens geht es meinem armen Bruder ein wenig besser, aber er ist so schwach, daß er sich nicht eine Viertelstunde aufrecht halten kann ..." Mitte Januar erzählt Cornelia, daß der Herr Rat Moritz für den Bruder „anlässlich von dessen Genesung ein Essen gab". Anfang Februar spricht sie von „erneuter Erkrankung" des Bruders.

Cornelia, durch den Zustand des Bruders in ihren Freiheiten im Haus am Hirschgraben eingeschränkt, zeitweise werden in ihrem Zimmer die Mahlzeiten eingenommen und auch Besuche empfangen, kümmert sich um den Bruder. In „Dichtung und Wahrheit" erinnert er sich: „Ihre Sorge für meine Pflege und Unterhaltung verschlang alle ihre Zeit; ihre Gespielinnen ... mußten gleichfalls allerlei aussinnen, um mir gefällig und trostreich zu sein. Sie war erfinderisch, mich zu erheitern, und entwickelte sogar einige Keime von possenhaftem Humor, den ich an ihr nie gekannt hatte."

Liebend und schwesterlich helfend wie einstmals nähert sich Cornelia dem Bruder. Zugleich aber verschließt sie sich, vertraut ihre eigenen Probleme dem Tagebuch an, nicht dem Bruder. Er bemerkt es nicht, lebt in Harmonie. Oder ist es Täuschung später Erinnerung?

Die Zeitdokumente nämlich sprechen eine andere Sprache. In den unmittelbar nach der Rückkehr aus Leipzig geschriebenen Briefen ist von der Schwester an keiner Stelle die Rede; „fast niemand“ besuche ihn als sein „Docktor“, heißt es. Und immer Klagen, Unmutsäußerungen, Bezichtigungen. „Ich binn heute unerträglich“, 26. 8. 69, „ich bin in einer stillen unthätigen Ruhe, aber das heisst nicht glücklich seyn“, am 12. 12. 69; „seit langer Zeit“ seien seine „Lieder so verdrüsslich, so übel gestellt“ als sein „Kopf“. Als er endlich wieder Studiosus ist, nach Straßburg geht, schreibt er von dort am 13. April 1770: „... wenn ich mich erinnere, was für ein unerträglicher Mensch ich den letzten ganzen Sommer war, so nimmt mich's Wunder, wie mich jemand hat ertragen können.“

Jemand – das ist die Schwester, sie kann es, erträgt ihn. Dabei ist es keineswegs nur die Krankheit, die den beschriebenen Zustand des Bruders bewirkt. Frankfurt ist ihm leidig, die Stadt ist in allem „Antithese von Leipzig“. Als „halber Fremdling“ fühlt er sich, sehnt sich zurück. „Ich beneide alle Welt, die nach Sachsen geht, und meine Briefe dazu“; seine „Correspondenz nach Sachsen“ sei „das einzige“, daran er „ein würkliches Vergnügen“ fände. „Frankfurt binn ich nun endlich satt ... Sie stellen sich die Trockenheit nicht vor, in der man hier, von Seiten einer angenehmen Unterhaltung lechzt“, von der „Frankfurter Hungersnoth des guten Geschmacks“ spricht er.

Überblickt man die Klagen, so ist die über die Frankfurter Mädchen die häufigste. Die Schwester ist darin eingeschlossen.

Cornelia reflektiert das am Anfang ihres Tagebuches. Sie gibt in Form eines szenischen Dialogs ein Gespräch zwischen Bruder und Schwester wieder, das in Anwesenheit von Fremden geführt wird.

Ende Oktober 1768 kommen zwei Leipziger Kommilitonen, die Livländer Georg und Heinrich von Olderogge aus Riga nach Frankfurt. Am 26. treffen sie ein. Der Bruder erzählt es der Schwester, schildert die beiden. Am 27. machen sie ihre Aufwartung im Haus am Hirschgraben.

Am Abend davor notiert Cornelia in ihr Tagebuch: „... ich bin neugierig sie zu sehen, aber ich schäme mich, mich ihnen vorzustellen ... ich erröte bei dem Gedanken, mich Personen von solchem Verdienst zu zeigen, eine so demütige, des Ansehens so wenig würdige Gestalt ...“ Am Morgen des Besuchstages geht sie aus, kehrt zurück. „Zwanzigmal wurde die Treppe hinabgestiegen, und ebenso viele Male brachten mich meine Schritte in mein Zimmer zurück.“ Sie findet sich selber „lächerlich“, eine „Närrin“. Schließlich nimmt sie doch an der kleinen Gesellschaft teil.

Was ist aus jener selbstbewußten Zwölfjährigen geworden, was aus dem Mädchen, das den Bruder gewaltig packt und ihm die Flüche des Satans aus dem „Messias“ ins Gesicht sagt? Woher ihr Widerstreben, ihre Minderwertigkeitskomplexe? Sie ist inzwischen siebzehn, fast achtzehn. Mit dem sechzehnten Lebensjahr heiratsfähig und damit den Ritualen der Männergesellschaft unterworfen.

Zurückhaltend muß sie sein, schweigsam, lieblich, weiblich. Sie muß vor allem gefallen, möglichst auf den ersten Blick. Durch eine musikalische Darbietung darf sie die Männer erfreuen.

Cornelia beschreibt, wie der Besuch verläuft. Nach

Vorschrift. Konvention, Artigkeiten, Komplimente. Kerzen brennen. Das Clavecin steht bereit. Cornelia als dem einzigen weiblichen Wesen wird gehuldigt. Die Herren streiten sich, wer neben ihr sitzen darf. Ein ebenfalls anwesender Cousin wendet sich an Cornelia. Er hat sich eine Stunde mit ihrem Bruder unterhalten; „... in dieser kurzen Zeit habe ich schon tausend schöne Eigenschaften an ihm entdeckt, man hat Ursache, Sie zu einem Bruder zu beglückwünschen, der so würdig ist, geliebt zu werden". Cornelia erwidert darauf: „Ich bin entzückt, Monsieur, daß Sie jetzt davon überzeugt sind, wie recht ich hatte, über die Abwesenheit dieses geliebten Bruders betrübt zu sein; diese drei Jahre sind für mich sehr lang gewesen, jeden Moment wünschte ich seine Rückkehr." Goethe widerspricht: „Meine Schwester, meine Schwester, und jetzt, wo ich da bin, wünscht mich niemand zu sehen, es ist genau so, als wäre ich gar nicht da –." Cornelia: „Keine Vorwürfe, mein Bruder, Sie wissen selbst, daß das nicht meine Schuld ist, Sie sind immer beschäftigt, und ich wage nicht, Sie so oft zu unterbrechen, wie ich es möchte."

Getrennte Welten. Der Mann ist beschäftigt, die Frau darf ihn nicht stören. Das ist das Klischee. Beide Geschwister fühlen sich einsam, jeder sucht die Schuld beim anderen. Die zwischen dem Bruder und ihr existierenden Spannungen bringt Cornelia an keiner anderen Stelle des Tagebuches zur Sprache. Nur in Anwesenheit von Fremden, im förmlichen Sie werden sie sagbar. Ist das Verhältnis der Geschwister so emotionsbeladen, daß nur innerhalb der Konvention Reden darüber möglich ist? Oder ist es bewußte literarische Stilisierung? Die illusionslose Sicht der Schreiberin auf die Realitäten? Vermutlich ja. Die Szene ist austauschbar, wiederholbar. Der Bruder ist Teil jener Männergesellschaft, sie ist Dekor, schmückendes Beiwerk, Liebliche, die die Männer erfreuen soll. Ihr Wunsch, als Person wahrgenommen zu werden, steht für den Bruder gar nicht zur Debatte.

Cornelia fährt mit dem Bericht fort. Nach dem kurzen Wortwechsel zwischen Bruder und Schwester stellt der Cousin die Etikette wieder her, spricht von Musik. Cornelia notiert: „... ich fing an, meine ganze Geistesgegenwart wiederzugewinnen." Sie setzt sich ans Klavier, spielt. Die Männer gruppieren sich um das Mädchen. Als sie endet, versucht der Bruder „dem Gespräch eine andere Wendung zu geben". Er redete, schreibt Cornelia, „von Leipzig, von der angenehmen Zeit, die er dort verbracht hat, und gleichzeitig begann er sich über unsere Stadt zu beklagen, über den wenigen Geschmack, der darin herrscht, über unsere stumpfsinnigen Bürger, und endlich ließ er ungeniert die Zügel schießen, daß unsere Demoiselles unerträglich seien. Welch ein Unterschied zwischen den sächsischen Mädchen und denen hier rief er – Ich", so Cornelia, „schnitt ihm das Wort ab, und indem ich mich an meinen liebenswürdigen Nachbarn wandte, Monsieur, sagte ich zu ihm, das sind Vorwürfe, die ich mir jeden Tag anhören muß; Sagen Sie, ich bitte Sie; Sie, der Sie vielleicht nicht so voreingenommen sind wie er, ob es wirklich wahr ist, daß die sächsischen Damen denen jeder anderen Nation so überlegen sind?" Einer der Brüder Olderogge antwortet darauf: „Ich versichere Ihnen, Mademoiselle, daß ich in der kurzen Zeit, die ich hier bin, mehr vollendete Schönheiten gesehen habe als in Sachsen, während ich Ihnen zu sagen wage, was Ihren Herrn Bruder so für sie einnimmt, ist, daß sie eine gewisse Anmut besitzen, ein gewisses zauberhaftes Aussehen –" – „Eben das ist es, unterbrach mein Bruder, diese Anmut und dieses Aussehen, was ihnen hier fehlt ..."

Cornelia stockt, die Tagebuchaufzeichnungen werden nicht fortgesetzt. „Gerechter Himmel, es schlägt zehn Uhr, ich muß schlafen gehen, ich habe heute nicht zu Abend gegessen, um Ihnen alles berichten zu können. Ich hätte Ihnen gern die Unterhaltung bis zu Ende erzählt ..." Donnerstag nachmittag findet der Besuch statt. Freitag morgen schreibt Cornelia weiter – kein Wort mehr über den Streit.

Der Abbruch hat tiefere Ursachen. Anmut und das gewisse Aussehen! Es fehlt auch ihr. Sie kann sich nicht fügen. Das „Werck", das der Bruder an ihr verrichten will, das „vernünftigste, artigste, angenehmste, liebenswürdigste Mädgen" aus ihr zu machen, findet in ihr nicht das geeignete Material. Wieder vielleicht, wie damals von Leipzig, die Aufforderung, aus dem Satz „*ich kan nicht anders werden*" den Satz „*ich will nicht anders werden*" zu machen. Jetzt aggressiver, ungehaltener vom Bruder vorgetragen. Er ist enttäuscht, daß sie sich seiner „Werck"-Absicht entzieht. Der Beleg: am 13. Februar 1769 heißt es in einem Brief Goethes aus Frankfurt: „Aber gelehrige Schülerinnen ... wie sich's gehört, darauf wart ich noch, wenn ich sie erwischt habe, die Paradiesvögel, da will ichs Ihnen schreiben."

Was geht zwischen den Geschwistern vor? Cornelia wehrt sich gegen Schulmeisterei, will sich von ihm nicht beibringen lassen, wie sie den Männern zu gefallen habe, will das nicht zum Thema zwischen ihnen machen.

Und macht es zeitgleich zum ausschließlichen Thema ihres Tagebuches. Ein Widerspruch? Cornelia ist Realistin. Es kann für sie gar kein anderes Thema geben. Ihre Weiblichkeit entscheidet über ihre Zukunft. „Es liegt auf der Hand, daß ich nicht immer ledig bleiben werde", heißt es im Tagebuch. „Obgleich ich seit langem die romantischen Gedanken über die Ehe verworfen habe, konnte ich niemals eine erhabene Idee von ehelicher Liebe auslöschen, jener Liebe, die nach meinem Urteil allein die Vereinigung glücklich machen kann."

Die Verbindung von Liebe und Ehe. Nüchtern, mit beinah systematischer Gründlichkeit nähert sich die Schreiberin diesem Thema. Die erzählten Geschichten, Berichte aus dem Kreis ihrer Frankfurter Bekannten, Stadtneuigkeiten, Klatsch, auf den ersten Blick rein zufällig, ordnen sich, sieht man genauer hin, streng dem Thema zu, sind dessen Variationen.

Nehmen wir die ersten sechs Briefe. Cornelia erzählt von der Geldnot eines liebenden Paares, das die finanziellen Voraussetzungen seiner Ehe nicht bedacht hat. Dies „Beispiel ... lehre", sagt sie, auf der „Hut zu sein und eher zu mißtrauisch als zu offenherzig gegenüber Personen, die man noch nicht gründlich kennt ..." Dann folgt die Geschichte eines begüterten jungen Mannes, den seine Angebetete mittellos macht, der sich deshalb als Soldat verdingen muß. Schließlich wird von einer der „galantesten Demoiselles unserer Stadt" berichtet, die sich „im Wochenbett" befindet, „wohin sie sich unter der Hoffnung auf eine Heirat hat treiben lassen".

„Die Affäre verursacht hier viel Lärm. Von seiten des Publikums ist man gespannt, ob sie ihr Ziel erreicht, da sie vor dem Konsistorium gegen den mutmaßlichen Liebhaber den Prozeß beantragt hat."

Die mitgeteilten Geschichten benennen Extreme. Cornelia erzählt distanziert, kühl, mit ihr hat das scheinbar nichts zu tun.

Eigenartig beziehungslos stehen neben dem Berichteten Cornelias Stimmungen. Scheinbar zusammenhanglos, unmotiviert werden sie eingeblendet. Hemmung wird spürbar, die Schreiberin wagt nicht, aus sich herauszugehen. Sie teilt Depressionen mit, schweigt über deren Ursachen. Zwiespältig bleibt der Eindruck. Cornelia setzt an, bricht ab, mitten im Satz. Sie verbietet sich selbst das Wort.

In den folgenden Tagebuchaufzeichnungen dagegen ändert sich der Ton. Cornelia legt ihr Innerstes bloß, spricht als Betroffene. Ihre Berichte erfahren zudem eine Wertung. Allmählich entsteht daraus für uns in Umrissen das Mädchen Cornelia mit ihren Sehnsüchten und Wünschen.

Einen wichtigen Raum in ihrer Vorstellung nimmt die Freundin Lisette ein. Elisabeth Catharina Runckel, genannt Lisette, ist die Tochter des Frankfurter Stallmeisters und Reitlehrers Carl Ambrosius Runckel. Sie ist zwei Jahre jünger als Cornelia, ist Freundin, Vertraute, dann Feindin. Das Verhältnis schwankt heftig. Schon vor der Konfirmation gilt Lisette in der Stadt als Schönheit. Auf den ersten Tagebuchseiten berichtet Cornelia über Lisettes Äußeres. Auf einem Ball erscheint sie in karmesinrotem Satin und braunem Pelz. „Ihre Haare hingen wehend herab, sie waren nach römischer Art geknotet und mit Perlen und Diamanten durchflochten. Auf der Mitte des Kopfes war weißer Krepp befestigt, der bis zur Taille herabhing, und von dort bis zur Erde war er in der Mitte mit einer reichen Silberschärpe zusammengehalten." Lisette weiß sich herauszuputzen.

Schönheit – Begehrtwerden – Liebe, dies rückt für Cornelia immer näher zueinander. Schönheit bedeutet Macht. An Lisette wird es deutlich. Das läßt Cornelia deren Wege verfolgen. Lisette, von Hause aus nicht sehr begütert, wird von einem reichen Frankfurter Kaufmann hofiert. Die Ehe gilt als sicher. Das Mädchen ist sechzehn, der Mann fünfzig. Das „Glück, reich zu sein", wird allein durch den Altersunterschied getrübt. Cornelias Tagebuch erzählt unter dem Datum des 10. Dezember 1768 von einem Gespräch mit der Freundin. Auf die bevorstehende Hochzeit lenkt Cornelia es, da verrät ihr Lisette, sie habe einen anderen Verehrer. Übers Jahr werde er sie heiraten. Jung ist er, schön, reich. Ein Kaufmann aus Amsterdam, der eine Ehe mit einer Demoiselle in Aussicht hat, die zwei Millionen besitzt. Durch ganz Europa ist er gereist, in Frankfurt sieht er Lisette, vergißt die Millionen, vergißt alles, sein Verstand ist außer Kraft, eine ungeheure Leidenschaft erfaßt ihn bei ihrem Anblick. Die ausschließliche Hingabe des Mannes an die Frau wird vorgeführt.

Cornelia sieht die Freundin kritisch. Lisette ist für sie kalt, sie liefert sich ihren Gefühlen nicht aus, steht neben sich und beobachtet ihre Wirkung, weiß daraus Vorteile zu ziehen. Nicht der Mann wird begehrt, seine Liebe, sondern die gute Partie. Als Lisette Cornelia ihre Heiratsaussichten anvertraut, sagt sie: „... dann würde er mich nach Paris, nach London und Amsterdam mitnehmen ... damit sind alle meine Wünsche erfüllt, seit meiner frühesten Kindheit wünschte ich, die Welt zu sehen." Schönheit ist das Machtmittel. Die Frau lockt mit ihrer Verführungskunst den Mann in die Falle. Er wird das Opfer.

Lisette verführt, wo sie auftaucht. Cornelia berichtet von einem Fest im „König von England" im Mai 1769, wo Lisette, die „Ballkönigin", bei ihrem „Eintreten in den Saal ... mit einem Schlage ... vierzig Herzen raubt".

„Klagen und schmerzliche Ausrufe. Ein junger Kavalier von reizender Gestalt nahm seinen Freund beiseite und sagte ihm ins Ohr: Ich bin verloren, mein Lieber, völlig verloren. Seit einer Viertelstunde betrachte ich das, was ich zu besitzen wünschte, wenn ich dieses Glück für mein Blut erkaufen könnte, würde ich mich für den glücklichsten der Menschen halten; was sagst du zu meiner Wahl, sieh sie an, das ist die, die mit dem Grafen Nesselroth tanzt, welche Anmut! welch göttliche Miene! kann man sie sehen, ohne sie zu lieben? Ich habe sie Miss Runckel nennen hören – aber du antwortest ja nichts, du wendest das Gesicht ab; und Tränen ... ach, erkläre dich ... Verzweiflung ist in deinem Blick – Wir Unglückliche! rief der andere, wir sind also Rivalen – Rivalen? – O mein Freund, ich liebte Lisette, seit ich sie sah, nichts kann mich davon heilen, und wenn sie meine Gluten nicht billigt, wird allein der Tod ..."

Soweit Cornelias Bericht. Gefühlsselig, überspannt erscheint er uns heute. Sieht man in die damalige Literatur der Empfindsamkeit, so herrscht dieser Ton dort vor. Cornelia literarisiert ihre Schilderung, der Zeitstil hebt ihr Anliegen heraus.

Nicht nur Lisette, sondern, das ist auffällig, insgesamt alle schönen Frauen, die in Cornelias Tagebuch auftauchen, sind herzlos und kalt. Da ist zum Beispiel noch von Marie Bassompiere die Rede, die einem Mann namens Saint Albin versprochen ist. Albin zieht sich auf einem Ball in Frankfurt ein Fieber zu und stirbt innerhalb weniger Tage. Ein belegter Vorgang. Cornelia schwärmt für diesen Mann, verehrt ihn. Sie hat tiefes Mitleid mit Marie. In „prunkvolle Trauer" gehüllt, begegnet ihr diese kurze Zeit danach in einer Gesellschaft, und Cornelia wird Zeuge folgenden Gespräches: „Nun, meine Cousine", sagt ein Mädchen zu Marie, „ist die Traurigkeit bald vorbei? – Oh, was die Traurigkeit betrifft! entgegnete Miss Marie lachend, da ich nie welche empfunden habe, ist mein Herz fröhlicher als jemals, ist gekränkt durch die düsteren Kleider, die mich die Pflicht zu tragen zwingt – Ich hörte nichts mehr", schreibt Cornelia, „da alle Fähigkeiten meiner Seele ausgesetzt waren. Ein allumfassendes Zittern bemächtigte sich meiner Glieder ... ich kann Ihnen nicht sagen, was ich dachte – unglücklicher Saint Albin ... Unwürdige Marie ... du hast ihn also nicht geliebt, ihn, der dir seine ganze Zärtlichkeit widmete, der fürchtete, dich jeden Augenblick zu kränken; der nur damit beschäftigt war, dir zu gefallen. Undankbare, du verdientest seine Liebe nicht; nein, du verdientest nicht die geringsten seiner Blicke."

Cornelias Sympathie gehört den Männern, ihre Antipathie richtet sich gegen äußerlich schöne, aber innerlich leere Mädchen. Aber sie muß wahrnehmen, daß die Männer allein auf äußere Schönheit Wert legen, sie der „Anmut der Seelen" vorziehen.

Auch der Bruder macht keine Ausnahme. Sein Schwärmen für Lisette zeigt es. Sie ist jenes „Runckelgen", das er in seinen Leipzig-Briefen grüßen läßt, „küßen mögte", dem er „tausend Complimente" schickt, von dem es heißt: „Es sind die besten Stellen deiner Briefe die von diesem liebenswerten

Mädgen erzählen.“ Als er Cornelia seine Absicht mitteilt, „Magister an einer Schule des schönen Geschlechts“ zu werden, schreibt er: „Doch müste man Obacht geben in meine Schule keine so schönen Mädgen zu führen wie meine liebe Runckel eines ist, sonst wäre ich in Gefahr den Amor als praeceptor zu spielen.“

Vom „geheimen Zauber ... mit dem ihr uns verhext wenn es euch gefällt“, ihr „zierlichen wunderlichen Creaturen“ spricht der Bruder. „Ob dieser Zauber von dem Wohlgefallen kömmt, das wir an eurem Geschlecht haben, oder in dem schmeichelnden Wesen besteht, das ihr so gut vorzutäuschen wißt, wenn ihr es nöthig habt, ist mir gleichgiltig ...“

Die Schwester mögen Zweifel befallen, ob es wahr ist, was der Bruder schreibt: „Schönheit berührt mich nicht und warrlich alle meine Bekanntschafften sind eher gut als schön.“

Schönheit wird für Cornelia immer mehr ein absoluter Wert, von dem ihre Zukunft abhängt. Zugleich sieht sie in der Schönheit eine „gefährliche Gabe“. „Ich bin entzückt, sie nicht zu haben“, beruhigt sie sich, „jedenfalls mache ich niemanden unglücklich.“ Schon im nächsten Satz widerruft sie. „Das ist eine Art von Trost, und doch, wenn ich ihn abwäge gegen das Vergnügen, schön zu sein, verliert sie ihr ganzes Verdienst.“ Sie lege „großen Wert auf äußere Reize“, gesteht Cornelia, halte „sie für das Glück des Lebens für absolut notwendig“ und schlußfolgert: „daß ich daher glaube, daß ich niemals glücklich sein werde“.

Glück bedeutet Ehe aus Liebe. Unglück, Ehe ohne

Liebe. Nur diese einzige Wertskala gibt es offenbar für Cornelia. Sie erliegt.

Die Männer, deren Herrschaft sie sich entziehen will, macht sie zu alleinigen Vollstreckern ihres Schicksals. Ein Teufelskreis. „Ich werde Ihnen erklären, was ich über diesen Gegenstand denke", schreibt sie der Freundin; „da ich keinen Reiz besitze, der Zärtlichkeit erwecken könnte, werde ich einen Gatten heiraten, den ich nicht liebe. Dieser Gedanke macht mich schaudern, und doch wird das die einzige Partie sein, die mir bleibt."

Partie. Das Stichwort ist gegeben. Von ihrem sechzehnten Lebensjahr an müssen die Gedanken der Mädchen ausschließlich auf die Ehe gerichtet sein. Die „Partie" bestimmt die Zukunft. Partie, nicht zufällig kommt das Wort von Spiel. In dem „Heirats-Spiel" gibt es Regeln, die zu beachten sind, Zeit, Nerven und Kraft kosten. Der Wert des jungen Mädchens steigt mit der Verehrerschar. Die Zahl derer, die ihr den Hof machen, die Häufigkeit der Flirts, die Menge der Anträge erhöhen ihr Ansehen. Sie muß ständig gefallen wollen, anbändeln, kokett sein. Zugleich auf der Hut sein, niemals zu weit gehen, Distanz halten, ihr Renommee nicht verlieren. Denn nichts ist so kompromittierend wie ein Heiratsversprechen, das nicht eingehalten wird, oder eine Liebe, die vor der Heirat ernsthafte Formen annimmt.

Wirklich echte Gefühle können unter diesen Umständen schwer aufkeimen.

Im Gegenteil, diese Lage der jungen Mädchen fordert alle negativen weiblichen Eigenschaften geradezu heraus. Alle stehen in einem erbitterten Konkurrenzkampf. Da die Schönheit der höchste Wert ist, spielt das Äußere, der Putz, das Auftreten eine große Rolle. Jede ist die Feindin einer jeden. Intrigen, Klatschsucht, Ränkespiel unter ihnen sind die natürliche Folge. Da vertraut man sich heimlich einander an, was die Verehrer für süße Worte sprechen, wer wem Blicke wirft, Schmeicheleien sagt, jede will die Begehrte sein. Da tauschen Freundinnen die Briefe ihrer Galane aus, teilen an Dritte Vertrauliches von einer anderen mit. Und die Schadenfreude ist groß, wenn ein Verehrer sich zurückzieht, wenn eine verlassen wird oder gar ein uneheliches Kind bekommt. Ein leeres, entwürdigendes Spiel, womit die jungen Mädchen ihr Leben ausfüllen.

Cornelia spürt es, wehrt sich. Die Erziehung sei schuld. Von „gekünstelten Frömmlerinnen" schreibt sie, die keinen Mann beachten, „weil man ihnen absolut verbietet, sich mit jemand anderem zu unterhalten als mit dem, der ihr Gatte werden wird", von Mädchen, die sich nur „gerade halten und schön tun" und glauben, „dann sind sie vollkommen", nur „Statuen" seien sie, „die nichts anderes sagen als ja und nein". Gefallsucht, Oberflächlichkeit und äußere Koketterie der Mädchen verachtet Cornelia.

Aber zugleich – welch Widersinn – unterwirft sie sich mit der Anerkennung „äußerer Reize" den herrschenden Normen und damit den Zwängen des Heiratsspieles. In diesem Widerspruch zwischen rationaler Abwehr und emotionaler Verinnerlichung des herrschenden Schönheitsideals reibt Cornelia sich auf.

Ihre Begierde nach Schönheit nimmt übersteigerte Formen an. Die Schönheit wird zum Fetisch. „Alles auf der Welt würde ich", heißt es im Tagebuch, „dafür geben, um schön zu sein." – „Ich wäre zu tadeln", fährt sie fort, „wenn ich begehrte, eine große Schönheit zu sein; nur ein wenig Feinheit in den Zügen, einen glatten Teint und jene sanfte Anmut, die auf den ersten Blick entzückt; Das ist alles." Die späteren Worte des Bruders – eigenartiger Mechanismus – werden hier vorweggenommen.

Cornelia redet sich ein: „Das ist nicht und wird niemals sein, da kann ich machen und wünschen was ich will." Sie sieht in den Spiegel und findet sich häßlich. Der Spiegel „täuscht mich nicht", schreibt sie, „wenn er mir sagt, daß ich augenscheinlich häßlicher werde. Das sind keine Ziererereien ... Ich spreche vom Grund meines Herzens ..."

Infolgedessen nimmt Cornelia ihre Umwelt nur noch unter dem Aspekt ihrer Niederlagen als Frau wahr.

Beispiele aus dem Tagebuch. Der Besuch der beiden Livländer von Olderogge. Der jüngere sieht ihr beim Klavierspiel in die Augen, küßt ihr beim Weggehen die Hand, „drückt" sie „wiederholt ... fast glaubte ich, er wolle sie mir gar nicht wieder zurückgeben ... wäre es nicht unendlich süß, einem solchen Mann zu gefallen", gesteht Cornelia.

Die nächsten Tagebucheintragungen berichten vom Treffen des Bruders mit den Olderogges, sie speisen zusammen außer Haus, fahren für zwei Tage nach Mainz; „ich beneide ihn fast um das Glück, das er hat, sie so oft zu sehen". Cornelia wartet auf ein Wiedersehen, noch über eine Woche sind die Livländer in Frankfurt. Vergebens, sie reisen, verabschieden sich nicht einmal von ihr.

Sie hat keinen Eindruck gemacht, schlußfolgert

Cornelia. Dies ist niederschmetternd. Zumal es mit einem zweiten Ereignis zusammenfällt. Auch ein anderer verläßt die Stadt, auch er fährt ohne Abschied weg. Aber es ist keine flüchtige Bekanntschaft, es ist der junge Engländer, den Cornelia seit Jahren kennt. Die Leipzig-Briefe des Bruders erwähnen Lupton gelegentlich, Cornelia muß also in den ihren von Harry, wie sie ihn nennt, erzählt haben. Einmal legt sie wohl einen Brief von ihm bei. Am 11. Mai 1766 schreibt der Bruder: „Lupton ist ein rechter Bursch, ein fröhlicher, kluger Bursch wie ich aus seinem Brief ersehe, der geschrieben ist in einem scherzhaften Geist." Dennoch bemängelt Goethe dessen Deutsch, Lupton sei „noch nicht vertraut ... mit dem schönen und feinen Styl in unserer Sprache", und preist zugleich seine eigenen Englischkenntnisse, schickt der Schwester Verse auf englisch, jene, die er als „wunderbar" bezeichnet, setzt in Klammern hinzu: „/: eine Kunst mehr als Lupton: /". Was wohl nichts anderes heißt, siehe Lupton kann das nicht, ich bin auch noch da, mäßige dich im Lobe.

Wir erinnern uns, Richardsons Romanheld ist ein Engländer; „wenn ich glauben kann, daß es noch irgendjemanden gibt, der ihm ähnelt, so muß er aus dieser Nation sein", meint Cornelia, und an anderer Stelle ihres Tagebuches heißt es: „Es gibt hier einen jungen Engländer, den ich sehr bewundere." Es sei „reine Hochachtung", was sie für ihn fühle. Wenig später schreibt sie von „Liebe".

„Was sage ich? werde ich dieses Wort auslöschen? nein, ich lasse es stehen, um ... meine ganze Schwäche erkennen zu lassen."

„... und liebe ich nicht die ganze Nation wegen meines allein liebenswürdigen Harry ... Wenn Sie ihn nur kennen würden, eine so offene Physiognomie, und so sanft, obgleich eine geistreiche Miene, und lebhaft. Seine Manieren sind so entgegenkommend wie höflich, er hat eine wunderbare Geistesrichtung, kurzum er ist der charmanteste junge Mann, den ich je gesehen habe." Cornelia wünscht, „in derselben Stadt zu leben wie er, um ihn immer sprechen und sehen zu können".

Aber die Realität ist anders. Nach den vier Jahren ist Arthur Luptons Ausbildung beendet, er kehrt nach England in die Fabrik seines Vaters zurück. Vierzehn Tage verbleiben noch. Cornelia denkt sich einen Plan aus. Wenn sie ihn schon verliert, will sie sein Bild haben. Sie bittet den Maler Melchior Kraus. Am Sonntag wird sie ein Konzert im Haus am Hirschgraben veranstalten. „Harry wird eingeladen werden, denn er spielt wunderbar Geige; und der Maler wird kommen, um meinem Bruder einen Besuch zu machen, und wird tun, als wisse er nicht, daß es Gesellschaft gebe. Man wird sehr gut seine Sachen zurechtlegen, und genau, wenn der liebenswürdigste aller Männer auf seinem Instrument spielt ..." Der Plan schlägt fehl.

Cornelia hofft auf die letzten Tage. Aber am Sonnabend, dem 29. Oktober 1769, zehn Uhr früh, erhält sie die Nachricht, daß Harry abgereist ist; „ohne", schreibt sie, „mir ein letztes Adieu sagen zu können".

Ganz komprimiert erzählt Cornelia im Tagebuch diese Erlebnisse mit dem Bruder, mit den Olderogges, mit Lupton. Literarisch gekonnt führt die Schreiberin alles auf einen Punkt zu.

Sie bringt Beweise für eine Sache, die für sie schon lange feststeht. Sie gefällt den Männern nicht. Sie kann sie nicht, wie das gesellschaftliche Ideal es erfordert, auf den ersten Blick mit Sanftmut und Weiblichkeit bezaubern. Sie hat andere Eigenschaften, die aber sind nicht gefragt.

Die Männer, die sie bewundert, beachten sie nicht. Die, die ihr huldigen, schätzt sie nicht. Da ist zum Beispiel in Briefen und im Tagebuch von einem „Mr. G." die Rede, Cornelia nennt ihn auch den „Barmherzigen" oder „Le Miserable" oder „le miséricordieux"; ein Verehrer, der seit vier Jahren um sie wirbt. Nur Hohn und Spott, am Ende eine Spur Mitleid hat sie für ihn. Samuel Schmidt dagegen, Resident beim Markgrafen von Baden, gefällt ihr auf den ersten Blick. „... schöner als der Tag" sei er, notiert sie am 11. Dezember und am 17., als sie ihn im Konzert sieht: „Wenn ich die Liebe malen wollte, so ist er es, den ich zum Modell nähme ..." Er sagt ihr auch ein „anmutiges Compliment", aber es ist reine Höflichkeit. Sie hört, wie er einem Bekannten von einer Frau erzählt, für die er schwärmt: „der Geist sprühe aus ihren schönen Augen".

„Glückliche Dame, dachte ich ..." Wieder wird sie zurückgestoßen.

Jedes Erlebnis, das ihr zu bestätigen scheint, sie sei nicht schön, führt zum Abbau ihrer Gefühlswelt als Frau. In ihren Aufzeichnungen läßt sich das verfolgen.

Am Tag, als der Engländer ohne Abschied die Stadt verläßt, schreibt sie: „Mein Herz ist gegen alles unempfindlich ... der gegenwärtige Zustand meiner Seele nähert sich der Gefühllosigkeit." Sie nimmt sich vor, sich „nie" mehr „hinreißen zu lassen, sei es in Freude, sei es in Traurigkeit", da die „Leidenschaft" ihr zu „viel Leid verursacht". Ja, sie will sogar „für immer auf die Liebe verzichten".

Dabei ist Cornelia keineswegs eine Männerfeindin, sie ist dem anderen Geschlecht zugewandt, möchte gefallen, möchte erkannt und geliebt werden. Ihre Beschreibungen von Männern, die ihr zusagen, weisen sie als ein erotisch empfängliches, leidenschaftliches Mädchen aus. Auch im Tagebuch wiedergegebene Situationen deuten darauf hin. Als sie Lupton erwartet, schreibt sie, „ich tanze durch das ganze Haus; obgleich mir manchmal der Gedanke kommt, der mir rät, mich zu mäßigen ..." Von „Erschütterung" ihrer „Seele" ist die Rede. „Ich wundere mich manchmal über mich selbst; ich habe so starke Leidenschaften, daß ich anfangs bis zum Exzess erregt werde; aber das dauert nicht lange, und das ist ein großes Glück für mich, denn es gäbe keine Möglichkeit, das auszuhalten."

Als Reaktion auf die erlebten Enttäuschungen mit Männern entfaltet sich Cornelias Häßlichkeitswahn. Was ist schön, was häßlich? Sie sieht in den Spiegel, und er sagt ihr, daß sie „augenscheinlich häßlicher" werde? Versteckte Weigerung ihres Mädchen-Seins. Der Spiegel taucht immer wieder als wichtiges Requisit in Cornelias Leben auf. Spieglein, Spieglein an der Wand. Das Märchen, sein Geheimnis, quälend unauflösbar. Was der Spiegel zurückwirft, ist kein Bild, das der gefälligen Norm entspricht.

Und Cornelia hat nicht jene aufbauende Liebe zur eigenen Person, wie sie die junge Bettina Brentano besitzt. Als Neunjährige in ein Kloster gekommen, ist ihr für vier Jahre der Spiegel entzogen. Dreizehnjährig entlassen, nimmt sie sich mit zwei Schwestern, umarmt von der Großmutter, im Spiegel wahr. „Ich erkannte alle", schreibt sie, „aber die eine nicht, mit feurigen Augen, glühenden Wangen, mit schwarzem, fein gekräuseltem Haar; ich kenne sie nicht, aber mein Herz schlägt ihr entgegen, ein solches Gesicht hab ich schon im Traum geliebt, in diesem Blick liegt etwas, was mich zu Tränen bewegt, diesem Wesen muß ich nachgehen, ich muß ihr Treue und Glauben zusagen; wenn sie weint, will ich still trauern, wenn sie freudig ist, will ich ihr still dienen, ich winke ihr, – siehe, sie erhebt sich und kommt mir entgegen, wir lächeln uns an, und ich kann's nicht länger bezweifeln, daß ich mein Bild im Spiegel erblicke."

Bettina – Cornelia. In letzterer löst die Begegnung mit ihrem Spiegelbild andere Gefühle aus. Verachtung, Selbsthaß, Scham; Rückzug, deren innerster Ursprung Cornelias Bewußtsein ihrer Lage ist: jedes Sich-Zeigen ist Anbieten, seht her, ich bin zu haben. Das Spiel um die beste Heiratspartie ist eine Entwürdigung. Sie verachtet es.

„... und als ich mich in einem Spiegel betrachtete, sah ich mich bleicher als der Tod. Man muß nebenbei sagen, daß nichts mir besser steht, als wenn ich aus Erregung erröte oder blaß werde", heißt es nach der Begegnung mit dem Residenten Samuel Schmidt. Und an jenem Tag, als ihr Engländer ohne Abschied die Stadt verläßt, schreibt sie: „Ich blicke in meinen Spiegel, und ich habe Mitleid mit einem scheußlichen feuerfarbenen Aufputz, den ich mir unwissentlich auf den Kopf gesetzt habe. Ich bin sehr schön, glaube ich, sehr schön in diesem Schmuck – Ja, ja, das paßt sehr gut zu meinem Teint – Wenn ich nur Lust hätte zu lachen könnte ich – aber wohin verirre ich mich ..." Eine depressive Stimmung drückt sich in diesen Zeilen aus. Irrationalität herrscht. Cornelia muß „Medizin" nehmen, fürchtet jeden Moment ein „Herzübel".

Das Tagebuch-Experiment geht zu Ende. Der Versuch, sich als Frau und als Schreibende zu bestätigen, ist fehlgeschlagen. Alle Rollen, die gespielt werden, die von Lisette, von Dorval, dem Barmherzigen, Lupton, Saint Albin, Miss Marie, kann sie nicht anerkennen, sich mit keiner identifizieren. Sie lehnt die ganze Personage ab.

Die Geschichten anderer sind Parabeln ihres eigenen Zustandes. Die ganze Szenerie ist ein Spiegelkabinett, in allen Spiegeln sieht und sucht Cornelia nur sich. Zum Schluß zertrümmert sie die Spiegel, es bleiben die Scherben. So endet das Experiment.

Das Thema ist erschöpft. Es gibt keine Hoffnung mehr. Ein Leben ohne Liebe steht für sie fest. Am 7. Dezember 1768 notiert sie in ihr Tagebuch: „Heute ist der Tag, an dem ich mein 18. Lebensjahr vollende. Die Zeit ist vergangen wie ein Traum, und die Zukunft wird ebenso vergehen, mit dem Unterschied, daß ich Unglück erwarte, das ich noch nicht kenne."

Kein Blick nach vorn, keine Hoffnung, nur die Konstatierung, daß das Leben ihr die Erfüllung ihrer Wünsche verweigern wird. Die letzte Begebenheit, die das Tagebuch erzählt, faßt das sinnbildhaft zusammen.

Freitag, 28. Juli 1769: „Ich werde Ihnen einen ärgerlichen Zwischenfall mitteilen, der mehreren Personen unserer Stadt geschehen ist und der durch seine Seltsamkeit verdient, erzählt zu werden." Anläßlich einer Hochzeit lädt ein jungvermähltes Paar Freunde zu einer Lustbarkeit nach Offenbach ein. Auf dem Wasserweg will man des Sonntags dort hin. Eine Gesellschaft von vierzig Leuten, ein großes Boot, zwei kleinere dahinter, eines für Musikanten, ein anderes für Kinder und Dienstboten. Das Wetter ist schön, die Stimmung heiter. Plötzlich kommt ein Unwetter auf.

Wenig fehlt nur, daß ein Unglück geschieht, die Boote kentern und die Gesellschaft ertrinkt. Cornelia schildert das ausbrechende Chaos. Die Familienidylle wird zerstört durch die irren Verhaltensweisen. Die bürgerliche Familie, wie Cornelia sie empfindet, wird bloßgelegt. Männer, die versagen, Frauen, die schreien, die Heroinen spielen wollen, sich vor ihren Gatten ins Wasser stürzen, um diese zu retten. Frauen, die ihre Kinder vergessen. Erst als die Gefahr vorüber ist, erinnern sie sich ihrer, sie haben nicht wahrgenommen, daß das Boot mit den Kindern losgerissen und weggetrieben ist. Lebenslügen offenbaren sich für Cornelia. Mit den chaotischen Schreien der Frauen, in einer übersteigerten, beinahe surrealistischen Darstellung endet das Tagebuch. Cornelias Stimme geht haßerfüllt und widerstrebend in diesem Chor der weiblichen Stimmen unter.

Verweigerung. Cornelia befällt ein Gefühl von Schwermut. Ein weiblicher Werther. Sie versucht einen Zustand der völligen Gleichgültigkeit herzustellen. Redet sich ein: „Man ist niemals glücklicher, als wenn man ganz gleichgültig ist, man kann alles mit mehr Freiheit beobachten, man ist imstande Überlegungen anzustellen.“ Bald zeigt sich die Kehrseite. Mit der Gleichgültigkeit erstarrt ihr Leben zu tödlicher Langeweile. Jeglicher Schreibantrieb ist ihr genommen. „Die Einförmigkeit, in der ich lebe, die Gleichförmigkeit meines seelischen Daseins, die stumpfe Ruhe meines Herzens, all das geben mir keinen Stoff ...“

Die „penetrante Farblosigkeit“ setzt ein. Depressionen. Cornelia klagt über Unpäßlichkeit, über Melancholie. Ähnlich wie bei jenem Mädchen Anna Maria Mozart, das, als es plötzlich nicht mehr als Pianistin auftreten darf, als der Bruder allein auf Konzertreise geht, in sein Tagebuch schreibt, „seit der abreiße war ich die meiste Zeit im Bett, habe mich gebrochen, und auserordentliches Kopfweh gehabt". Der Körper wehrt sich instinktiv gegen jenen schrecklichen Einschnitt in ihrem Leben. Wenig später dann Resignation: „... wir arme waisen müssen halt trübsal blassen, und langeweil geigen."

Das ist auch Cornelias Situation. „Alle Tage sind einförmig", klagt sie. „Ich lebe jetzt sehr ruhig, aber diese Ruhe hat keine Reize für mich; ich liebe die Abwechslung, die Unruhe, den Lärm der großen Welt, die aufregenden Vergnügungen."

Bei einem Mädchen wie Cornelia, das durch den Bildungswillen des Vaters zunächst gleichberechtigt erzogen wurde, das geistig entwickelt, begabt, wach ist, brechen die Konflikte hart auf in dem Moment, da sie das Bewußtsein ihrer tatsächlichen Lage bekommt. Ihr fällt die Anpassung besonders schwer, weil sie auf etwas vorbereitet wurde, für das es in der Wirklichkeit keine Entsprechung gibt. Alle Anlagen müssen gewaltsam in ihr zurückgebogen werden.

Neben den in Berichten über andere verborgenen aufregenden inneren Konflikten im Tagebuch Cornelias stehen einige wenige Stellen, wo sie ganz naiv von äußeren Tatbeständen ihres eigenen Lebens erzählt. Sie wirken wie Versehen, denn offensichtlich hält sich die Schreiberin bewußt zurück.

Kein Wort über den Vater, kein Wort über die Mutter. Das Familienleben wird ausgespart. Der Alltag im Haus am Hirschgraben wird im Tagebuch lediglich als Störfaktor reflektiert, der vom Schreiben abhält. „Ich kann nicht so lange schreiben, wie ich möchte ... Ich kann nicht schreiben, man erwartet mich ... Ich muß mich anziehen ... Ich werde mich jetzt frisieren."

Die naiven Berichte: Bilder aus dem Leben einer Frankfurter Großbürgertochter, genrehaft stilisiert. „Ich habe Sie noch nicht davon verständigt", Cornelia an Katharina Fabricius, „daß ich in der Allee den Brunnen trinke; wir haben dort eine ganz reizende Gesellschaft von Damen und Hüten, von denen der liebenswürdigste der Doktor Kölbele ist, den Sie von seiner Hochzeitsansprache her kennen, die er einmal in unserer Gegenwart hielt und wo er uns Frauen mit Hühnern verglich. Jetzt gibt er uns Lektionen über Moralphilosophie. Unsere Damen lassen sich von ihm führen, den Sonnenschirm tragen, ihre Gläser füllen etc. ... Wir haben auch Musik, zusammengesetzt aus zehn Instrumenten, nämlich Jagdhorn, Oboe, Flöten, eine Viola da Gamba und eine Harfe. Sie können sich vorstellen, wie schön das im Grünen wirkt. Wir singen auch oft, um unserem charmanten Doktor zu gefallen."

Weiter ist von „Concerts" und „Grand Compagnie" in Cornelias Tagebuch die Rede, Frankfurter Vergnügen, die dem gehobenen Bürgertum vorbehalten sind. Die „Grand Compagnie" zum Beispiel den Söhnen und Töchtern reformierter Kaufleute. Die Goethe-Tochter wird von ihrer Freundin Breviellier, wohnhaft in der Neuen Kräme, dort eingeführt. Jeden Dienstag trifft man sich, abwechselnd in verschiedenen Häusern, sommers im Freien.

Von Ausflügen in die ländliche Umgebung, Lustbarkeiten in den Gärten vor den Toren der Stadt, Festen zur Weinlese berichtet Cornelia. Und von einer Turmbesteigung. Am 30. Oktober 1768: „Heute ist sehr schönes Wetter, wir werden in großer Gesellschaft auf den Pfarrturm gehen ... es ist der höchste Turm unserer Stadt, ich bin noch nie dagewesen." Um sieben Uhr abends dann: „Wir waren dort ... wie schön ist es, die ganze Stadt zu seinen Füßen zu haben ... Wir sahen Hanau ganz nah mit einem Perspektiv. Die Glocken sind von riesiger Größe, und wenn man sie aus der Nähe läuten hört, verliert man völlig das Gehör – Beim Hinabsteigen kommt man nicht außer Atem, aber unsere Knie begannen zu wackeln, derart, daß ich mich, als wir unten waren, auf den Boden setzte, nicht aus Müdigkeit, sondern wegen eines allseitigen Zittern." Mit dem Bruder ist Cornelia hinauf- und hinabgestiegen. Seine Anwesenheit in Frankfurt gibt ihr mehr Freiheiten. Sie steht unter seinem Schutz, kann Dinge tun, die ihr als Mädchen allein verwehrt sind. So berichtet sie zehn Tage vor der Turmbesteigung: „Wir machen heute Weinlese ... Es ist unmäßig kalt, und dennoch werde ich heute Nachmittag spazierengehen ... Wir gehen mehrere Besuche machen, mein Bruder und ich, wir werden den Main überschreiten, um meinen Onkel zu besuchen, der jenseits einen Garten hat; dann werden wir noch eine große Tour über Land machen ..."

Die Gemeinschaft mit dem Bruder aber ist bedroht, nicht nur die innere. Er wird, sobald seine Gesundheit es zuläßt, die Heimatstadt wieder verlassen, seine Studien an einer Universität fortsetzen.

Im Frühjahr 1770 ist es soweit. Abschied. Ein Märzmorgen. Das sich entfernende Geräusch der Räder der Postkutsche. Der Bruder reist nach Straßburg. Nicht drei Jahre wird er diesmal bleiben, nur anderthalb. In Straßburg dann Dichtung, die Landschaft der Rheinebene, das Münster, die Freundschaft mit Herder, Friederike Brions Liebe, Universität, Studium; sein Leben sei „vollkommen wie eine Schlittenfahrt, prächtig und klingend".

„Die angenehmste Gegend, Leute die mich lieben, ein Zirckel von Freunden! Sind nicht die Träume deiner Kindheit alle erfüllt? frag ich mich manchmal, wenn sich mein Aug in diesem Horizont von Glückseeligkeiten herumweidet; Sind das nicht Feengärten nach denen du dich sehntest? Sie sind, sie sinds!"

Cornelia dagegen ist weiter in das Frankfurter Haus am Hirschgraben gesperrt, lebt unter strengem Diktat des Vaters. Sieht ihre gleichaltrigen Freundinnen in den Ehestand treten. 1770 heiratet Charitas Meixner den Wormser Kaufmann Schuler. Katharina Fabricius ehelicht einen Mann namens Welcker, einen Kaufmann aus Leipzig. Das Datum ist nicht bekannt. Lisette von Stockum, die Cornelia in ihrem Tagebuch als große Schönheit preist, vermählt sich 1772 mit Jean de Bary. Die andere Lisette, das „Runckelgen", die Ballkönigin, die vierzig Herzen bricht, bekommt ihren reichen Ausländer nicht. Ihr Plan, sich durch diese Ehe die Welt zu erschließen, scheitert. Oder ist jene Geschichte um Lisette und Dorval überhaupt eine phantastische literarische Erfindung Cornelias? Nachweislich heiratet die wirkliche Lisette Runckel 1780, als sie schon fast dreißig ist, den Hessisch-Darmstädtischen Kammerrat Franz Wilhelm Miltenberg.

Beunruhigt die Heirat der Freundinnen Cornelia? Drängen die Eltern sie zur Ehe? Nach dem Zeugnis des Bruders weist sie mehrere Bewerber ab.

Wann und unter welchen Umständen Cornelia ihrem künftigen Ehemann das erste Mal begegnet, wissen wir nicht. Im Jahr 1769 oder 1770 muß es gewesen sein. Es ist Johann Georg Schlosser, Sohn des Erasmus Carl Schlosser, „Sr. Kaiserlichen Majestät wirklicher Rath, auch älterer Schöff des Rathes", aus Frankfurt. 1739, elf Jahre vor Cornelia geboren. Als Kind besucht Schlosser das Gymnasium der Stadt. Seine Erziehung ist streng, seine Ausbildung ganz auf Karriere zugeschnitten. Jurist soll er werden. Schöngeistige Bücher verbietet ihm der Vater. Schlosser liest heimlich Corneille, Racine, Voltaire, beschäftigt sich mit Mathematik, mit verschiedenen Sprachen. Als die

Zeit des Universitätsstudiums naht, geht Schlosser zunächst nach Gießen, wechselt dann nach Jena. Mit dreiundzwanzig Jahren promoviert er zum Doktor der Rechte und kehrt nach Frankfurt zurück. Nach vier Jahren juristischer Praxis treibt es ihn wieder aus der Stadt. 1766 erhält er eine Stelle als Hofmeister und Geheimsekretär beim württembergischen Erbprinzen Friedrich Eugen, dem Chef eines preußischen Kürassier-Regimentes in Treptow in Hinterpommern. Unter den Kindern, die Schlosser erzieht, sind der nachmalige König Friedrich I. von Württemberg und die Zarin Maria Fjodorowna. Drei Jahre verbringt Schlosser in der norddeutschen Stadt am nahe gelegenen Meer. Er vervollkommnet sein Griechisch, beginnt Teile von Homers „Iliade“ zu übersetzen.

1769 kehrt er nach Frankfurt zurück, erhält vom Rat die Zulassung zur Advokatur und eröffnet mit seinem älteren Bruder eine große Praxis. Die wichtigsten Fälle bearbeiten die Brüder Schlosser.

Cornelia Goethe und Johann Georg Schlosser sind in derselben Stadt aufgewachsen. Cornelias Großvater Textor ist Syndikus, Schlossers Vater einer der Schöffen. Die Bürgerfamilien verkehren miteinander. Arbeitsbeziehungen bringen persönliche mit sich, auch unter den Kindern der Familien. Dokumente darüber gibt es im Fall von Cornelia und Johann Georg nicht. Goethe berichtet lediglich in „Dichtung und Wahrheit“, die „Schlosserschen Buben“ seien ihm als Kind des öfteren vom Vater als Vorbild vorgehalten worden. Seine Lieblingsspeise, die „grüne Soße“ der Mutter, sei ihm darüber vergangen. In der Studentenzeit aber, als der zehn Jahre ältere Schlosser sich auf der Durchreise nach Pommern 1766 in Leipzig aufhält, entsteht eine Freundschaft; ein intensiver Briefwechsel folgt. Goethe schickt Schlosser Ausarbeitungen, will dessen Urteil, bewundert seine Weltkenntnis.

Der Schwester gegenüber erwähnt er in seinen Briefen den neuen Freund mehrmals. Er schickt ihr „Ein Gedicht über meinen Mangel an Selbstvertrauen. Für Dr. Schlossern“. Er preist ihn indirekt als Ehekandidaten. Am 12. Oktober 1766 schreibt er über eine Hochzeit in der Frankfurter Verwandtschaft und empört sich über die Wahl des Mädchens. „Was für Narrheiten in unserer Familie seit ich weggieng. Gieb acht Schwester, du bist jetzt die nächste Anwärterin.“ Jenes Mädchen wählt einen oberflächlichen Mann, der einen „gantzen halben Tag von Nichtigkeiten, von Stadtgerüchten pp sprechen kan und mit diesen Mitteln ihr Wohlwollen gewann, was ein anderer, kluger Mann nicht erreicht hätte ... Wäre sie in Dr. Schlosser verliebt gewesen, hätte ich sie entschuldigt, aber das!“

Vielleicht erinnert sich Cornelia dieser Sätze des Bruders, als sie Johann Georg Schlosser zum erstenmal bewußt begegnet. Als der Dreiundzwanzigjährige nach seiner Promotion nach Frankfurt zurückkommt, ist Cornelia zwölf, ist jene kleine selbstbewußte Person, die wir von dem Seekatzschen Familienbildnis kennen. Kaum wird der junge Mann sich für eine Zwölfjährige interessieren. Jetzt aber, 1769, nach seiner mehrjährigen Abwesenheit, ist Cornelia neunzehn. Er ist dreißig. Da wird er wohl auf die Tochter des Kaiserlichen Rates Goethe, auf die Schwester seines Freundes aufmerksam. Und sie auf ihn.

Ob der Bruder sie miteinander bekannt macht, ist zweifelhaft, jedenfalls ohne Beleg. Wahrscheinlich sind sich Cornelia Goethe und Johann Georg Schlosser erst begegnet, als Goethe schon in Straßburg weilt. Ihr Zusammentreffen steht anfangs unter dem

Zeichen der Freundschaft, der Bruder-Schwester-Beziehung. So jedenfalls stellt es sich in Goethes Erinnerung dar. Es scheint glaubhaft, denken wir an Cornelias psychische Verfassung und ihre von Richardsons Romanhelden geprägte Traumwelt. Auch Carl Grandison nähert sich Henriette Byron zunächst als Bruder. Freundschaft, aus der allmählich Liebe wächst, ist das Ideal der jungen Generation.

Glaubhaft ist es auch von Schlossers Mentalität her. Er ist kein galanter Mann, der mit Schmeicheleien wirbt, eher schwerfällig, zurückhaltend scheint er. Einem Freund, dem Jakobiner Johann Georg Forster, schreibt Schlosser 1791 rückblickend – zweiundfünfzig ist er da – über seine „eingezogene Erziehung", seinen „späten Eintritt in die Welt". Vom „Zufall" redet er, der ihn „unter Leute" führte, „welche die gespanntesten Saiten meiner Seele zu wenig rühren konnten ... eine natürliche Verschämtheit und körperliche Ungelenktheit: alles das machte, daß ich mich wenig repandirte, und wenig gesucht wurde. Ich glaube, alles das zusammen genommen hat eine Stachelschweinshaut ... um mich geworfen, die selbst die Verführung abschreckte, sich mir zu nahen."

Von Schlossers Äußerem haben wir mehrfache Beschreibungen; von einem „jungen, wohlgebauten Mann mit einem runden zusammengefaßten Gesicht, ohne daß die Züge deshalb stumpf gewesen wären", spricht Goethe. Lavater beschreibt Schlossers „Miene" als „Buchstabe heller, witzreicher Vernunft ... Aug – offen und treffend, gerad und hell in Leib und Geist! ... in der Lippe ... Feinheit, Biegsamkeit, Überlegenheit, Beredsamkeit! ... Der Mann ist gemacht, zu richten und zu herrschen".

Schlosser meint dazu, Lavater habe in der „Physiognomik" weder sein „Bild" noch seinen „Charakter getroffen". Die überlieferten Porträts zeigen einen etwas groben, aber nicht unsympathischen Mann. Deutungen sind kaum möglich.

Was zieht Cornelia zu ihm? Ist es Verstand oder Gefühl, Berechnung, reine Vernunft. Die Tatsache, er ist ein Freund des Bruders? Alles bleibt Spekulation. Wenn es Zeugnisse gab, Briefe Cornelias, Briefe Schlossers, und es gab sie bestimmt, nichts ist überliefert. Überspringen wir also die Zeit ihrer ersten Begegnungen.

Im August 1771 kommt Goethe nach Frankfurt zurück. Nicht krank wie aus Leipzig, aber ohne die erhoffte Promotion. Eine Enttäuschung für den Vater. Immerhin hat der Sohn vier Jahre lang für das Studium die Hälfte des jährlichen Familienbudgets verbraucht. Der Dekan der Universität Straßburg lehnt Goethes Doktorarbeit als unzureichend ab. „Herr Goethe hat eine Rolle hier gespielt, die ihn als einen überwitzigen Halbgelehrten und als einen wahnsinnigen Religionsverächter nicht eben nur verdächtig, sondern ziemlich bekannt gemacht", kommentiert Stöber in einem Brief vom 4. und 5. Juli 1772. „Er muß, wie man fast durchgängig von ihm glaubt, in seinem Obergebäude einen Sparren zuviel oder zuwenig haben. Um davon augenscheinlich überzeugt zu werden, darf man nur seine vorgehabte Inauguraldissertation ‚De Legislatoribus' lesen, welche selbst die juristische Fakultät ex capite religionis et prudentise unterdrückt hat; weil sie hier nicht hätte können abgedruckt werden anders, als daß die Professores sich hätten müssen lassen gefallen lassen, mit Urteil und Recht abgesetzt zu werden." Goethe kümmert das wenig. Er schreibt daraufhin sechsundfünfzig Thesen, verteidigt sie und erhält den Titel eines Lizentiaten. Um Advokat zu werden, reicht auch das. Er nennt sich fortan Doktor Goethe, niemand nimmt es so genau.

In seinem Zulassungsantrag für Frankfurt steht, er sei bereit „zu den wichtigeren Geschäften, die einer hochgebietenden und verehrungswürdigen Obrigkeit ihm dereinst hochgewillet aufzutragen gefällig sein könnte". Der Vater richtet ihm im Haus am Hirschgraben eine Kanzlei ein. Der Freund Schlosser vermittelt ihm Fälle aus seiner Praxis. Schon bei der Verteidigung des ersten Klienten geht er auf seinen Gegner los, das Gericht erteilt ihm einen Verweis. Goethes Sinn steht nicht nach trockenem Amtsdeutsch, nach braver Staatsdienerei. Das aber ist für die jungen Männer Voraussetzung eines bürgerlichen Lebens. „Wenn wir einen Platz in der Welt finden, da mit unseren Besitztümern zu ruhen, ein Feld uns zu nähren, ein Haus uns zu decken, haben wir da nicht Vaterland?", schreibt Goethe in der „Frankfurter Zeitung"; „leben nicht Tausende in dieser Beschränkung glücklich? Wozu nun das vergebene Aufstreben nach einer Empfindung, die wir weder haben können noch mögen ..." Im Privatbrief aber klingt es anders: „Es ist traurig, an einem Ort zu leben, wo unsre ganze Wirksamkeit in sich selbst summen muß. Ich ... ziehe mit mir selbst im Feld und auf dem Papier herum ... Frankfurt bleibt das Nest ... wohl um Vögel auszubrüteln, sonst auch figürlich spelunca, ein leidig Loch. Gott helf aus diesem Elend, Amen."

„Ich … ziehe mit mir selbst im Feld und auf dem Papier herum …" Das ist es. Mit literarischen Plänen kehrt er aus Straßburg zurück. Übersetzungen des Ossian, Volkslieder, Altdeutsches, angeregt durch Herder, ein Aufsatz über das Münster, Gedichte, Dramenentwürfe, im Kopf, auf Zetteln. Sokrates, Cäsar, Prometheus, Faust, Götz. Viel ist in ihm angelegt, gärt, treibt, will geformt, gestaltet sein.

Intensiver Briefwechsel mit Herder. Die Schwester wird einbezogen. Lieder, die er aus dem Elsaß mitbringt, müssen „alle Mädchen, die Gnade vor meinen Augen finden wollen … lernen und singen; meine Schwester soll Ihnen die Melodien … abschreiben". Im gleichen Brief vom Herbst 1771: „Meine Schwester macht mich noch einmal ansetzen. Ich soll Sie grüßen, und Sie auf den 14. October invitiren, da Shakespeares Namenstag mit großem Pomp hier gefeiert werden wird."

Im Haus am Hirschgraben findet die Feier statt. Der Vater sorgt für die Bewirtung und für Musikanten, wie seinem Ausgabenbuch zu entnehmen ist. Cornelias Bruder hält eine Rede „Zum Schäkespears Tag". „Dieses Leben", sagt er, „ist für unsere Seele viel zu kurz, Zeuge, daß jeder Mensch, der geringste wie der höchste, der unfähigste wie der würdigste, eher alles müd wird, als zu leben …" Wie sehr Cornelia den Bruder versteht! Und wie fremd er ihr ist, wenn er weiterspricht: „Ich! Der ich mir alles bin, da ich alles nur durch mich kenne! So ruft jeder, der sich fühlt, und macht große Schritte durch dieses Leben … Freilich jeder nach seinem Maß." –

„Zwei Schritte" des einen „bezeichnen" eine „Tagreise" des anderen.

Wie wahr! Welches ist ihr, des Mädchens „Maß"? Was hat ihr die „Natur" zugedacht, die jetzt das

Schlagwort wird. „Und ich rufe Natur! Natur, nichts so Natur als Schäkespears Menschen ... Und was will sich unser Jahrhundert unterstehen, von Natur zu urteilen. Wo sollten wir sie her kennen, wenn wir von Jugend auf alles geschnürt und geziert in uns fühlen und an anderen sehen."

Als die Gäste gegangen sind, sitzen Schwester und Bruder vielleicht noch im Gespräch beieinander. Reden über Herder, den Cornelia ein wenig später kennenlernen wird. Goethe ist zu dem Zeitpunkt nicht in Frankfurt. Danach: „Meine Schwester läßt Sie grüßen. Sie hat mir weitläufig erzählen müssen, was bei Ihrer Anwesenheit geredt wurde." Das ist im Herbst 1771. Herder bittet bei seinem Besuch um Manuskripte oder Briefe Goethes. Cornelia verweigert es. „Meine Schwester weiß selbst nicht, warum sie sie auf Ihr anhaltendes Gesuch nicht herausgeben wollte." Cornelia kennt sich in allem aus, was den Bruder angeht.

In seiner unruhig-schöpferischen Situation im Spätsommer und Herbst 1771, nach seiner Rückkehr ins Frankfurter Haus am Hirschgraben, wird sie für den Bruder wieder zum wichtigsten Menschen. Noch nach vielen Jahren empfindet er es so, schreibt, seit Straßburg sei sein „Verhältnis" zur Schwester „noch viel inniger geworden".

„Wir waren nach meiner Rückkunft von der Akademie unzertrennlich geblieben, im innersten Vertrauen hatten wir Gedanken, Empfindungen und Grillen, die Eindrücke alles Zufälligen in Gemeinschaft ... Wieviel Zeit hatten wir nicht gebraucht, um uns wechselseitig die kleinen Herzensangelegenheiten, Liebes- und andere Händel mitzuteilen, die in der Zwischenzeit vorgefallen waren! Und hatte sich nicht auch im Felde der Einbildungskraft vor mir eine neue Welt aufgetan, in die ich sie doch auch einführen mußte? Meine eigenen kleinen Machwerke, eine weit ausgebreitete Weltpoesie, mußten ihr nach und nach bekannt werden. So übersetzte ich ihr aus dem Stegreife solche homerischen Stellen, an denen sie zunächst Anteil nehmen konnte. Die Clarkesche wörtliche Übersetzung las ich deutsch, so gut es gehen wollte, herunter, mein Vortrag verwandelte sich gewöhnlich in metrische Wendungen und Endungen, und die Lebhaftigkeit womit ich die Bilder gefaßt hatte, die Gewalt womit ich sie aussprach, hoben alle Hindernisse einer verschränkten Wortstellung; dem, was ich geistreich hingab, folgte sie im Geiste. Manche Stunde des Tags unterhielten wir uns auf diese Weise."

Es ist die Situation, die er in seinem Leben wieder und wieder suchen wird, Zuhörerinnen, die seine Gedanken aufnehmen, ihm willig Gesprächsraum, zärtlich Ermutigung geben, und wenn es nur mit den Augen sei. Cornelia, die Schwester, ist die ideale, von Kindheit an hat er sie das Zuhören gelehrt. Das einem anderen sich mitteilen, wie es Goethe beschreibt, wird dabei selbst zum schöpferischen Akt. Metrum, Bilder stellen sich ein. Der Partner muß nur dem Sprechenden hingegeben sein, an ihn glauben, voraussetzungslos. Ob Cornelia will oder nicht, immer wieder wird Goethe durch suggestives Ausbreiten seiner inneren Welt ihre Hingabe erreichen.

Für ihn ist das Glück. Für Cornelia auch. Von „unendlichem Vergnügen", mit dem sie „zuhöre", spricht Cornelia. Gleichzeitig muß sich in ihre Faszination Trauer mischen. Wird nicht die Kluft immer tiefer, die sie von der Welt trennt? Ob sie es gefühlt hat, wissen wir nicht. Offenbar ja. „... so ward ihr Bedürfnis, sich mit mir zu unterhalten", schreibt der Bruder, „noch durch die Sehnsucht geschärft, mit der sie mich in die Ferne begleitete."

Die Gespräche werden für ihn produktiv. Cornelia ist der Stachel. Zum Beispiel beim „Götz". Da geht ihm ein altes Buch, vierzig Jahre zuvor in Nürnberg erschienen, nicht aus dem Sinn, die „Lebensbeschreibung Herrn Götzens von Berlichingen, zugenannt mit der eisernen Hand". Goethe erzählt der Schwester davon, sie bittet ihn, berichtet er später in „Dichtung und Wahrheit", nicht nur „immer mit Worten in die Luft zu ergehen, sondern endlich einmal das, was mir so gegenwärtig wäre, auf das Papier festzubringen. Durch diesen Antrieb bestimmt, fing ich eines Morgens zu schreiben an, ohne daß ich einen Entwurf oder Plan vorher aufgesetzt hätte. Ich schrieb die ersten Szenen, und abends wurden sie Cornelien vorgelesen. Sie schenkte ihnen vielen Beifall, jedoch nur bedingt, indem sie zweifelte, daß ich so fortfahren würde, ja sie äußerte sogar einen entschiedenen Unglauben an meine Beharrlichkeit. Diese reizte mich nur um so mehr, ich fuhr den nächsten Tag fort, und so den dritten, und in etwa sechs Wochen hatte ich das Vergnügen, das Manuskript geheftet zu erblikken!"

Cornelia ist also nicht nur stumme Zuhörerin, sondern Anreizende, sie hat den Instinkt für das Maß an Einwänden. Ist Partnerin, ohne hartnäckiger Widerpart zu sein. Das genau ist die Bedingung, die der Bruder für seine Arbeit braucht. Andere, Johann

Gottfried Herder, Johann Heinrich Merck, Freunde, die für Goethes Entwicklung in jener Zeit entscheidend sind, zwingen ihn in ein Schüler-Verhältnis. Herder streitet, nennt Goethe einen „jungen übermütigen Lord mit entsetzlich scharrenden Hahnenfüßen", der bei „einem kleinen Vorfall sehr laut krähe, viel zu leicht und zu spatzenmäßig" sei, ein „Specht", der an allem „herumpicke". Ein Specht sei „kein gemeiner Vogel", verteidigt sich Goethe. An anderer Stelle heißt es aber als Reaktion auf Herders Kritik: „Mein ganzes Ich ist erschüttert."

Cornelia dagegen bedeutet Ruhe. Einen „Magneten" nennt er sie in „Dichtung und Wahrheit", „der von jeher stark auf ihn wirkte". Als „Urphänomen" bezeichnet er den Magneten später, und des „Magnetes Geheimnis" sieht er in der Polarität Anziehung–Abstoßung. Die Schwester wird ihm nach seiner Rückkehr aus Straßburg ruhender Pol, der sein Inneres vorübergehend ausgleicht, ihn dadurch frei macht. Die Wirkung, die Cornelia auf Goethe hat, wird sich bei geliebten Frauen wiederholen, bei Charlotte, bei Christiane.

Das durch der Schwester Beharrlichkeit niedergeschriebene Manuskript des „Götz" geht an Herder. Ein zweites Exemplar im Dezember 1771 an Merck in Darmstadt mit dem Begleitvers:

> Schicke ich hier in altem Kleid
> Ein neues Kindlein wohl bereit ...
> Und können wir nicht tragen mehr
> Krebs, Panzerhemd, Helm, Schwerdt und Speer,
> Und erliegen darunter todt

Wie Armeis unterm Schollenkoth,
So ist doch immer unser Muth
Wahrhafftig wahr und bieder gut.
Und allen Perrückeurs und Fratzen
Und allen Literarischen Katzen
Und Räthen, Schreibern, Maidels, Kindern
Und wissenschaftlich schönen Sündern
Sey Trotz und Hohn gesprochen hier
Und Haß und Ärger für und für.
Weissen wir so diesen Geschwistern
Wohl ein jeder aus seinem Haus
Seinen Arsch zum Fenster hinaus.

Das ist der Ton, den wenig später eine Gruppe junger Intellektueller anstimmt, der ihre Dramen und Verse, ihre Fastnachtsspiele und Possen, ihre Gespräche und ihre Gemeinsamkeit beherrscht. „Sie werden sich nächstens wundern, wie der Staub aus den Peruquen der Kahlköpfe fliegt", verkündet Merck. Er spielt damit auf die „Frankfurter Gelehrten Anzeigen" an, die 1772 das öffentliche Forum der jungen Männer werden. Verantwortlicher Redakteur ist Merck, zeitweise Johann Georg Schlosser. Herder, Goethe, Klinger, Wagner sind Mitarbeiter. Vieles wird gemeinsam entworfen, geschrieben.

Diese Aufbruchsatmosphäre – wir stellen uns Cornelia Goethe, die nun Zweiundzwanzigjährige, in ihr vor. Eine intensive geistige Gemeinschaft verbindet sie mit dem Bruder. Sie ist Schlosser, ihrem zukünftigen Mann, hingeneigt. Sie lernt Merck und Johann Gottfried Herder kennen.

Merck ist ein enger Freund Schlossers, lebt im benachbarten Darmstadt. „Ich werde zu Ende dieser Woche nach Darmstadt gehen", schreibt Schlosser am 25. Februar 1772. Er will Merck „sehen und einige

Tage bei ihm leben". Cornelias Bruder kommt mit. „Ein junger Freund von mir, der sehr viel verspricht und der mir durch seine ernste Bemühung, seine Seele zu reinigen, ohne sie zu entnerven, außerordentlich ehrwürdig ist, wird mit mir gehen."

In Darmstadt werden beide von Merck und den Frauen und Mädchen des dortigen Kreises freudig empfangen. Eines der Mädchen, Caroline Flachsland, Herders Verlobte, schreibt am 9. März 1772: „Ich habe vor Tagen Ihren Freund Goethe und Herrn Schlosser kennengelernt." Von Goethe ist sie entzückt, „ohne gelehrten Zierrat" sei er. Schlosser sei „ein guter, sehr guter Mann – nur ein wenig zu viel Weltfirnis".

Auch Merck ist von Goethe eingenommen. Im gleichen Monat März schreibt er, daß er in ihn „... ernstlich verliebt zu werden anfange". Merck und Goethe reisen nach Homburg zu Sophie Laroche, der Jugendfreundin Wielands, der Verfasserin der „Geschichte des Fräuleins von Sternheim". Sie werden auch vom Landgrafen von Hessen-Homburg und seiner Gemahlin empfangen. Schlosser verläßt die beiden vermutlich schon in Darmstadt. Goethe und Merck kehren dann zusammen nach Frankfurt zurück. „Ich wohne bei Goethe, obwohl Dumeiz Platz hatte", Merck. Cornelia Goethe und Johann Heinrich Merck begegnen sich. Mercks Urteil über Cornelia: „Die Mademoiselle ist eine hübsche Person ..."

Der Kreis der Freunde schließt sich. Der Sturm und Drang formiert sich. Auch Frauen spielen dabei eine Rolle. Allerdings in anderer Weise als bei der Gruppenbildung der Jenaer Frühromantiker. Dort sind es lebenskluge, reife Frauen, meist verheiratet oder geschieden, sie haben Kinder großgezogen, sind selbständig und bewußt, Caroline Schlegel-Schelling, Sophie Mereau-Brentano, Dorothea Veit-Schlegel. Im Sturm und Drang dagegen sind es Mädchen, die an der Schwelle zum Frau-Sein stehen. Gebildete empfindsame Schwärmerinnen. Verlobt oder versprochen, voller Erwartungen. Die harte Realität, die sie in Hofetikette oder bürgerliche Ehe, in ständige Wochenbetten zwingen wird, hat sie noch nicht eingeholt.

Es ist jener merkwürdige Kreis der Darmstädter Empfindsamen, der in seinem überhitzten Gefühlskult die jungen Männer anreizt und ihnen Kulisse für überspannte Äußerungen ist. Von „vielem Gefühl und Übergefühl" spricht Herder, „wovon ... die Hälfte ... wohl Traum und Morgenröte bleiben wird". – „Ich lebe hier als ein Schwärmer unter den Rosen der Freundschaft", sagt Merck und von „zarten in Empfindung zerfließenden Mädchen wie Yorik's Maria" spricht er, „die ihre Freunde und den Mond knieend verehrt, Fest- und Fast Tage bey der Ankunft und der Scheidung von ihren Freunden feyert, und deren ganze Seele so rein ist, wie der eben gefallene Schnee."

Zum Kreis dieser Darmstädter Mädchen gehören zwei Hofdamen der Landgräfin Karoline, Henriette von Roussillon und Luise Henriette Friederike von Ziegler. Weiter Herders Verlobte Caroline Flachsland und ihre Schwester Friederike Hesse. Und Cornelia Goethe. „In mein Verhältnis zu den Darmstädtern hatte ich meine Schwester auch hineingezogen ...", schreibt Goethe.

Die Mädchen legen sich Phantasienamen zu, Urania und Lila heißen die beiden Adligen, Psyche ist Herders Braut, und Cornelia nennt sich Sophie. Lila führt an einer rosa Leine ein kleines Lamm mit sich, es ißt und trinkt mir ihr. Durch den Herrengarten, den Park geht sie mit ihm, vorüber am rötlichen Sandsteinschloß, an der Orangerie, den Griechentempeln, dem Eremitenhäuschen, dem Grabhügel, in dessen Gewölbe sich die Landgräfin lange vor ihrem Tod ihr Grab bereitet hat. Ein Sofa steht darin, eine kleine Öffnung nach außen, damit Licht hereinfällt. Man ruht dort und liest. Auch Henriette von Roussillon hat sich ihr Grab bereits gerichtet. Mystisch, inbrünstig, wunderlich. Uns unverständlich, diese überspannte Atmosphäre, der Gefühlskult, die Anbetung des Todes, das Tauschen von Küssen, Seufzern, Herzen und Blumen, die Pfänderspiele und Tränen. Männer umarmen einander, küssen sich und weinen gemeinsam, Mädchen tragen Armbänder aus Haaren gefertigt und schlafen mit Rosen. Verlobte nennen einander „Hochgeschätzte Jungfrau, süßes Marienbild, Blume der Menschheit", so Herder Caroline. Und sie ihn: „edler Jüngling, Engel Gottes".

Dieses überschwengliche Bekenntnis der jungen Generation zum Gefühl ist weder Hysterie noch Mode, sondern Äußerung eines neuen Weltgefühls, Protest gegen eine Epoche, die gefühllos genug ist, die Menschen regimentweise nach Übersee zu verkaufen. Der Gefühlskult ist im Ansatz eine revolutionäre Gebärde, der die Handlung folgen sollte beziehungsweise müßte. Die Empfindsamkeit drückt eine gesteigerte Hingabe an das Leben, eine sehr persönlich vorgenommene Bewertung der Daseinsmöglichkeiten aus.

Nur für kurze Zeit ist der Kreis der Darmstädter Empfindsamen zusammen. Henriette von Roussillon stirbt am 18. April 1773. Luise von Ziegler heiratet am 6. April 1774 den preußischen General Gustav von

Stockhausen. Caroline Flachsland feiert am 2. Mai 1773 ihre Hochzeit mit Herder und geht mit ihm nach Bückeburg, später nach Weimar.

Zweiundzwanzig sind die Mädchen, als sie sich in Darmstadt zusammenfinden, als der eigenartige Zustand des Noch-Nicht ihnen alle Freiheiten zum Schwärmen und Träumen gibt.

Ganz diesseitig ist ihr Naturgefühl. Der ihnen das beibringt, ist Goethe, den sie den „Wanderer" nennen. In Straßburg lernte er die Lieder des Volkes, in Sesenheim war er beim Dorftanz. Jetzt läuft er durch den Wald nach Darmstadt, bei jedem Wetter. „Unser Freund Goethe ist zu Fuß von Frankfurt gekommen ...", Caroline Flachsland an Herder am 13. April 1772. „Wir waren alle Tage beisammen und sind in den Wald zusammen gegangen und wurden auch zusammen durch und durch beregnet. Wir liefen alle unter einen Baum, und Goethe sang uns ein Liedchen ... ‚Wohl unter grünen Baumes Dach', und wir alle sangen den letzten Vers mit: ‚Nur eins, das heißt Rauhwetter!', aber so vergnügt, daß ich mehr wünsche, so beregnet zu werden."

Anfang Mai dann: „Goethe und meine Lila sind wieder hier." Oft unternehmen sie gemeinsam etwas. Zum Beispiel sucht sich jeder in der Umgebung eine schöne Stelle, sie weihen den Ort, geben ihm ihre Namen. „... mit Goethe waren wir gestern bei meinem *Fels* und *Hügel*"; er habe „sich einen großen, prächtigen Felsen zugeeignet und geht heute hin, seinen Namen hineinzuhauen."

Cornelias Bruder liest den Mädchen aus seinem „Götz", aus Sternes „Tristram Shandy" vor. Er beglückt sie mit eigenen Gedichten. „Morgennebel, Lila, / Hüllen deinen Thurm um"; „Pilgers Morgenlied", dem „warmen, feurigen Mädchen" Lila gewidmet. Auch Urania und Psyche eignet er Verse zu, von „ew'gen Flammen“, von „liebenden Armen“, von der Seligkeit des Kusses und von „Elysium“ ist darin die Rede. „Götz“ mit seiner derben, zupackenden Sprache und „Elysium“, die Gegensätze können nicht größer sein. Und doch, Empfindsamkeit und Sturm und Drang, sie berühren sich, sind verbunden, aus dem einen wächst das andere hervor.

Cornelia Goethe im Kreis der Darmstädter Empfindsamen. Nimmt der Bruder sie mit, wenn er zu Fuß durch den Wald geht? Wohl kaum. Fährt sie mit ihm oder Schlosser, holt Merck sie ab? Angeregt durch die neuen Freunde und Freundinnen, den Geist dieses Kreises, setzt sie, die sich so oft über Gesprächsleere und „Abgeschmacktheiten“ der Frankfurter Mädchen beklagt, vielleicht ihre Briefe an Katharina Fabricius fort. Oder hält die Erlebnisse in einem Tagebuch fest. Nichts ist überliefert. Einzig ein Brief an Herders Frau. In ihm spricht Cornelia über den Darmstädter Kreis. „Unsere Lila haben wir zu Ende des Sommers besucht – der 29. September war der glückliche Tag – wir brachten ihn ganz bey ihr zu – Sie haben auch ihre Schöpfung gesehn – erinnern Sie sich noch des dunklen, einsamen Gangs – da sprachen wir von Ihnen liebste Freundinn und Ihrem Herder –.“ Der „dunkle, einsame Gang“ weist auf den Park des Darmstädter Schlosses. Vom Eremitenhäuschen, so ist überliefert, führte ein unterirdischer Gang zum Grabgewölbe der Landgräfin. Vom 13. Dezember 1773 ist der Brief Cornelias. Die Schreiberin erinnert sich an die Zeit, als Caroline noch in Darmstadt war. Der Ton deutet auf Vertraulichkeit. Vielleicht war Cornelia eng mit Caroline Flachsland und mit Luise von Ziegler befreundet.

Zu vermuten ist, daß Cornelia schon bald nach ihrem ersten Zusammentreffen mit Merck in Frankfurt im März zweiundsiebzig in den Kreis der Darmstädter Empfindsamen tritt, Spätherbst, Winter und Frühjahr zweiundsiebzig, dreiundsiebzig die engste Bindung bringen. Verschiedene Konstellationen, die zum Bruder, die zu Schlosser sprechen dafür. Es muß für Cornelia eine gute Zeit gewesen sein.

Da ist der Bruder.

Und da ist Schlosser, der Freund. „Eine Neuigkeit, die Du noch nicht weißt", Merck am 23. August an seine Frau, „ist, daß Herr Schlosser der Medmoiselle Goethe sehr eifrig den Hof macht und daß er günstig angehört wird." Schlosser erklärt Cornelia seine Liebe und macht ihr einen Heiratsantrag. Im Juli oder im August 1772 muß es gewesen sein. In einem Brief an Lavater vom 12. September jedenfalls spricht Schlosser erstmals von seiner Verliebtheit und seinen ernsten Absichten. Er nennt aber nicht Cornelias Namen und bittet den Schweizer Freund, die Sache als Geheimnis zu hüten. „... es stehen um mich herum noch so viele verdorbene Menschen", begründet er die Heimlichkeit, „daß ich noch immer verbergen muß, was ich stolz wäre, öffentlich Gott und seiner Vorsicht zu verdanken." Aus dieser Briefstelle geht hervor, Cornelia muß Schlosser bereits ihre Einwilligung gegeben haben; das „noch immer" deutet auf einen längeren Zeitraum der Vertrautheit.

„Verschiedene bedeutende Anträge, aber von unbedeutenden Männern, von solchen, die sie verabscheute", habe sie, so berichtet der Bruder, „standhaft ausgeschlagen." Ist Schlosser der Mann, der alle Voraussetzungen einer standesgemäßen Ehe erfüllt und zugleich – wir erinnern uns an Cornelias Tagebuch – ihre vernichteten Hoffnungen auf eine Ehe aus Liebe wieder lebendig werden läßt?

Ganz sicher ist die Ehe nicht von den Eltern diktiert. Cornelia wählt. Ob aber Vernunft oder wirkliche Neigung sie bestimmt? Die Gemeinschaft mit Schlosser im Darmstädter Kreis und im Frankfurter um die „Gelehrten Anzeigen" spielt vermutlich eine große Rolle. Sie nährt Cornelias Illusion eines partnerschaftlichen Verhältnisses. Oder gar solche, wie sie Jahre später die Jenaer Romantiker in ihrem „Symexistieren", ihrem „Symphilosophieren" und „Symfaulenzen", jenen Vorformen einer Lebensweise in Kommunen für kurze Zeit auf hohem geistigem Niveau praktizieren? Abwegig ist der Gedanke nicht. Wiederholt äußert Schlosser ein solches Verlangen nach Zusammenleben mit den Freunden und deren Frauen in Arbeits- und Wohngemeinschaften. In den ersten Ehejahren Merck gegenüber, später, in den neunziger Jahren, in Briefen an seinen Freund Georg Forster in Mainz. Sprechen die Verlobten darüber? Ersehnt Cornelia in dem Zusammenhang die Fortdauer der brüderlichen Nähe?

Überhaupt der Bruder. Der Gedanke wird sie sehr beschäftigen. Ihre Wahl trifft einen seiner engen Freunde. Schlosser wird vom Bruder geschätzt, weiß sie. Beruflich und literarisch sind beide verbunden. Die größtmögliche Chance, daß der Bruder ihre Entscheidung billigt. Cornelia ahnt nicht, daß der Bruder seine innere Zustimmung gänzlich versagen wird, unabhängig davon, wen sie wählen würde. Die Tatsache, daß an seine Stelle ein anderer Mann tritt, reicht aus, die Bruder-Schwester-Beziehung unwiderruflich zu zerstören. Ein äußerst seltsamer und schmerzlicher Vorgang, dem Cornelia völlig wehrlos ausgeliefert gewesen sein muß.

Mitte August 1772 erfährt Goethe von der heimlichen Verlobung der Schwester mit Schlosser. Er ist nicht in Frankfurt, seit Mai weilt er in Wetzlar. Der Vater hat ihn dort hingeschickt, weil die Anwaltspraxis des Sohnes ihm Sorgen macht, die Arbeit erledigt er, der Vater; der Sohn dagegen dichtet und macht Gefühlsreisen nach Darmstadt. Auf sein Fortkommen als Advokat ist er nicht bedacht. Dem soll der Aufenthalt am Reichskammergericht in Wetzlar dienen. Goethe schreibt sich in die Liste der Referendare ein, das ist seine einzige Tätigkeit beim Gericht. Ansonsten sind Landschaft, das Dorf Garbenheim, der Gasthof „Zum Kronprinzen“, das „Deutsche Haus“ des Amtmanns Buff sein Aufenthalt; in die Tochter des Amtmannes, in Lotte, verliebt er sich, ihr Verlobter, der Jurist Kestner, wird sein Freund. Ein Sommer, in dem er genießt und schwärmt, voller Glück ist.

Da erhält er die Nachricht von der Verbindung der Schwester mit Schlosser. Johann Heinrich Merck muß sie ihm überbracht haben. Am 16. August ist Merck in Frankfurt bei Schlosser. Zwei Tage später besucht er Goethe in Wetzlar. Er sagt es ihm. Goethe ist außer sich. Noch fünfzig Jahre später beschuldigt er Schlosser, die Bekanntschaft mit Cornelia unredlich ausgenutzt zu haben. Der zeitliche Abstand von einem halben Menschenleben läßt ihn den Verlust Cornelias nicht verwinden, im Gegenteil, seine Sinne sind geschärft für das, was ihn tief verletzte; „... mein

Freund Schlosser, der Guten weder unbekannt noch zuwider, trat in meine Stelle ... Leider verwandelte sich bei ihm die Brüderlichkeit in eine entschiedene, und bei seinem strengen gewissenhaften Wesen, vielleicht erste Leidenschaft ... Hier fand sich, wie man zu sagen pflegt, eine sehr gätliche Partie, welche sie ... endlich anzunehmen sich, ich darf wohl sagen, bereden ließ." Cornelia wird als völlig passiv dargestellt, seiner, Goethes Abwesenheit von Frankfurt die Schuld gegeben. „... wenn der Bruder nicht abwesend gewesen wäre", hätte „es mit dem Freunde so weit nicht ... gedeihen können", sagt sich Goethe „heimlich mit Selbstvertrauen" und macht sich Vorwürfe, nicht genug für die Schwester getan zu haben. Die Zeit, da er ihr „jedes kleine Gedicht, wenn es auch nur ein Ausrufezeichen gewesen wäre, sogleich mitteilte", sei vorbei, gesteht er. „Alle diese lebhafte Regung hatte seit meiner Abreise von Frankfurt gestockt, mein Aufenthalt zu Wetzlar war zu einer solchen Unterhaltung nicht ausgiebig genug, und dann mochte die Neigung zu Lotten den Aufmerksamkeiten gegen meine Schwester Eintrag tun; sie fühlte sich allein, vielleicht vernachlässigt ..." Die „Einsamkeit" schien ihr „unerträglich", daher nach seiner Meinung ihr Entschluß.

Goethe sieht sich als wichtigste Bezugsperson Cornelias. Der Gedanke, ein anderer Mensch könne an seine Stelle treten, muß ihm völlig fremd gewesen sein. Hinzu kommt: Cornelia vertraut sich ihm nicht vorher an. Dieses Stillschweigen bei der von Goethe für diese Jahre beschworenen innigen Bruder-Schwester-Bindung? Wollte sie mit dem Bruder sprechen, spürte aber seine Abwehr, spürte, daß er weder Ohren noch Augen, überhaupt keine Sinne dafür hat? So sicher ist er seiner.

Später gesteht er, daß er vielfache briefliche Anspielungen der Schwester auf ihre Beziehung zu Schlosser überlesen habe. „Schlosser entdeckte mir, daß er erst in ein freundschaftliches, dann in ein näheres Verhältniß zu meiner Schwester gekommen sei ... Diese Erklärung machte mich einigermaßen betroffen, ob ich sie gleich in meiner Schwester Briefen schon längst hätte finden sollen." Er nennt den Grund, der ihn zum Überlesen verführte: „aber wir gehen leicht über das hinweg, was die gute Meinung, die wir von uns selbst hegen, verletzen könnte, und ich bemerkte nun erst, daß ich wirklich auf meine Schwester eifersüchtig sei ..."

Drei Wochen nach der Nachricht von der heimlichen Verlobung, am Morgen des 11. September 1772, verläßt Goethe Wetzlar. „Meinem Freund und vermuthlichen Schwager war nun freilich sehr daran gelegen, daß ich nach Hause zurückkehrte." Die Gründe des Aufbruchs sind zweifellos diffiziler und hängen mit seinem Verhältnis zu Lotte Buff und ihrer bevorstehenden Heirat mit Kestner und anderen Wetzlarer Erlebnissen zusammen.

Das Wiedersehen der Geschwister. Gespräche, Auseinandersetzungen, Vorwürfe, Versuche, die Sache rückgängig zu machen, taktvolles Schweigen, bewußtes Übergehen? Wir wissen es nicht. „Ich mußte mich wohl dareinergeben und meinem Freunde sein Glück gönnen", heißt es erinnernd. Der Bruder setzt sich für Schwester und Schwager beim Vater ein. Am 8. Oktober 1772 teilt er Lotte in Wetzlar mit: „... unsere beyden Verliebten sind auf dem Gipfel der Glückseeligkeit. Der Vater ist unter höchst billigen Bedingungen zufrieden, und es hängt blos von Nebenbestimmungen ab." Da wird die Verlobung schon offiziell gewesen sein.

Ein Jahr bleibt Bruder und Schwester noch. Während der Zeit des Brautstandes lebt Cornelia in Frankfurt im Haus am Hirschgraben. Der Bruder verbringt das Jahr, abgesehen von kleineren Reisen, ebenfalls in Frankfurt, neben ihr, mit ihr. Es muß für beide ein glückliches Jahr gewesen sein. Vielleicht ihr glücklichstes überhaupt!

Die bevorstehende Trennung läßt Goethe alles aufbieten, der Schwester zu zeigen, was sie an ihm verliere. Er holt nach, läßt sie teilnehmen, bezieht sie ein. Gewinnt sie zurück. Sie werden wieder Vertraute. Finden wieder zu ihrer in Zeiten schönster Gemeinschaft gebrauchten „Koterie-Sprache" zurück, von der Goethe schreibt: „Es entspann sich bald unter uns eine Koterie-Sprache, wodurch wir von allen Menschen reden konnten, ohne daß sie uns verstanden"; Cornelia habe sich, erinnert sich der Bruder, dieses „Rotwelsches öfters mit vieler Keckheit in Gegenwart der Eltern" bedient.

In jenem Jahr vor Cornelias Verheiratung erkennt Goethe zum erstenmal in seinem Leben die Schwester als Persönlichkeit an. Liebt sie so, wie sie ist, „hofmeistert" und „zieht" nicht an ihr herum; „ihr Karackter hat sich wunderbaar schnell gebildet", schreibt er am 19. 1. 73 an Sophie Laroche, „wir leben glücklich zusammen", eine „liebe Gefährtin" habe man an ihr. Fast in jedem seiner Briefe ist fortan von der Schwester die Rede.

Diese Haltung des Bruders ist für Cornelia einzigartig. Sie fühlt sich bestätigt und gebraucht. Das macht sie schön. Heiterkeit, Gut-sein-Wollen, Witz und Geist, liebende Freundlichkeit entfaltet sich in ihr.

Es ist wechselseitig. Erstaunt erkennt der Bruder, was *er* verlieren wird. Wieder und wieder reflektiert er darüber. Am 21. April 1773 an Kestner: „Meine arme Existenz starrt zum öden Fels. Diesen Sommer geht alles." Dann zählt er auf, auch seine geliebte Schwester wird gehen. „Und ich binn allein. Wenn ich kein Weib nehme oder mich erhänge, so sagt ich habe das Leben recht lieb ..." Drei Wochen später an Sophie Laroche: „Denn ich binn allein, allein, und werd es täglich mehr. Und doch wollt ichs tragen, dass Seelen die für einander geschaffen sind, sich so selten finden, und meist getrennt werden. Aber dass sie in den Augenblicken der glücklichsten Vereinigung sich eben am meisten verkennen! das ist ein trauriges Rätzel." Goethe nennt keinen Namen, beläßt es bei der bedrückenden Schilderung. Die ihm nächste „Seele" ist in dieser Zeit Cornelia.

Freilich, auch sein Mädchen in Wetzlar ist ihm vor Augen. Ihren Verlust beklagt er in Briefen an ihren zukünftigen Mann: „Lieber Kestner, der du hast lebens in deinem Arm ein Füllhorn ...", am 21.4.73. Im gleichen Monat: „O Kestner, wenn hab ich euch Lotten missgönnt im menschlichen Sinn, denn um sie euch nicht zu missgönnen im heiligen Sinn, müsst ich ein Engel seyn ohn Lung und Leber." An denselben, auch im April: „Sieh doch mein Bett da, so steril stehts wie ein Sandfeld ... doch bescheid ich mich gern nach dem Gesetz der Antipatie. Da wir die Liebenden fliehen und die Fliehenden lieben."

Ohne Zweifel, Cornelia und Lotte – Schwester und Freundin – fließen ineinander. In einer eigenartig wehmütigen Stimmung ist Goethe, offen, verletzbar. „Ich wandre in Wüsten da kein Wasser ist, meine Haare sind mir Schatten und mein Blut mein Brunnen", an Kestner und: „Von mir sagen die Leute der

Fluch Cains läge auf mir. Keinen Bruder hab ich erschlagen! Und ich dencke die Leute sind Narren."

„Nichts" als ein „Herz voll Wünsche" habe er, gesteht er. Mit dem Ablauf jedes Monates, jedes Tages rückt die Trennung von der Schwester näher. Am 15. September 1773 schreibt er über Cornelia: „Ich verliere viel an ihr, sie versteht und trägt meine Grillen." Das ist es, er verliert sein Gefäß, seine Zuhörerin, seine Beichtigerin, sein seit der Kindheit vertrautes, zärtlich geliebtes Objekt. Seine Gefährtin, seine Partnerin.

Die Zeit zwischen der Rückkehr des Bruders aus Wetzlar und dem Weggang Cornelias nach Karlsruhe. September 1772 bis November 1773. Einige wenige Überlieferungen von Ereignissen.

September zweiundsiebzig. Kestners Tagebuch verzeichnet einen ersten Besuch im Frankfurter Haus am Hirschgraben. Er lernt Cornelia kennen, eine Freundschaft zwischen beiden entwickelt sich. Neun Briefe Cornelias an ihn sind überliefert. Kestners Briefe an sie sind, wie fast alle in ihrem Nachlaß befindlichen, vernichtet. Geheimer Ursprung für diesen Kontakt ist die Bemühung der Schwester um Nähe zum vom Bruder geliebten Mädchen. Tagebucheintragungen Kestners deuten darauf. Er notiert: „Um 4 Uhr ging ich zu Schlosser, und siehe da, Goethe und Merck waren da ... Wir gingen auf den Römer, wo die Mercken, nebst der Demoiselle Goethe auch, war." Gemeinsam dann „vors Tor auf dem Walle", die Zeit verrinnt „unterm Spazierengehen und Sprechen ... unvermerkt".

Wir sehen die jungen Leute vor uns, sehen die Situation. Als der Abend hereinbricht, wenden sie ihre Schritte nach dem Hirschgraben. Die Eltern empfangen alle. „Die Frauenzimmer entfernten sich zum Auskleiden. Der Merck proponierte, die Demoiselle spielen zu hören. Wir fanden sie oben am Klavier." Im ersten Stock im Musikzimmer ist Cornelia, sie setzt sich an ihr Klavichord, das mit Chinoiserien verziert ist. Die Freunde stehen oder sitzen um sie herum in dem rechteckigen Raum, in den schon die Dämmerung fällt. „Sie spielt vortrefflich, außerordentlich fertig."

Als sie geendet hat – Stille. Sie wendet sich, sieht sich um, sieht zum Bruder. „Nach einer Pause bat sie", notiert Kestner, „die Lottchen doch hieher zu bringen, recht inständig bat sie und äußerte, daß sie sie schon in der Ferne sehr lieb hätte ... Um 8 Uhr gingen der Hofrat Schlosser und ich nach Haus", schließt Kestner.

Schwester und Bruder sind wieder allein. Vielleicht sitzen sie noch eine Weile in der Dunkelheit. Die Schritte der Mutter sind im Vorsaal des ersten Stockwerks zu hören, dann aus den untern Räumen, der Küche, dem Blauen Zimmer. Der Vater hat sich in seine Bibliothek im zweiten Stockwerk zurückgezogen. Schweigen oder Gespräch zwischen den Geschwistern, wo sind die Gedanken eines jeden? Cornelia sieht in den inneren Arkadenhof hinunter. Steht auf, zündet eine Kerze an. Hat der Bruder sie verstanden, das, was sie sagte, da vor allen? Was ihm nahe ist, soll auch ihr nahe sein. Die Schwester identifiziert sich mit dem Mädchen, das der Bruder liebt.

„Küssen Sie Ihr liebes Lottchen von meinetwegen, und sagen Sie ihr dass ich sie von ganzem Herzen liebe", schreibt sie Wochen später nach Wetzlar. Der Bruder wird ihre Zeilen lesen. Bindungen zwischen

Schwester und geliebtem Mädchen. Cornelia am 21. Dezember 1772, wiederum an Kestner: „Ehe mein Bruder von hier weggieng hat er mir eifrigst aufgetragen einige Liedgen vor Ihr liebes Lottchen abzuschreiben …“ Cornelia tut es freudig, tut mehr, als der Bruder erbittet. „… weil es aber nur ein paar sind, so wollte ich fragen ob ihr nicht seit der Zeit etwa noch eins eingefallen wäre das sie gern haben mögte –.“ Sie bietet noch den „Marsch aus den zwey Geizigen“ an. „La garde passe, il est minuit“, beginnt er, ist aus Grétrys Singspiel „Les deux avares“ mit einem Text von Falbaire. Am 25. November schickt Cornelia die Sachen ab, setzt entschuldigend darunter: „Lottchen muss mit meiner schlechten Schreiberey vorlieb nehmen, wie ich die Noten schrieb dachte ich nicht an die Worte die drunter kommen sollten, und da ists denn so ausgefallen, doch hoffe ich dass es leserlich seyn wird.“ Lotte bekommt Cornelias Sendung, bedankt sich wohl. Musik wird zum Freundschaftsband. „… grüsen Sie Lottchen recht schön“, Cornelia an Kestner, „und sagen Sie ihr dass ich alle Abend um zehn Uhr den Marsch auf meiner Zitter spiele, und dabey an sie dencke –“. Das ist im Dezember. Am 18. Januar dann schickt Cornelia wieder Noten, schreibt: „Gestern Abend wie ich das Liedchen spielte fiel mir ein dass es vielleicht Lottchen so gut gefallen könnte als mir, und da sezte ich mich gleich hin und schrieb's –.“

Cornelias Bemühung um Nähe zu dem vom Bruder geliebten Mädchen ist heimlicher Wunsch, daß ihr Gleiches vom Bruder geschehen möge, er Schlosser als den ihren anerkenne und liebe.

Festigt sich in ihr dieses Gefühl, läßt es der Bruder wachsen? In dem Jahr, da sie noch zusammen im Haus am Hirschgraben sind, vermutlich ja. Goethe kündigt die Freundschaft zu Schlosser nicht. Der Kreis bleibt vereint. Ein Beispiel sind jene Septembertage, von denen Kestner berichtet. „Nachmittags um 3 Uhr zu Goethe", notiert er am dreiundzwanzigsten. „Wir gingen auf die Messe, vor einige Kaufmannshäuser; zur Antoinette, Tochter des Kaufmanns Gerock." Cornelia ist dabei. Später schreibt sie ihm: „Erinnern Sie sich noch der guten Mädgen mein Freund die wir vergangene Messe zusammen besuchten ..." Kestner erzählt noch vom Tagesausklang: „Nachher zu Haus nach Goethe. Ich hole Schlossern in die Komödie, wo Goethe, seine Schwester und die Mercken auch waren, nachher aß ich bei Goethes und kam um 11 Uhr zu Haus."

Komödienbesuche, gemeinsames Essen. Auch die Weinlese feiern sie. Dieses Glück wird es für Cornelia nie wieder geben, zukünftiger Mann und Bruder vereint. Catharina Elisabeth Goethe erinnert sich im Oktober achtundsiebzig: „Gestern war Weinlese hier, es war noch ziemlich Wetter, und alles war fröhlich, mir aber fiel der Herbst von 1772 ein, da der Doktor und Hofrat Schlosser mit Wachslichtern auf den Hüten wie Geister im neuen Weg herum gingen ..."

Geselligkeit, Arbeit und Literatur verbindet alle. Goethe scheint sich Verletzung, Eifersucht nicht anmerken zu lassen. Noch hat er die Schwester, ist sie ihm näher als ihrem künftigen Mann. Von „vermeintlichem" Schwager spricht er, als er von Wetzlar nach Frankfurt zurückkommt. So, als ob es noch nicht entschieden sei. Vielleicht die Illusion, die Schwester für sich zu behalten bis zur Hochzeit?

Mit Schlosser verbringt er ganze Tage gemeinsam.

Im November zweiundsiebzig zum Beispiel reisen beide nach Wetzlar. Kestner am sechsten in sein Tagebuch: „Am selben Abend kamen zwei meiner Freunde aus Frankfurt an: die Herren Rat Schlosser und Dr. Goethe." Am zehnten dann: „Die Herren Schlosser und Goethe sind diesen Morgen nach Frankfurt zurückgereist. Wir sind fast immer beisammen gewesen ..."

Goethes Situation zwischen den beiden Männern ist denkbar merkwürdig, die Braut des einen liebt er, die Verlobte des anderen ist seine geliebte Schwester.

Mitte November verläßt Goethe Cornelia wiederum für kurze Zeit. Er geht nach Darmstadt. Auffällig ist an Cornelias Briefen aus diesen Tagen, daß in ihnen von Johann Georg Schlosser kaum die Rede ist; lediglich einmal erwähnt sie ihn. „HE Schlosser grüsst Sie beyderseits von ganzem Herzen." Vom Bruder dagegen schreibt Cornelia um so mehr. Ist es nur Konvention, diese Zurückhaltung gegenüber dem Verlobten? Wohl kaum. Ihre Briefe an Kestner sind ein Spiegel ihres Inneren. „Ich habe Ihren Brief meinem Bruder nach Darmstadt geschickt mein Herr, dencken Sie nur er ist schon seit am Montag weg, und hat noch kein Wort von sich hören lassen, ist das nicht zu arg. – aber so macht er's, sie werdens auch schon an ihm gewohnt seyn." Nach vier Tagen erneute Klage Corneliens: „... biss jezt ist er noch immer stumm gegen uns –."

Cornelia erledigt Dinge, um die Kestner Goethe bittet. „Hier schick ich Ihnen", schreibt sie am 1. Dezember, „die eine Helffte von dem verlangten Buch ... Das Exemplar habe ich in meines Bruders Zimmer gefunden ..."

Cornelia wartet. Bei der Abreise hat der Bruder versprochen, sie nach Mannheim zu führen. Nun aber läßt er sie durch ein Briefchen an Antoinette Gerock wissen, daß er „nicht nach Mannheim“ gehe.

Am 4. Dezember dann endlich eine Nachricht. „Mein Bruder hat auch uns geschrieben, er denckt noch nicht ans wiederkommen.“

Bei Merck ist Goethe, „sie zeichnen und stechen in Kupfer zusammen“, berichtet Caroline Flachsland, auch ihr habe er ein „Landschäftchen gezeichnet“.

Aus Goethes Briefen an Herder geht hervor, daß er in diesen Tagen viele vertrauliche Gespräche mit Caroline führt. Spricht er auch über die Schwester und ihren zukünftigen Ehemann? Es ist zu vermuten, denn Caroline fällt genau in jenen Tagen in einem Brief an ihren Verlobten ein hartes Urteil über Schlosser; daß Cornelia Goethe „einen ganz andern Mann verdient als Herr Schlosser ist“, meint sie.

Am 12. Dezember kehrt Goethe auf winterlichen Wegen in seine Heimatstadt zurück. Die Schwester hat ihn wieder, genießt seine Gegenwart. Das Christfest am Hirschgraben, das letzte im Elternhaus für Cornelia. „Wachsstöckgen“ in den Stuben. Eigenartig warmes Licht. Kurrendesänger auf den Straßen. Blaukraut und Leberwurst wie in jedem Jahr. „Coffee“ extra am Morgen, Festkuchen, am Abend ein „Schöpgen“ Burgunder. Vierundzwanzig Gulden stehen unter dem Datum 25.12.72 im Ausgabenbuch des Vaters.

In der Christnacht der gemeinsame Gang in die Kirche. Meßgeschenke für die Dienstboten. Familienfest. Jeder bemüht sich um Freundlichkeit. Selbst Rat Goethe.

Mild ist er vielleicht gestimmt, weich. Hat er nicht

im stillen gehofft, daß all sein Mühen um Geist und Herz der Tochter ihm im Alter belohnt würde, er sich in Cornelia eine ihm ergebene, angenehme Gesellschafterin herangezogen habe, wie es viele ehrgeizige Väter taten? Johann Caspar Goethe stellt sich zum erstenmal vor, wie es sein wird, wenn die Tochter das Haus für immer verlassen wird. Kein Widerstand mehr, aber auch kein Gegenüber. Leere und Einsamkeit. In dieser Situation vielleicht der Gedanke, die Tochter porträtieren zu lassen. Wem könnte er diesen Auftrag geben? Dem Maler Johann Ludwig Ernst Morgenstern. So wird die schöne, weißgehöhte Rötelzeichnung Cornelias entstanden sein.

Die Christnacht 1772. Die Spannungen zwischen Vater und Tochter scheinen für wenige Stunden nicht existent. Sie müssen in den letzten vier Jahren, von Cornelias achtzehntem bis zu ihrem zweiundzwanzigsten Jahr, für sie unerträgliche Formen angenommen haben. Heirat bedeutet auch Flucht vor dem Vater. Der Bruder ahnt es, sieht es, wenn er den Umgang von Vater und Schwester beobachtet. Auch er beginnt wieder unter ihm zu leiden; „lieber Gott", klagt er, „wenn ich einmal alt werde, soll ich dann auch so werden ... Er wird immer irrdischer und kleiner."

Zwischen Mutter und Tochter gibt es in der Brautzeit Cornelias vermutlich eine Näherung. Die Tochter zeigt plötzlich Interesse für die Haushaltsführung. Früher, wenn die Mutter Gespräche darüber führen wollte, wurden sie vom Vater rigoros unterbrochen, die Tochter zum Unterricht geholt. Jetzt toleriert er das. Die Mutter hat eine Gemeinsamkeit mit Cornelia, das Hauswesen. Zudem spürt Catharina Elisabeth sicher, mit dem Weggang der Tochter aus dem Haus wird ihre Situation sich verschlechtern, sie wird das alleinige Objekt ihres Mannes. Stille Abbitte an die

Tochter in manchem. Auch Ahnung vielleicht, daß jene ihr so fremde Intellektualität Cornelias das Werk ihres Mannes ist. Heiterkeit und Lebensfreude ihrer Tochter von Johann Caspar durch Strenge und Forderungen zugedeckt, erstickt wurden. Der Verlauf der letzten Monate zeigt es. In Anwesenheit des Bruders ist Cornelia gelöst. Sie steht auch nicht mehr unter dem Zwang des Unterrichts. Wie in Kindertagen stellt sich wieder eine Art Solidarität zwischen Mutter und dem nun erwachsenen Sohn und der erwachsenen Tochter her. Eine Solidarität, gerichtet gegen den Vater.

Dennoch: große Fremdheit, nur verdeckt vom nahen Abschied, bleibt zeitlebens zwischen Mutter und Tochter. Verschiedene Welten. „Sey eine gute Gattin und deutsche Haußfrau, so wird Deine innere Ruhe, den Frieden Deiner Seele nichts stöhren können", sagt Catharina Elisabeth der Tochter vielleicht. So jedenfalls wird sie einundzwanzig Jahre später ihrer Enkelin, Cornelias Tochter Lulu, zur Hochzeit raten.

Cornelia im Winter 1772. Am ersten Weihnachtsfeiertag Besuch in der Friedberggasse bei der Großmutter Textor. Der Großvater ist im Februar des vergangenen Jahres gestorben. Nach dem Mittagsmahl entschließen sich Cornelia und ihr Bruder noch zu einem Gang vor die Tore der Stadt. Warm angezogen ist das Mädchen sicher, so, wie sie es einmal bei „erschröcklicher Kälte" im Tagebuch beschreibt: „aber wenn Sie sehen würden, wie ich angezogen bin, wären Sie sicher, daß die Kälte nicht durchdringen kann. Drei wollene Röcke, ein Kleid, drei Halstücher, Galoschen, ein satingefüttertes Mäntelchen und ein Muff. Könnte man mit all diesem Schmuck nicht nach Sibirien reisen?"

Als der Himmel schwarz wird, wenden sich Bruder

und Schwester heimwärts. „Die düstre Stadt zu beyden Seiten, der still leuchtende Horizont, der Widerschein im Fluß machte einen köstlichen Eindruck in meine Seele den ich mit beyden Armen umfasste", schreibt Goethe noch an jenem 25. Dezember spätabends. Die Schwester Cornelia mag es wie er empfinden, der noch hinzusetzt: „Ich habe diese Zeit des Jahrs gar lieb, die Lieder die man singt; und die Kälte die eingefallen ist macht mich vollends vergnügt."

Die Feier zur Jahreswende dann mit Feuertöpfen, Raketen und Böllerschüssen von den Wällen der Stadt. Im Februar anhaltendes Sonnenwetter und Kälte. Die „Schlittschuh Bahn" ist „herrlich", mit „Kreistänzen herauf und herab" wird die „Sonne ... geehret", meint der Bruder. Ist die Schwester dabei? Vermutlich ja. Cornelia, groß, schlank, mit ihren Schlittschuhen. Fröhlich, ausgelassen. Ein heiterer Kreis von jungen Leuten.

Auch im Haus am Hirschgraben setzt er sich fort. Zweisamkeit und Geselligkeit im Wechsel. „Mein Bruder hat mir aufgetragen Ihnen zu schreiben", Cornelia im Januar an Kestner, „dass Sie so gütig seyn sollen den Herrn v. Kielmanseck zu fragen ob er jezt einen Theil vom Ossian will, er ist heut angekommen – Es freut mich recht wenn ich was von euch lieben Leuten höre, manchmal darf ich ein wenig in Ihre Briefe schielen ..."

Vertrautheit. Der Darmstädter „Wintertisch" verlagert sich nach Frankfurt. Cornelia am 18. Januar: „Wir leben hier ganz einfach und recht vergnügt, wenn wir des Abends zusammen am Ofen sizen und schwazen, oder wenn uns mein Bruder etwas vorliesst ..." Cornelias Freundinnen, Schlosser, Goethes Freunde, gemeinsame offenbar. Cornelia und Wolfgang sind Gastgeber. Gleichheit, Gespräch. Freilich, durch

Geist und Charme zieht der Bruder die Aufmerksamkeit auf sich. „... wir sitzen ... um ihn herum und sehen und hören", Caroline Flachslands Worte von Darmstadt gelten auch für Frankfurt, wie sie später für Weimar gelten werden. Immer wird Goethe der Mittelpunkt sein.

Cornelia aber hat an Selbstbewußtsein und Souveränität gewonnen. Sie ist nicht mehr die, die sie im Tagebuch schildert, viele Male die Treppe hinauf- und hinunterrennend aus Angst und Scham, sich vor den Freunden des Bruders zu zeigen. Sie ist aktiv. Auch Briefe aus dieser Zeit belegen das. Zum Beispiel ihre Korrespondenz mit Kestner. „Wollen Sie", heißt es gleich im zweiten Schreiben, „so gütig seyn mein Herr und mich dem ganzen Puffischen Haus empfehlen, aber recht freundschafftlich, und wenn Sie das recht schon ausrichten so verspreche ich Ihnen dass ich auf einandermahl den Herrn weglassen, und Freund an seine Stelle sezen will."

Cornelia bietet ihre Freundschaft an; „dass Sie beyderseits uns doch bald besuchen mögen", am 25. November; „biss dahin aber dencken Sie so offt an uns als wir an Sie dencken –." Wenn sie in der abendlichen Runde im Frankfurter Haus zusammen sind, „... da wünschen wir offt dass Sie bey uns seyn und unser Vergnügen theilen könnten".

Cornelias Ton ist heiter, ungezwungen, ist Ausdruck ihrer Gesamtsituation. Alles liegt vor ihr. Der Befreiung vom Vater sieht sie entgegen. Das Eheversprechen Schlossers hat sie dem demütigenden Rollenspiel des Sich-Anbietens enthoben.

Die liebende Zuneigung und Anerkennung des Bruders ist eine starke, sie motivierende Kraft. Glück der Gemeinsamkeit. Im März verläßt Schlosser die Stadt, geht nach Karlsruhe, um die vom Vater Johann

Caspar Goethe geforderten Voraussetzungen für die Hausstandsgründung zu schaffen. Ende September erst wird er zurückkehren. Die Geschwister sind ganz füreinander da. Karfreitag 1773 heiratet Lotte in Wetzlar. Traurigkeit, der Schwester anvertraut. Am 2. Mai gehen Caroline Flachsland und Johann Gottfried Herder die Ehe ein. In Darmstadt wird die Hochzeit gefeiert. Goethe ist zugegen. Von Cornelia wissen wir es nicht mit Sicherheit. Vielleicht nimmt der Bruder die Schwester mit.

Der Hochsommer 1773 dann. Cornelia hat mit ihrer Aussteuer zu tun, beginnt mit der Anschaffung von Hausrat und Möbeln. Der Bruder bekommt Anerkennung für seinen „Götz". Gottfried August Bürger weiß sich „vor Enthusiasmus kaum zu lassen", Lavater begeistert sich, Klopstock und Gerstenberg äußern sich lobend.

Im August besucht Sophie Laroche Frankfurt. „Mad. la Roche war hier, sie hat uns acht glückliche Tage gemacht, es ist ein Ergötzen mit solchen Geschöpfen zu leben." Goethe in einem Brief nach Wetzlar. Cornelia wird gleichberechtigt in die Freundschaft zu der Schriftstellerin einbezogen. Es muß sich sogar ein besonders enges Verhältnis zwischen ihr und Sophie Laroche entwickelt haben. Briefe Goethes weisen es aus. Immer wieder Antworten auf Erkundigungen der Laroche nach der Schwester. Ende August 1773: „Sie fragen mich ob Sie meiner Schwester die Iris empfelen sollen? was sagt Ihnen Ihr Gewissen? und wenn es ja sagte warum fragen Sie mich? ich hab ihr meine Meinung geschrieben, mich dünckte sie solle sie haus lassen, solle ihre Freunde nicht in Contribution sezzen um eines Fremden willen mit dem sie nie etwas gemein gehabt hat, noch haben kann und dessen Keckheit unverzeihlich ist ... und übrigens möge sie nun thun, wies ihr vorkommt.“ Ungehalten muß Goethe gewesen sein, daß die Schwester selbständig Kontakte knüpft beziehungsweise sie erwidert. Bei der „Iris“ handelt es sich um eine Damenzeitschrift, von einem der Brüder Jacobi, von Johann Georg Jacobi 1773 gegründet. Jacobi, Goethes Freund, muß sich in irgendeiner Form an Cornelia persönlich gewandt haben. Das verstimmt den Bruder. Einlenkend schreibt er am Schluß des Briefes aber: „Da ich fertig bin ... fällt mir ein dass ich ungerecht gegen die Jacobis binn, hab ich mich denn nicht auch bei ihren Weibern Tanten und Schwestern eingenisstelt, das gibt ihnen nach der strengsten Compensation ein Recht auf meine Cornelie.“

Seine Cornelie wird ihn bald verlassen. Die Familie wartet auf Schlossers Verhandlungsergebnis mit den badischen Behörden. Goethe am 15. September 1773: „Meine Schwester ist mit Schlossern vor wie nach. Er sitzt noch in Carlsruh wo man ihn herumzieht, Gott weis wie. Ich verstehs nicht." Am 6. Januar bat Schlosser in einem Schreiben den Markgrafen Karl Friedrich von Baden um eine fünf- bis sechsmonatige informatorische Tätigkeit an seinem Hof, legte ein Empfehlungsschreiben seines ehemaligen Gönners Herzog Friedrich von Württemberg bei. Die Bitte kommt einem Gesuch um eine feste Anstellung gleich. Im März wird Schlosser auf Probe eingestellt, nach einem halben Jahr, am 13. September, zum Hof- und Kirchenrat ernannt und in das Hofratskollegium des Landesherrn berufen.

Die Entscheidung fällt zwei Tage vor jenen Zeilen Goethes, daß er nicht verstehe, was los sei. Im Oktober dann schreibt er: „Meine Schwester heuratet nach Carlsruh", teilt „in aller Eile" mit, daß Schlosser in Frankfurt „angekommen ist, und morgen feyerliches Verlöbniß seyn wird. Ich freue mich in ihrer Freude ob ich gleich am meisten dabey verliere. Sie werden wenig Wochen noch hier bleiben, und dann an den Ort ihrer Bestimmung."

Die Verlobung ist am 13. Oktober, am gleichen Tag wird der Ehekontrakt aufgesetzt und unterschrieben. Er ist überliefert. Links mit schwarzer Tinte, da Schlossers Vater gestorben ist, Johann Georg Schlossers Unterschrift als Bräutigam. Außer den Brautleuten unterschreiben Susanna Maria Schlosser als Mutter des Bräutigams, Johann Caspar Goethe und Catharina Elisabeth Goethe als Eltern und als Großmutter Anna Margaretha Textor. Sie alle sind also im Haus am Hirschgraben zugegen. Freunde, Verwandte ebenfalls. Für den 1. November wird die Hochzeit festgelegt.

„Das junge Paar ist schon aufgeboten", schreibt Cornelias Bruder am 18. Oktober an Johanna Fahlmer, „wird in 14 Tagen Hochzeit machen und dann gleich nach Carlsruh gehen. Meine Schwester Braut grüßt Sie. Sie ist jetzt im Packen ganz und ich sehe einer fatalen Einsamkeit entgegen. Sie wissen was ich an meiner Schwester hatte ... Meine Schwester macht einen großen Riss, und ich –." Seine Stimmung ist elegisch, er rettet sich in Arbeit. Im Oktober sitzt er mit Schönborn und Höpfner in einem Frankfurter Wirtshaus und liest seine neueste Arbeit vor; „Jetzo arbeitet er an einem Drama, Prometheus genannt, wovon er mir zwei Akte vorgelesen hat ...", Schönborn am zwölften an Gerstenberg. Als „mageren jungen Mann" beschreibt er Goethe. „Er sieht blaß aus ... Seine Miene ist ernsthaft und traurig, wo doch komische lachende und satirische Laune mit durchschimmert." Von Reiseplänen Goethes berichtet Schönborn. „Er will nach Italien gehn, um sich recht in den Werken der Kunst umzusehn." Goethe zeichnet zu der Zeit viel.

Er zeichnet auch seinen zukünftigen Schwager Schlosser. Wenige Tage nach dem Verlöbnis. In Goethes Zimmer mit den vielen antiken Gipsabgüssen im Haus am Hirschgraben sitzen die beiden Männer, Cornelia vielleicht mit ihnen. Keiner sagt, was er empfindet, denkt. Ein Brief Schlossers aus jenen Tagen gibt die merkwürdige Beklemmung wieder. Schlosser fällt die Freundschaft zu Goethe schwer. Goethe quält sich, Schlosser zu porträtieren. „Mein Freund und künftiger Bruder Goethe hat Ihnen, glaub ich, schon geschrieben, daß ich bald mit seiner liebenswürdigen Schwester mich auf ewig verbinden werde“, schreibt Schlosser am 17. Oktober an Lavater in die Schweiz. „Ich freue mich, daß mein lieber Goethe Ihr Freund ist ... Lieben Sie ihn ferner, ich sage Ihnen aber voraus, es gehört eine gewisse Stärke der Seele dazu, sein Freund zu bleiben. Er malt schon lange – oder er zeichnet vielmehr schon lange an meinem Profil. Er sagt aber, er könne mich nicht herausbringen, und noch kenn ich mich auch an keinem seiner Versuche. Morgen werd ich ihm wider sitzen, vielleicht gerät's ihm besser.“

Der Tag der Hochzeit, der 1. November 1773. Die Trauung findet in der Barfüßerkirche statt. Der fast achtzigjährige Pastor Johann Georg Schmidt vollzieht sie. Er war schon der Hausgeistliche des Großvaters Goethe, des Weidenhofwirtes, er, der friederizianisch Gesinnte, konfirmierte Wolfgang, er konfirmierte Cornelia.

Schwur, einander treu zu sein, bis daß der Tod sie scheide. Die Orgel. Der Gang durch die kalte dämmrige Kirche. Neugierige in großer Zahl. Heimfahrt in der Kutsche.

Die Feier im Haus beim Kaiserlichen Rat Johann Caspar Goethe. Das Haus erfüllt von Lichtern, Heiterkeit und festlichem Lärm, die Gäste sitzen in der großen Stube im ersten Stock oder im geräumigen Vorsaale, die Diener eilen die breiten Treppen herauf und hinab, zur Küche und zurück zu den Tafeln. Cornelia im Hochzeitskleid, im „grau Taftenen"; zwanzig Jahre später wird es ihre Tochter Lulu mit zwei anderen Kleidern in einem Koffer finden.

Cornelia erregt, voll Erwartung? Oder illusionslos, wie am achtzehnten Geburtstag? Wir wissen es nicht. Gibt die Lösung vom Elternhaus ihr Hoffnungen? Hat Schlossers bisheriges Verhalten sie ermutigt?

Die Ausgelassenheit der Gäste. Essen und Trinken. Sprüche auf das junge Paar.

Denk an die Nachwelt, liebe Braut
Im Schlaf wird sie nicht angebaut,
In Munterkeit, in Scherz und Lachen,
Muß man die Welt bevölkert machen.

Die üblichen Hochzeitsgedichte. Dieses Cornelia überreicht von Schlossers Schwester Maria Magdalena Starck und deren Gatten Johann Martin Starck. Albernes anzügliches Lachen der Gäste, als die Verse vorgetragen werden.

Cornelia sieht auf den Bruder. Er hat ihr kein Gedicht gemacht. Viele Jahre später wird er sich in „Dichtung und Wahrheit" an die Hochzeit der Schwester erinnern. Von festlich-heiterer Stimmung im Vaterhaus spricht er da und schließt sich ein. Mehr noch, er sagt, es sei ein glücklicher Tag für ihn gewesen, denn er habe an jenem 1. November 1773 von seinem Verleger einen Brief erhalten, der ihm den

Werther-Roman abforderte. „Ein solches Zusammentreffen hielt ich für ein günstiges Omen, ich sendete den Werther ab." Vom „Werther" ist zu jenem Zeitpunkt, da er ihn in der Erinnerung vollendet glaubt, noch keine Zeile geschrieben. Erst ein halbes Jahr später, im März 1774, beginnt er mit der Niederschrift. Goethe stilisiert den Tag, der für ihn ein schwarzer, trauriger ist, zum erfolgreichen. Warum er das tut? Es ist kein Erinnerungsfehler, es hat tiefere Ursachen. Wir kommen darauf zurück.

Am Abend des 1. November, des Hochzeitstages, verläßt Cornelia das Haus am Hirschgraben. So ist es Sitte. Sie folgt Schlosser in die Töngesgasse 10, in dessen Elternhaus. Lebt hier zwei Wochen. Wird vom Mädchen zur Frau.

Am Morgen des 14. November 1773 steht die Kutsche bereit. Dreiundzwanzig Jahre lebte Cornelia in Frankfurt am Main. Die Fahrt durch das Stadttor. Der Blick zurück. „Vor zwey Tagen ist Schlosser und meine Schwester abgegangen", Goethe am sechzehnten. „So viel für diesmal ... Ich möchte Ihnen nicht schreiben, beste Frau, in der Laune in der ich binn ..." Am dreiundzwanzigsten dann ebenfalls an Johanna Fahlmer: „Ich bin ... bald leidlich bald unleidlich. Hab einige Tage Kopfweh gehabt ..."

Cornelia hat ihn gebeten, sie und Schlosser nach Karlsruhe zu begleiten. Er lehnt ab. Cornelias Weggang von Frankfurt stürzt Goethe in eine tiefe Krise. Selbstmordgedanken beherrschen ihn. Vieles kommt zusammen: schöpferische Unrast, Unzufriedenheit mit der Vaterstadt, dem trockenen Amte, der Zukunft. Inmitten dessen ist der Verlust Cornelias der größte Schmerz, der „Riss“ – als Folge „fatale Einsamkeit“, niemand, der ihn „versteht“, seine „Grillen trägt“.

Und Fremdheit für ihn. Das Problem der Schwangerschaft beginnt ihn zu beschäftigen. Äußerst heftig. Wieder gibt es Parallelen zwischen Schwester und Freundin. Er habe im Jahr dreiundsiebzig, schreibt Goethe kaum vier Wochen nach Cornelias Eheschließung, „drey vier Paare verheurathet, und noch will mir niemand gute Hoffnung melden“. Kestner berichtet er an dessen Hochzeitstag, er habe Lottes Silhouette „begraben“, aus der „Stube geschafft“ und sie werde „nicht eher wieder hereingehängt biss ich höre daß sie in den Wochen liegt dann geht eine neue Epoche an und ich habe sie nicht mehr lieb sondern ihre Kinder, zwar ein bissgen um ihrentwillen, doch das tuht nichts und wenn ihr mich zu Gevatter bittet so soll mein Geist zwiefältig auf dem Knaben ruhen, und er soll gar zum Narren werden über Mädgen die seiner Mutter gleichen“. Ein Jahr später dann, als Lotte ihr Kind gebärt, schreibt er ihr: „ich schwöre dir Lotte das ist für meinen sinnlichen Kopf eine Marter, dich als Mamagen zu dencken.“ Und ihrem Mann: „Sagt ihr ich kann mir sie nicht als Wöchnerinn vorstellen. Das ist nun unmöglich. Ich seh sie immer noch wie ich sie verlassen habe ...“

Es ist Mai/Juni 1774, als er die Worte über Lotte schreibt. Monate zuvor, vermutlich Ende Februar oder März, erhält er von der Schwester die Nachricht, auf die er wartet. „Meine Schwester ist schwanger“, heißt es. „Meine Schwester trägt gegenwärtig die Unbequemlichkeiten guter Hoffnung.“

Wechselnde Empfindungen, das Mutter-Werden der ihm einst nahen Mädchen unbegreiflich, anziehend und abstoßend. Besitzansprüche. Lotte und

Kestner drängt er, dem Kind seinen Namen zu geben; „und ich wünsche dass er diesen Nahmen führte weil er mein ist ..." Ähnliche Gedanken nun, gleiche, als er Cornelia, die Schwester, schwanger weiß?

Die Krise noch tiefer? Im März 1774 spielt Goethe zum erstenmal auf ein wichtiges Werk an, auf „Werther", einen „Freund, der viel ähnliches mit mir hat ..." „Also – Was red ich über meine Kinder, wenn sie leben; so werden sie fortkrabeln unter diesem weiten Himmel." In wenigen Wochen schreibt er dann den Briefroman „Die Leiden des jungen Werthers".

Diese intensive schöpferische Arbeit hilft ihm über vieles hinweg. Schreibend versucht er sich von Cornelia zu befreien, sein Verhältnis zur Schwester zu bewältigen, indem er es zum Gegenstand seiner Dichtung macht.

„Was ist das, mein Lieber? Ich erschrecke vor mir selbst! Ist nicht meine Liebe zu ihr die heiligste, reinste, brüderlichste Liebe? Habe ich jemals einen strafbaren Wunsch in meiner Seele gefühlt?", heißt es im Roman. Goethe läßt es Werther zu Albert sagen. Und in der zweiten Fassung wird Goethe Lotte wünschen lassen, Werther in ihren Bruder zu verwandeln. „Alles, was sie Interessantes fühlte und dachte, war sie gewohnt mit ihm zu theilen, und eine Entfernung drohete in ihr ganzes Wesen eine Lücke zu reißen, die nicht wieder ausgefüllt werden konnte. O, hätte sie ihn in dem Augenblicke zum Bruder umwandeln können! wie glücklich wäre sie gewesen!"

Das Thema der Schwester-Liebe umkreist Goethe auch in seinen nächsten Arbeiten. Zweifellos sind auch sie Versuche der inneren Bewältigung, das kleine Drama „Stella", „Lila" mit dem angehängten Proserpina-Monolog und der Einakter „Die Geschwister".

Kehren wir zu Cornelia zurück. Zu dem Tag, an dem sie Frankfurt am Main verläßt, zum 14. November 1773.

In südlicher Richtung fährt die Kutsche. Die Wege sind noch schneefrei, nur kalter Wind weht. Eine breite Niederung, zur rechten Seite ahnbar der Fluß, der Rhein, zur linken in der Ferne die Erhebungen des Odenwaldes. Erinnerungen an Sommerausflüge, die wenigen, die sie in ihrem Leben gemacht hat. Nach Wiesbaden, gemeinsam mit den Eltern. Nach Offenbach. Nach Darmstadt.

Nun eine weite Reise, scheint es ihr. Aber Karlsruhe ist bald erreicht. Eine triste Stadt, erst 1715 gegründet, auf dem Reißbrett entstanden, empörend symmetrisch, wie Cornelia feststellt, alles gezirkelt, ordentlich, reizlos. Dreitausend Einwohner, eine Hof- und Beamtenstadt.

Sie wird sich einleben, gewöhnen, redet sich Cornelia zu, beginnt die Stuben nach ihren Vorstellungen zu gestalten. Berichtet dem Bruder. In den ersten Monaten sehr oft. Der Postverkehr zwischen Karlsruhe und Frankfurt scheint so lebhaft wie der von und nach Leipzig damals. Da Goethe Corneliens Briefe vernichtet hat, wissen wir nur in Bruchstücken aus seinen Briefen an andere davon. Neun Tage nach Cornelias Weggang schreibt Goethe an Johanna Fahlmer: „Meine Schwester ist glücklich angelandet, und bald eingerichtet." Nach weiteren sechs Tagen:

„Meine Schwester führt sich wohl auf. Ihre Wanderschaft, Entwicklung alles macht sie gut.“ Ein bißchen Stolz klingt durch. Er hat seinen Anteil daran. „Sie erinnern sich noch des Schimpf und Scheltweegs zwischen Bornheim und Franckfurt“, fügt er hinzu. Da hat er Cornelia offenbar ermahnt. Nun beherzigt sie es. Im Dezember Goethe dann: „Meine Schwester ist brav. Sie lernt leben! und nur bey verwickelten misslichen Fällen erkennt der Mensch was in ihm stickt.“

„Es geht ihr wohl“, heißt es weiter, „und Schlosser ist der beste Ehemann wie er der zärtlichste und unverrückteste Liebhaber war.“ Sind es Cornelias Worte, die er wiedergibt? Fast scheint es so, denn an ihre Freundin Caroline Herder schreibt sie im gleichen Monat, am 13. Dezember 1773: „Dass Sie glücklich sind beste Freundinn fühle ich an mir selbst – alle meine Hoffnungen, alle meine Wünsche sind nicht nur erfüllt – sondern weit – weit übertroffen – wen Gott lieb hat dem geb er so einen Mann –.“

Ein enthusiastischer Satz. Ist er verräterisch überzogen, selbstbeschwörerisch? Oder entspricht er dem, was Cornelia wirklich fühlt? Wir kennen sie aus ihrem Tagebuch, ahnen daher, wie leidenschaftlich sie sein kann, wie Neigung und Zuwendung durch andere sie aufblühen lassen. Das ist vielleicht in den ersten Wochen und Monaten wirklich geschehen. Die Erfüllung ihrer Wünsche – und mehr.

Auch Cornelias Mann Johann Georg scheint in den ersten Ehemonaten gleiches zu empfinden. Am 8. Januar 1774 schreibt er seinem Bruder nach Frankfurt, daß ihn in Karlsruhe Amtsgeschäfte und Studium in Anspruch nehmen und die Einrichtung seines „Büchervorrathes“ ihn beschäftige; es sei ihm aber noch kein Augenblick „langweilig worden, und wird auch keiner, da ich in meiner Familie Alles finde, was ich wünsche. Wenn Du je heirathest, mein Bruder, so geb' Dir Gott eine Frau, die Deiner Liebe so wert ist, als meine, die mich täglich mehr an sich fesselt, und nie mit einem Augenwink die Gewalt mißbraucht, die ihr mein Herz übergiebt."

Der weitere Verlauf der Ehe zeigt, daß dieser euphorische Anfangszustand nur von kurzer Dauer ist, bald schon sich Resignation und Enttäuschung bei beiden einstellt. Von Cornelia haben wir kein Zeugnis aus diesen ersten Monaten. Von Schlosser ja. Bereits vier Wochen später, im Februar 1774, schreibt er: „... ich finde auf der Welt nichts das mich liebt, wie ich wollte – Menschen können's nicht, sonst würdes meine Frau, aber auf der Welt ist das nicht."

Erwartung und Anspruch Schlossers stoßen sich ernüchtert am Leben. Es sind jene Wochen, da Cornelia von ihm schwanger wird. Auffällig an seinen beiden Briefen ist, daß Schlosser von seiner Liebe als einem Wert spricht (Cornelia sei seiner Liebe „wert"), nicht aber fragt, ob er der Liebe Cornelias wert ist, daß er seine Wünsche und Sehnsüchte gesteht, ohne jemals nach denen Cornelias zu fragen.

Er verhält sich damit ganz normal. Es ist nicht üblich, daß ein Ehemann nach den Wünschen der Frau fragt. Sie hat nach seinen zu fragen, sich ihnen hinzuneigen. Geschieht das nicht oder nicht in ausreichendem Maße, wie das offenbar bei Cornelia der Fall ist, sind die Konfliktstoffe gegeben.

Cornelia ist eine ausgeprägte Persönlichkeit, sie hat Erwartungen an die Ehe. Von „Freiheit" spricht sie, als sie das Vaterhaus verläßt und damit Zwängen und Vorschriften des Vaters entronnen zu sein glaubt. Aber bald schon muß sie erfahren, daß es sich nur um einen Wechsel handelt: an die Stelle des Vaters tritt der Ehemann. Und der Ehemann hat andere

Vorstellungen von der Weiblichkeit, als sie Vater und Bruder hatten. Vom „Fehler" der „Erziehung" Cornelias spricht Schlosser bald und von der Notwendigkeit, diese Fehler zu „verbessern". Auf „besonderem Fuße" sei Cornelia erzogen worden, sagt Schlosser, und das bedeutet in seinem Verständnis überflüssige Bildung, zu viel Geist, zu wenig praktische Tugenden für Küche und Keller, Haus und Mann.

Für Johann Georg Schlosser hat die Ehe offenbar viel mit dem zu tun, was er bei Eltern und Großeltern sah. Und da ihm in seiner freudlosen Kindheit, wie überliefert ist, die mütterlich-zärtliche Zuwendung fehlte, ersehnt er sich in der Ehe „Kinderseeligkeit", wie er sagt, Geborgenheit. Den Ausgleich für seine anstrengende berufliche Tätigkeit soll die Ehefrau schaffen, ihm im Haus ein „angenehmes und süßes Dasein" bereiten, wie es Rousseau der Natur des Weibes zuschreibt.

Schlosser erhofft das alles von Cornelia. Im September 1772, kurz nachdem Cornelia Schlosser ihr Ja-Wort gegeben hat, schreibt dieser an Lavater: „Ich habe ein Mädchen gefunden, das mich liebt, und das ich liebe wie mein Leben ... Ich fühle, daß das Glück des Menschen im Begränzen besteht, und wenn mein Mädchen einmal ganz mein ist, dann hoffe ich erst ganz den Zaun um meine Wünsche, Hoffnungen und Begierden zu ziehen, in welchen ich zufrieden leben und meiner Familie und meinen Neben-Menschen wahrhaftig nützlich seyn kann." Die Ehe als „Begränzung", als „Zaun" für „Wünsche, Hoffnungen und Begierden"?

Und Cornelias Wünsche und Hoffnungen?

Schlossers Leben ist das Maß.

Und Cornelia kann das ihre offenbar nicht auf sein Maß bringen. Schlosser bekommt es zur spüren und daher seine Enttäuschung. Es tritt für beide, für Cornelia und für ihn ein, was Schlosser in einem frühen Brief an Johann Heinrich Merck als Befürchtung äußert: „Wenn ich mir ein fühlendes Clavier denke, auf dem Niemand spielt, oder gar falsch gespielt wird, und das nur höchstens einmal in der ganzen Zeit seiner Existenz die Harmonie seiner Zusammensetzung fühlt, so denk ich mir ein höchst unglückliches Geschöpf. Und das sind wir doch meist mit unserem Herzen; entweder liegen wir öde, oder es wird falsch auf uns gespielt ... Das letzte Leiden ist, hoff' ich, das größte – getrennte Liebe ..."

Die ersten Monate in Karlsruhe. Die äußeren Dinge: Schlosser wird Cornelia bald gesagt haben, in dieser Stadt sei seines Bleibens nicht. Er kann sich nicht bei Hofe ducken, will ein eigenes freies Betätigungsfeld. Mehrmals des Sommers reist er in die zu Baden gehörende Enklave Hochberg nach Emmendingen in der Nähe von Freiburg. Am 6. Juni wird er laut Verfügung als Oberamtmann von Hochberg eingesetzt. Er teilt seiner Frau mit, dort werden sie leben.

Ein halbes Jahr ist Cornelia in Karlsruhe. Ihre Ankunft trägt schon den Abschied in sich. Kein Versuch, anzuwachsen, sich heimisch zu fühlen. Scheiden. Es kann Cornelia kaum schmerzen, zu kurz ist die Zeit ihres Aufenthaltes. Wieder Reisen, Veränderung, nach der sie sich sehnt, die sie dem Bruder immer neidete. Aber nicht frei sind Cornelias Sinne, nicht offen dem Genuß neuer Landschaften und fremder Menschen. Ihr Körper ist belastet durch die Schwangerschaft. Unverhältnismäßig stark offenbar. Sie ist im fünften Monat. Daß sie „fast auf keinem Fuss stehen konnte", heißt es in einem Brief und daß „die grosen Bestreitungen in Carlsruh" sie „noch kränker" machten. Cornelia hat die Zimmer wieder auszuräumen, den Haushalt zusammenzupacken, die Schiffsfuhr nach Emmendingen zu bestellen, die Verladung zu bewachen. Um ihr Klavier und eine vom Bruder geschenkte Büste sorgt sie sich; „– mir ist um nichts bang als um meinen Flügel und um den Laocoons Kopf –." Schlosser ist vorausgereist. Am 10. Juni hat er Karlsruhe verlassen. Ende des Monats ist es dann auch für Cornelia soweit. Alles ist getan, sie kann fahren.

Ein Junimorgen, vermutlich der sechsundzwanzigste. Zeitig ist Cornelia mit ihrer Begleitung unten am Fluß. Sie hat den Kutscher zur Eile getrieben. Warten in der Frühe an der Anlegestelle der Schiffe. Kalt ist dieser Juni 1774. Oktoberwetter. Herbstlicher Dunst über dem Fluß. Merkwürdig dumpfe Stille. Das Atmen fällt schwer. Ein Schiff nähert sich fast lautlos, einzig das Einschlagen der Ruder, die kurzen Rufe der Bootsleute sind zu hören, sie fallen in die Stille, werden von ihr geschluckt. Man hilft Cornelia auf das Schiff, die Leinen werden eingeholt, das Boot löst sich vom Ufer. Den Rhein aufwärts geht es, langsam, schwerfällig, gegen die Strömung. Stunden. Die Kälte läßt nicht nach. Cornelia ist von „Gliederschmerzen" gepeinigt; „in Straßburg wars auch noch schlimm", schreibt sie später.

Straßburg also. Zwischenaufenthalt. Einen Tag und eine Nacht vermutlich. Die Stadt, von der der Bruder soviel erzählte. Hat Cornelia das gewaltige Münster betreten? Wohl kaum. Ihr körperlicher Zustand zwingt sie ins Zimmer. Bei Luise König findet sie Aufnahme. Diese weiß, sie beherbergt die Schwester des Götz-Verfassers. Luise ist Literaturenthusiastin, führt Korrespondenzen mit Dichtern, will sie kennenlernen. Und seien es deren Schwestern oder Frauen. Gespräche mit Cornelia über Dichtung also gewiß, über den Bruder, über gemeinsame Bekannte, Herder und seine Caroline zum Beispiel. Reden vielleicht über einen, der in Straßburg gerade in diesem Sommer 1774 durch seine Publikationen auf sich aufmerksam macht, Jakob Lenz aus Livland. Luise wird ihn wenig später für Jahre in ihr Haus nehmen. Erinnert sich Cornelia an Worte des Bruders, an Briefe, die die beiden wechselten?

Sicher lebt Cornelia im Straßburger Haus der Luise König auf. „Ich binn Ihnen unendlich verbunden beste Schwester für die Bekanntschaft der lieben Königinn", schreibt sie an Friederike Hesse nach Darmstadt, „wir waren fast den ganzen Tag beysammen, und sie hat sich gleich meiner so gütig angenommen dass ichs Ihnen nicht beschreiben kann –." Den zweiten Teil der Schiffsreise übersteht Cornelia besser, „auf dem Weg von Strasburg biss hierher war mirs unvergleichlich weil mir die liebe Jfr. König eine Bettflasche mitgegeben hatte die mich in beständiger Wärme erhielte –".

Ankunft. Will man nach Emmendingen, muß man das Schiff in der Höhe des Dorfes Weisweil am Rhein verlassen. Eine breite Niederung, die Ufer kaum erkennbar, in unzählige Nebenarme teilt und verzweigt sich der Fluß. Dunst auch hier, Feuchte, Insekten. Es wird gegen Abend gewesen sein, als das Schiff anlegt. Dämmerung senkt sich schon. Schwaden- und streifenförmig erheben sich die Nebel aus den Flußarmen, den vielen Senken und Wörden. Eine bizarre Szenerie. Die steigenden Nebel teilen die Welt in Sichtbares und Unsichtbares, stehen in der Luft, die feuchtlich ist, in der man schwer atmen kann.

Schlosser erwartet Cornelia. Mit dem Pferdegespann geht es dann durch Weisweil, schließlich über das vorderösterreichische Krenzingen nach Emmendingen. Fahrt durch das Stadttor. Cornelias erste Eindrücke. Tor, Markt, Kirche, Pfarrhaus. Menschen auf den Gassen. Ländlich klein alles, ärmlich. Blicke der Frankfurterin. Schlosser wird ihr das Haus zeigen, in dem sie leben werden. Außerhalb der Stadtmauer, nicht weit vom Fuchsentor, liegt es, Greppscher Hof, Landvogtei, Amtshaus wird es genannt. Ein großes Gebäude im barocken Stil sieht Cornelia. Zwei Stockwerke, breite Fensterfronten, ein ausgebauter Giebel mit sechs Mansarden, eine bequeme Eingangstreppe, darüber ein Balkon mit geschwungenem Eisengitter, repräsentativ alles.

Schlosser wird Cornelia die Lebensart, die er wünscht und die seinem Amt angemessen ist, erklärt haben. Sein Gehalt beträgt in Emmendingen dreimal soviel wie in Karlsruhe, 2000 fl. bezieht er jährlich, er ist damit der höchstbesoldete Beamte in Baden. Hinzu kommen 600 fl. Zinsen aus eigenem Vermögen und 400 fl. jährlicher Zuschuß von Cornelias Vater, nicht gerechnet Cornelias Mitgift von 10000 fl., Schlosser hat mehr zur Verfügung als sein Schwiegervater Johann Caspar Goethe in Frankfurt am Großen Hirschgraben, wesentlich mehr auch als Cornelias Bruder, als er in Weimar seine Stellung beim Herzog Karl August antritt.

Großzügig könne und müsse ihr Lebensstil sein, wird Johann Georg Schlosser Cornelia erklären. Eine Haushaltung von großem Zuschnitt. Mit Köchin, Gärtner, mehreren Dienstboten. Mit Pferden, Kutschen, Hunden. Die Aufsicht über Küche, Keller, die

Räume, das ganze Hauswesen, die Einteilung der Arbeiten der Dienstboten hat Cornelia zu besorgen.

Mit Selbstverständlichkeit geht Schlosser davon aus, sagt es seiner Frau. Es ist eine ihren Tag ausfüllende, ihre ganzen Kräfte fordernde Arbeit. Cornelia braucht Organisationstalent und Menschenkenntnis, sie muß sich zum Beispiel in der Mentalität der Dienstboten auskennen, ihre kleinen Streitigkeiten und Rivalitäten untereinander durchschauen, muß sich von Anfang an Respekt verschaffen, den Eindruck einer strengen Herrin erwecken.

Cornelia wird in Emmendingen an diesem Junitag durch die Räume gehen, die Fluchten der Zimmer, Raum um Raum, mehr als im Elternhaus am Hirschgraben sind es. Endlos. Beklemmend. Dies alles soll sie verwalten, beaufsichtigen, lebendig machen? Wozu, wozu braucht sie das?

Ein Zimmer für sich allein, ein einziges Zimmer, in dem sie ihren Wünschen und Neigungen leben könnte, würde ihr genügen. Ob die Frankfurter Großbürgertochter, an Reichtum und großzügigen Lebensstil gewöhnt, sich jemals eine solche Frage stellte, bleibt offen.

Johann Georg Schlosser führt Cornelia an jenem Junitag, dem Tag ihrer Ankunft in Emmendingen, wieder aus dem Amtshaus. Sie gehen zurück zum Stadttor, gehen ein Stück durch die Stadt zum Gasthof „Zur Post". Dort ist ihre erste Unterkunft vermutlich.

„Unsere ganze Haushaltung ist noch auf dem Wasser, wir hoffen das das Schiff morgen ankommen wird –", schreibt Cornelia am 29. Juni 1774 nach Darmstadt. Provisorien in allem. Ungewohnte Aufgaben für Cornelia. Niemand hat sie in diese praktischen Dinge eingeführt. Im Elternhaus in Frankfurt wurde sie von den Haushaltspflichten frei gehalten. War einzig das Bildungsobjekt des Vaters. Schlosser schreibt bald nach Cornelias Ankunft in Emmendingen; „vor Keller und Küche fürchtet sie sich noch zu viel, sie beklagt's, hilft sich, soviel sie kann, und ich lebe gern ein wenig unbequemer ..." Er hofft, sie wird es erlernen.

„Ich binn jezt so zerstreut", Cornelia an jenem neunundzwanzigsten, „und in so vielen unangenehmen Geschäfften verwikelt dass es fast eine Sünde ist wenn ich schreibe – haben Sie noch ein wenig Gedult beste Schwester", bittet sie ihre Brieffreundin Friederike Hesse in Darmstadt, „ich hoffe mit der Zeit soll alles gut gehn –."

Die ersten Monate, der Juli, der August, der September des Jahres vierundsiebzig werden von diesen Arbeiten verschluckt. „Unangenehme Geschäffte" nennt Cornelia sie; keineswegs also ihrer geliebten weiblichen Heldin aus Samuel Richardsons „Die Geschichte des Sir Charles Grandison" nacheifernd, die nach der Heirat in der Einrichtung des Hauses ihre ausschließliche Bestätigung findet, in der Alltagsdinge ein beklemmendes Eigenleben führen. Cornelia weist aber die Alltagsdinge nicht ab, es muß eben gemacht werden: „ich hoffe mit der Zeit soll alles gut gehn –."

Vorerst also wenig Bücher, kaum Klavierspiel. Selten Briefe. Wohl auch keine Zeit, sich in der Landschaft umzusehen, Bekanntschaften zu schließen. Die Berührungen mit den Emmendingern ungewohnt für die Frankfurterin. Anders sind Ton und Umgangsformen.

Hinzu kommt, daß Cornelia durch die Schwangerschaft alles zunehmend schwerer fällt. Der Tag, da das Kind geboren werden soll, naht. Für Ende Oktober wird es erwartet. Ängste beherrschen Cornelia vermutlich. Der Tod im Kindbett ist eine Alltäglichkeit. Jede Frau muß damit rechnen. Ängste sind berechtigt. Die Bewegungsarmut, besonders der Frauen aus dem gehobenen Bürgertum, ihre anerzogene übertriebene Vorsicht und Verzärtelung steigern die Gefahren bei der Geburt noch.

Am 28. Oktober ist es soweit. Die Mutter kommt nicht, steht der Tochter nicht bei, wie es üblich ist. Mag der kränkelnde Vater, der nicht allein gelassen werden will, der Grund sein? Oder ihre Reiseunlust oder das fehlende Interesse an der Tochter? Zu Reisen kann sich Elisabeth Goethe auch später kaum entschließen. Eine andere Frankfurterin aber kommt, Cornelias Freundin Antoinette Gerock. Ein wenig Vertrautheit, Mäßigung der Angst. Wer noch bei der Geburt dabei ist, wissen wir nicht. Der Landphysikus Dr. Wilhelm Ludwig Willius oder Johann Georg Zimmer, der Landchirurg und Accoucheur, der Geburtshelfer der Markgrafschaft Hochberg? Beide praktizieren, wie die Akten im Emmendinger Stadtarchiv ausweisen, zu jener Zeit. Ebenfalls eine Hebamme. Sie heißt Maria Elisabetha Schwörer, ist Witwe des Bürgers und Schuhmachers Johann Friedrich Schwörer und 1774, als Cornelia ihr Kind erwartet, bereits neunundsechzig Jahre alt. Vermutlich also sie. Eine Frau, die mit allen sozialen Schichten Umgang hat, lebensklug ist, bäuerlich-direkt, vielleicht schon ein wenig müde und abgestumpft von all dem, was das Leben ihr zu sehen gab. Nun ist sie zur Ehefrau des obersten Landesbeamten gerufen. Hofft auf ein gutes Entgelt. Am Abend des 28. Oktober gegen zehn Uhr kommt das Kind zur Welt. Es ist eine Tochter. Maria Anna Louisa. Zwei Tage später wird das Mädchen getauft. Im Kirchenbuch steht: „Hir d. 28ten Oktober nachts 10 Uhr gebohren, Hir d. 30ten get. Maria Anna Louisa. Vatter: H. Hofrath und Landschreiber Joh. Georg Schlosser. Mutter: Fr. Cornelia Friderica Christiana geb. Göthe. Taufzeugen: 1., Fr. Susanna Maria Ortin, weil. H. Schlossers gewesenen Scheffen zu Frankforth nachgelassene Wittib. 2., Frau Anna Margaretha Lind-Heimerin, weil. Hrn. Textors Stadtschultheißen in Frankforth nachgelassene Wittib. Deren beiden Stellen vertretten Jgfr. Antoinetta Louisa Georg." Schlossers Mutter und Cornelias Großmutter Textor sind Paten.

Schwangerschaft und Geburt haben Cornelia auf das äußerste belastet. Die Geburt muß schwer gewesen sein, wie aus dem weitern hervorgeht. Cornelia erholt sich nicht. Sie ist krank, bleibt oft im Bett. Sie hat Gliederschmerzen, ist apathisch und depressiv. In einem Brief an Georg Kestner nach Wetzlar schreibt sie, lange Zeit sei sie nicht „im Stand ... sich selbst nur einen Strumpf anzuziehen –". Den Winter über geht es so. Die Jahreswende 1774/75 erlebt sie in diesem schlimmen Zustand. Auch das Frühjahr vermutlich.

Von „beständigen Leiden des Cörpers" spricht Cornelia, die ihre „Seelenkräffte" erschöpften, und in einem Brief vom Januar 1776 nach Wetzlar, wiederum an Kestner, ist rückblickend von „zwey Jahr" die Rede; „... so lang währt meine Kranckheit und eine Art von Melancolie die eine natürliche Folge davon ist –."

„Ihre liebe aktive Lotte", schreibt Cornelia, wird „sich leicht vorstellen ... was das heisst als Frau und Mutter zwey Jahre lang im Bette zu liegen ..."

Von „Melancholie“ spricht Cornelia. Aber nach ihrem eigenen Zeugnis ist diese physisch bedingt, ist die „natürliche Folge“ der „beständigen Leiden des Cörpers“. Wir haben Cornelia zu glauben. Aber wir wissen nicht, ob allein ihre zarte körperliche Konstitution zu dem Zustand führte oder ob sie eine Krankheit mit faßbaren organischen Ursachen hatte. Ihre eigene Beschreibung der Symptome deutet auf letzteres, ebenso der Verlauf und Ausgang ihrer zweiten Schwangerschaft. Vielleicht hatte sie eine allgemeine Erkrankung, die durch die Belastung der Schwangerschaft zum Ausbruch kam, vielleicht auch eine von der Schwangerschaft ausgelöste. Eine Stoffwechselkrankheit zum Beispiel, die man damals noch nicht kannte und von der man heute weiß, daß sie bei der werdenden Mutter zu Veränderungen in der Psyche und zu Depressionen führt. Die medizinischen Überlieferungen fehlen.

Gewiß ist aber, daß ihr psychischer Zustand der Physis nicht förderlich ist, eines das andere bedingt. Wir erinnern uns an Cornelias Tagebuch, an die dort geschilderte Rebellion gegen die Weiblichkeit. Endete das phantastische Rollenspiel auf dem Papier des Tagebuches mit der Ablehnung jeglicher Rolle, mit Verweigerung, Rückzug, so legt die Wirklichkeit sie nun auf eine fest: Ehefrau und Mutter. Fordert sie. Ausbruch ist nicht möglich. Die Krankheit während der Schwangerschaft und nach der Geburt des Kindes unbewußter Widerstand gegen das Mutter-Sein? Widerstand auch gegen ihre Ehe- und Hausfrauenpflichten an der Seite Schlossers, ihre Repräsentationspflichten als Hofrätin, als Frau des obersten Beamten von Hochberg?

Wir wissen es nicht, aber in der Folge der Krankheit wird Cornelias Einleben in Emmendingen immer schwieriger. Sie findet keine Kontakte, bleibt isoliert, in ihrem Frauenzimmer gefangen. Der Hausstand leidet darunter. Die Schlosserin sei „sehr unruhig und richtet noch an ihrem Haus ein, von dem sie mir den Plan versprochen“, schreibt Luise König am 12. April 1775 an Caroline Herder. Und bei Schlosser heißt es in einem Brief an Lavater aus jener Zeit: „Mein Weib ist bald wohl, bald halb, doch gehts noch.“ Eine Außenstehende, eine Frau, jene Luise König, nimmt instinktiv wahr, daß sich hinter Cornelias Krankheit mehr verbirgt. Am 18. Mai 1775 notiert sie: „Die gute Frau! Der arme Mann! Freylich verdient sie mehr Glück, ihre gantze Lage passt nicht auf sie, ich kann nichts als über sie jammern.“

Beruflich hat Schlosser in Emmendingen endlich das Betätigungsfeld, das er sich wünscht. Als Stellvertreter hergekommen, wird er im Herbst vierundsiebzig schon vom Karlsruher Regenten zum Oberamtmann der Markgrafschaft Hochberg ernannt, ist im Rang eines Statthalters, eines Vizeregenten und als Bürgerlicher der oberste Beamte dieser zu Baden-Durchlach gehörenden Enklave, die eingeschlossen in österreichischem Gebiet liegt. Er herrscht über 20000 Seelen. 30 kleine Orte gehören zur Markgrafschaft. Emmendingen, die Landstadt mit 2000 Einwohnern, ist Sitz der Verwaltung. 1094 erstmals als Anemotinga erwähnt, 1418 Verleihung des Marktrechtes, 1590 zur Stadt erhoben, mit Mauern befestigt, die, nachdem die Franzosen Emmendingen 1765 plünderten, geschleift wurden. Durch die Kriege im 17. und 18. Jahrhundert ist die Stadt in einem schlechten Zustand, Schulden und soziale Not beherrschen Stadt und umliegendes Gebiet. Ackerbau wird vor allem betrieben, in der Ebene gegen Freiburg Feldbau, in den gegen den Kaiserstuhl gelegenen Orten Kraut- und Hanfanbau, in den Dörfern um den Kaiserstuhl Weinbau und im Gebirge Viehzucht. Insgesamt hat die Markgrafschaft Hochberg eine Ausdehnung von fünf Quadratmeilen. Schlosser hat Entscheidungsgewalt und das von vielen geneidete Recht, sich direkt an seinen Fürsten zu wenden, ohne den bürokratischen Apparat zu durchlaufen. Davon macht er mutig Gebrauch, sagt die Wahrheit, klagt an. Seine Zivilcourage ist bewundernswert. Mit dem Hinweis, daß er ein bekannter Schriftsteller sei und jederzeit sein Amt niederlegen könne, erzwingt er sich Respekt. Er gehe, heißt es mehr als einmal. Und nach vielen Jahren macht er es auch wahr. Schlosser hat soziales Gespür. Schon in Hinterpommern, in Treptow, sah er die Not der Bauern, die schauderhaften Auswüchse der Leibeigenschaft. Im „Katechismus der Sittenlehre für das Landvolk", 1771 publiziert, formuliert er seine Haltung dazu. Er will lindern, reformieren. Er ist kein Revolutionär, er ist ein Reformer, dem eine geläuterte Monarchie vorschwebt. Ein Volkserzieher ist Schlosser. Sein Lieblingswort ist Führung. Autoritär sind seine Methoden.

Mit großer Energie beginnt er in Emmendingen, seine Tätigkeit umfaßt nahezu alles. In der Landwirtschaft regelt er den Zehnten neu, veranlaßt, daß Sumpf- und Ödland zu Wiesen und Feldern umgewandelt werden und Weideallmende zu Ackerallmende wird. Er ordnet das Marktwesen, richtet regelmäßige Frucht-, Kraut- und Viehmärkte ein, regt neue Gewerbe an, in den Dörfern Hausindustrien; Strohflechtereien, Korbmachereien. Er befaßt sich mit Brückenbau und Flußregulierung, beschafft die erste Feuerspritze, klärt rechtliche Fragen, wie die der Rheinüberfahrt bei Weisweil, schlichtet Grenzstreitigkeiten. Und das alles im scharfen Krieg gegen die anliegenden vorderösterreichischen und württembergischen Nachbarn und gegen den inneren Feind, die Behörden in Karlsruhe.

Schlosser kümmert sich um Schulen, Krankenhäuser und Waisenanstalten, Streifbettler und Vaganten. Um letztere nicht aus Mitleid, sondern weil ihm Kosten für Polizei und Gefängnis zu hoch sind und er die Art seines regierenden Fürsten, mit diesen Leuten umzugehen, für nicht wirksam hält. Markgraf Friedrich empfängt in seinem Pforzheimer Zucht- und Armenhaus die eingelieferten Randständigen, die Bettler und Wohnsitzlosen durch Prügel mit dem Ochsenziemer und entläßt sie auch so. Willkommen und Abschied nennt er das. Schlosser dagegen meint, diese Leute seien nichts „als Brut der alten Bettler, Diebe und Vaganten, die unsere Vorfahren vor zwanzig und dreißig Jahren laufen ließen, aus mißverstandener Sparsamkeit ..."

Seinen Untergebenen gegenüber verhält Schlosser sich freundlich. Im Emmendinger Copialbuch ist das nachzulesen, „Geliebte Förster und Liebe Vorgesetzte", „Geliebte Amts Burgermeister und Liebe Vorgesetzte" steht über seinen amtlichen Schreiben. Mit Beharrungsvermögen waltet er seines Amtes, ordnet zum Beispiel an, daß bei allen mit Schulden belasteten Bürgern der Stadt der Nachtwächter morgens um vier Uhr an den Fensterladen klopft und laut ruft: „Leute steht auf und arbeitet, damit ihr eure Schulden bezahlen könnt."

Schlossers Situation, als er im Sommer 1774 nach Emmendingen kommt, ist eine völlig andere als die Cornelias. Er hat Aufgaben übergenug, hat Kontakte zu vielen Menschen. Sein Zimmer ist stets überfüllt, Bittsteller und Untergebene wechseln einander ab. Noch spät abends sitzt er in seiner Kanzleistube im Emmendinger Rathaus. Und viel ist er unterwegs. Sein Amt verschlingt ihn nahezu.

Aus seiner Perspektive führt Cornelia vergleichsweise ein Leben voller Müßiggang und Zeitfülle. Daß Cornelia Anteil an seiner Amtstätigkeit nimmt, erwartet Schlosser kaum. Sie tut es auch nicht. Dazu fehlt ihr Interesse und soziale Einsicht, der Blick auf eine Realität, mit der der Mann tagtäglich im Umgang mit Bauern und Landleuten zu tun hat. Eine Frau lebt abgeschlossen, eine ihres Standes geht nicht einmal die paar Schritte allein zum Markt. Das besorgen die Dienstboten. Cornelia ist in ihrer Frauenwelt gefangen, und das heißt auch im sozialen Sinn weiterhin in der Welt einer Frankfurter Großbürgertochter.

Neben seiner Amtstätigkeit schreibt und veröffentlicht Schlosser weiterhin. Sucht er hier Cornelia als Beraterin, wie der Bruder es tat? Sie beklagt Mangel an geistiger Anregung, fehlendes Gespräch. Offenbar ist zwischen den Ehegatten selbst auf diesem Gebiet keine Kommunikation möglich.

Vielleicht wünscht Schlosser Cornelias Teilnahme, ihre Hilfe, spürt aber bald ihre innere Abwehr. Schlosser gibt Goethe die Schuld. Cornelia gibt Schlosser die Schuld. Beide haben recht. Schlossers geistige Welt ist eine andere als die Goethes. Schlosser und Goethe haben wohl Berührungen, sind ein Stück Weg gemeinsam gegangen, aber schon 1772 in Frankfurt entfernt sich Goethe. In unerhörter

Weise bricht er bisheriges Denken auf; die Schwester, noch in Nähe zum Bruder, ist Zeuge, teilt seine geistigen Erregungen, Verführungen, ist ihnen verfallen.

Das setzt Maßstäbe. Cornelia wird sich all dessen wohl erst in Emmendingen bewußt. Das Nebeneinanderstehen von Bruder und Freund, der Gleichklang ihrer Ideen damals in Frankfurt und Darmstadt, die hohe Wertschätzung Schlossers Täuschung? Der Bruder ist der Schöpferische, er ist es, der alle ansteckt, von dem alles ausgeht, der alles überstrahlt.

Ein ungerechtes Urteil Cornelias – gewiß. Sie mißt ihren Mann am Bruder. Aber mit dem Bruder ist sie aufgewachsen, er hat sie geprägt, geweckt, ihre Ansprüche, ihre Träume. Sie kann nicht anders.

Und sie will wahrscheinlich auch oft nicht anders. Zum Beispiel, wenn Schlosser ihr seine religiösen Ideen aufzudrängen versucht. Schlosser hat einen Hang zur Mystik, eine starke Religiosität, sein Fortschrittsglauben wird davon eigenartig durchkreuzt. „Hüte dich, hüte dich, Mensch, dich selbst zu erkennen. Alles ist übel mit der Vernunft, mit Christus alles wohl", heißt es bei ihm. Sicher verlangt er ähnliches von Cornelia. Und sicher vergeblich. Ein gemeinsamer Freund beider berichtet: „Ihr Mann sagte mir, sie arbeitete vergeblich ihre Seele zum vertrauten Umgang mit Gott zu gewöhnen."

Und da ist zum zweiten Schlossers Meinung über die Frauen, die Cornelia nicht teilen kann. Cornelia spürt sie täglich, ohne daß jemals darüber gesprochen wird. Widerspruch ihrerseits wäre zudem ausgeschlossen. Manchmal ironische Anspielungen Corneliens. Versteht Schlosser sie nicht, oder will er sie nicht verstehen? Er arbeitet an einem Bildungsprogramm für Frauen und publiziert es im Jahr 1776 in mehreren

Folgen in Jacobis Zeitschrift „Iris“ unter dem Titel „Plan und Fragmente einer Weltgeschichte fürs Frauenzimmer“.

Nun kann Cornelia nachlesen, was der Mann neben ihr über ihr Geschlecht denkt. „Papiergeschöpfe“ seien die Weiber alle, nur leichte geistige Nahrung vertrügen sie. Vielleicht liest Schlosser Cornelia auch eines Abends aus seinem Werk vor. Engagiert, überzeugt, enthusiastisch, so wie er jede Sache tut. Er liest aus dem Vorwort. „Wenn sie gelehrte Männer, Väter, Brüder, Liebhaber oder Freunde haben“, heißt es da, „so lassen Sie sich mit ihnen in keine Untersuchung über die Geschichte ein; sie würden Sie nur verwirren ... mir müssen Sie dagegen ein wenig mehr glauben, als andern.“ Zum Zeitvertreib oder „um gerader in die Welt zu blicken“, empfiehlt Schlosser den Frauen seine Arbeit. Im Ton plumper kindlicher Belehrung ist sie abgefaßt. Männlich-arrogant verbirgt Schlosser an keiner Stelle, wie niedrig er über das andere Geschlecht denkt. „Verweibern“ ist ein von ihm gern und abfällig gebrauchtes Wort. Zum Beispiel, wenn er über die Schule spricht. „Was wir sind“, schreibt er, „sind wir, gottlob, durch die Faust. In unsere bornierten Köpfe geht wenig ... Es ist hier noch ein kleiner Same Mannhaftigkeit übrig; verweibern uns die Schulanstalten noch so fort, so sind wir bald gar nichts mehr.“ An anderer Stelle setzt er „gelehrten Müßiggang“ und „verweibern“ direkt gleich.

Schlosser weiß nicht, ahnt nicht einmal, wie weit seine eigene Frau, wie weit Cornelia bei solchen Reden von ihm weg ist. Nicht einmal ein innerliches Gähnen mehr, Leere, Lethargie.

Am Horizont ihres Gefühls vielleicht ein schmaler Streif, dem Traum vorbehalten. Die Gestalt des Bruders ist darin, immer und immer. Wo ist er, was tut er? Wie viele Male am Tag wird Cornelia sich das fragen in ihrem Emmendinger Zimmer. Warum kommt er nicht? Sie hält sein Ausbleiben für Zufall. So ist er eben. Hat er nicht auch nach der Hochzeit verweigert, mit nach Karlsruhe zu gehen, Arbeit vorschiebend. „Mein Bruder konnte uns nicht begleiten", schreibt Cornelia in ihrem ersten Brief aus Karlsruhe an Herders Frau, „ich hätts gewünscht für ihn und für mich – wir waren in allem Betracht mit einander verschwistert – und seine Entfernung fühle ich am stärcksten ..." Das ist am 13. Dezember 1773, kaum sechs Wochen nach ihrer Trennung. Nun aber ist ein Jahr vergangen. Und mehr. Wie muß da ihr Verlangen gewachsen sein. „Vielleicht besucht er uns künftigen Sommer wenn die schöne Natur hier in voller Pracht ist – ach liebe Caroline das soll ein herrlicher Anblick seyn –", in jenem Dezemberbrief. Die Hoffnung erfüllt sich nicht.

Die Schwester hat dem Bruder lange nicht geschrieben. Er beklagt sich darüber. Im Sommer 1774 heißt es an Sophie Laroche: „ich habe wohl in zwey Monaten keinen Brief von ihr." Der Bruder leidet unter Corneliens Schweigen, es kränkt ihn. Als er im Dezember gleichen Jahres mit Knebel zusammen ist, der einen halbvollendeten Brief an seine Schwester Henriette wegwirft, greift Goethe zur Feder und schreibt der Schwester des Freundes: „Und doch wollt ich dass der Brief geendigt und zugesiegelt wäre, sonst gehts ihm wie einem von gestern Abend der verbrandt wurde, und ich halte davor, dass wenn gleich ein Autor viel Bogen ungeendet lassen, oder wenn sie geendet sind sie verbrennen soll, doch ein Bruder seine Schwester, und umgekehrt das unbedeutendste Oktav Blättgen fortsenden und bescheunigen mag. Denn ich hab eine Schwester und weiss auch drum was Sie ihrem Bruder seyn können." Unzweifelhaft, er spricht von sich, vom Wert Corneliens für sich; selbst das „unbedeutendste Oktav Blättgen" von der Hand seiner Schwester wäre ihm in jener Zeit ein Zeichen, wäre willkommen gewesen.

Vermutet er, Corneliens Schweigen bedeute, sie habe ihn vergessen? Ist er eifersüchtig? Daß er die Schwester nicht besucht, ist wohl auch bewußter Vorgang. Er muß sich von Cornelia innerlich entfernen, um sich ihr wieder nähern zu können, weiß er. Und tut das mit großer Konsequenz. Im Schreiben und im Leben. Vom Schreiben sprachen wir schon, vom „Werther" und anderen Werken. Sprechen wir vom Leben. Goethe sucht sich Ersatz für die Schwester. Nicht in Frauen, die er begehrt, wie wenig später Lili, seine Verlobte, sondern in schwesterlichen Bindungen. Künstliche Schwestern schafft er sich. Die erste ist Maximiliane Laroche, die am 9. Januar 1774 Peter Brentano heiratet und am 15. Januar in Frankfurt ankommt. Anfang Februar Goethe an Betty Jacobi, Maximiliane sei „die erste Gabe, seit es [das Schicksal] mir meine Schwester nahm, die das Ansehn eines Aequivalents hat". Die nächste ist Auguste von Stolberg, die Schwester seiner beiden Dichter-Freunde. Niemals wird er ihr begegnen, und doch ist sie seine Vertraute während seiner Lili-Liebe, dann nochmals kurzzeitig in Weimar. Seine Briefe an Auguste sind Tagebuchseiten, sie ersetzen ihm das Gespräch mit Cornelia. „Schwester" – „meine geliebte Schwester" nennt er Auguste. Der erste Brief, geschrieben am 18. Januar 1775, beginnt: „Meine Teure – ich will Ihnen keinen Nahmen geben, denn was sind die Nahmen Freundinn Schwester, Geliebte, Braut, Gattin, oder ein Wort das einen Complex von all denen Nahmen begriffe ..."

Als er Cornelia, die Schwester, durch die Hinwendung zu anderen Frauen von sich getrennt hat, es bewältigt, der Schmerz überwunden scheint, entschließt er sich zu einem Wiedersehen. Am 13. Mai 1775 schreibt er Sophie Laroche: „... endlich hab ich's über's Herz bracht und gehe von Franckfurt zu meiner Schwester."

Sein „Werther" ist schon erschienen und ein sensationeller Erfolg. Die erste Faust-Fassung ist fertig. Als Knebel, der Weimarer Hofmann, Goethe Anfang Dezember in Frankfurt besucht, schreibt er: „Ich habe einen Haufen Fragmente von ihm, unter anderem zu einem Doktor Faust, wo ganz ausnehmend herrliche Szenen sind. Er zieht die Manuskripte aus allen Winkeln seines Zimmers hervor." Goethe ist produktiv und hat Erfolg.

Und nun Emmendingen. Die Schwester. Goethes Reflexionen viele Jahre später in „Dichtung und Wahrheit" über jene Reise zur Schwester an den Oberrhein im Sommer 1775 belegen, wie bedeutsam diese Reise war oder – das muß in der Schwebe bleiben – in der Erinnerung für ihn wird. Es ist das erste Wiedersehen von Bruder und Schwester nach Cornelias Eheschließung. Und es ist die letzte Begegnung der beiden überhaupt. Kein Zufall wohl, daß sich für Goethe darin alles kristallisiert.

„Ich achtete diesen Schritt, meine Schwester zu sehen, für eine wahrhafte Prüfung ...", schreibt er rückblickend. Welcher Art ist diese Prüfung? Habe ich die innere Trennung von Cornelia geschafft, kann nur seine Frage sein. Er wird sie mit Ja beantworten wollen; wird wünschen, daß sie keine Macht mehr über ihn besitze.

Gehört zu seiner inneren Befreiung nicht auch die Rechtfertigung, er kann nichts tun, ist schuldlos? Sie, die Schwester allein, hat sich in diese Lage gebracht. Der Bruder kommt, um sich zu bestätigen, der Heiratsentschluß der Schwester war falsch, ihr Ausbruch aus der geschwisterlichen Gemeinschaft Verrat. Altersweise behutsame Umschreibungen, geschickte Verhüllungen in „Dichtung und Wahrheit" können kaum darüber hinwegtäuschen, daß es so gewesen sein muß. Goethe ist noch immer tief verletzt.

Die Härte, mit der er auf Verletzungen reagierte, ist bekannt. Selbstschutz kann man es nennen, sieht man es aus seiner Perspektive. Für den anderen, Betroffenen, ist es bitter, zerstörerisch, in einigen Fällen lebensbedrohend. Im Falle Cornelias gewiß.

Nach den Worten über die Prüfung, als die er das Wiedersehen mit der Schwester empfinde, folgen in „Dichtung und Wahrheit" die Zeilen, „ich wußte sie lebte nicht glücklich, ohne daß man es ihr, ihrem Gatten oder den Zuständen hätte schuld geben können". Entschlossen engt Goethe die Ursachen ein und benennt sie auch. Vorerst aber kommt er auf Cornelias Äußeres zu sprechen. Vorzüge und Mängel ihrer Erscheinung werden in seltsam buchhalterischer Manier gegeneinander abgewogen. Klar wird, warum er das tut, er steuert damit seinem Urteil zu. Dies lautet, sie sei untauglich zur Liebe und zur Ehe, gehöre dem Bruder, nicht einem Manne, denn „... in ihrem Wesen lag nicht die mindeste Sinnlichkeit". Cornelias Entsinnlichung, die Leugnung ihrer Weiblichkeit, ist der verzweifelte Versuch, die Schwester für sich zu retten, seinen alleinigen Anspruch auf sie zu rechtfertigen. Dennoch wagt er diesen geheimen Wunsch nicht auszusprechen, geschickt verhüllt er ihn als den der Schwester. „Sie war“, fährt er in „Dichtung und Wahrheit“ an jener Stelle fort, „neben mir heraufgewachsen und wünschte ihr Leben in dieser geschwisterlichen Harmonie fortzusetzen und zuzubringen.“

Goethe überspielt, daß die Ehe Cornelias eigene Entscheidung ist, sie diese, ohne ihn zu fragen, in seiner Abwesenheit fällt. Macht er die Schwester so passiv, um ihre Aktivität zu verschleiern?

Goethe belastet Cornelia mit dem Vorwurf des Verrates, und dieser Vorwurf prägt auch das Bild, das Goethe für die Nachwelt von der Schwester zeichnet. Seine Anschuldigung gleicht der Heinrich von Kleists gegen seine Schwester Ulrike. Zwei Tage vor seinem Selbstmord, am 19. November 1811, notiert Kleist: „Sie hat, dünkt mich, die Kunst nicht verstanden sich aufzuopfern, ganz für das, was man liebt, in Grund und Boden zu gehen.“ Auf die Weigerung der Schwester, mit ihm zu sterben, bezieht sich das. Am Morgen des Todes aber schreibt er: „... die strenge Äußerung, ... laß sie mich zurücknehmen; wirklich, Du hast an mir getan, ich sage nicht, was in Kräften einer Schwester, sondern in Kräften eines Menschen stand ...“ Im Verhältnis zwischen Heinrich von Kleist und Ulrike werden alle Spannungen und Unwägbarkeiten einer Geschwisterbeziehung sichtbar. „Wärst Du ein Mann oder nicht meine Schwester, ich würde stolz sein, das Schicksal meines ganzen Lebens an das Deinige zu knüpfen“, heißt es bei Kleist. „Wärst Du ein Mann gewesen – denn eine Frau konnte meine Vertraute nicht werden." Ulrikes Weiblichkeit schließt aus, daß sie ihm Freund, geistiger Partner sein kann. Zugleich aber, da sie ihm als Schwester nicht Geliebte, nicht Frau ist, Klage über ihren Mangel an Weiblichkeit. Paradox. „Vieles mag sie besitzen, vieles geben können, aber es läßt sich ... nicht an ihrem Busen ruhen." Wie Goethe Cornelia, so entsinnlicht Kleist Ulrike, sieht sie als ein Wesen, „das weder Mann noch Weib ist, und gleichsam wie eine Amphibie zwischen zwei Gattungen schwankt". Auch Georg Trakl entsinnlicht seine geliebte Schwester Grete, nennt sie in seinen Versen „Mönchin", „Jünglingin", „Fremdlingin". Kleists Schwester Ulrike verzichtet auf eine Ehe, sie ist ganz für den Bruder da, unterstützt ihn finanziell, geht mit ihm auf Reisen, zweimal versuchen sie zusammen zu leben. „Pyladische Schwester" nennt man sie später, sie gleicht Pylades, der Orest in keiner Gefahr verläßt. Opferung und Männlichkeit werden in ihr Bild projiziert. Aber: welches Opfer die Schwester dem Bruder auch bringen mag, welcher Selbstverleugnung sie fähig ist, es wird doch dem Bruder nie reichen. Es ist ein unlösbarer Widerspruch.

Die Ausschließlichkeit, die Kleist von seiner Schwester fordert, erwartet auch Goethe von Cornelia.

Über die tatsächlichen Vorgänge in jenen Maitagen 1775 in Emmendingen berichtet er in „Dichtung und Wahrheit" kaum. Die geführten Gespräche reduziert er auf ein Thema, seine Liebe zu Lili. „Freilich sehr verbietend und bestimmt waren die Gebote meiner Schwester." Sie habe von der Heirat abgeraten, habe das auch nach seiner Abreise noch getan; „ihre ... Briefe verfolgen immer mit kräftiger Ausführung denselben Text ... Gut", sagte sie, „wenn ihr's nicht vermeiden könntet, so müßet ihr's ertragen; dergleichen muß man dulden, aber nicht wählen." Verschlüsseltes Eingeständnis, ihre Bindung an Schlosser ist falsch, liebende Anteilnahme, dem Bruder soll nicht gleiches widerfahren, Eifersucht, unerträglich, ihn mit einer anderen Frau zu wissen, Vernunft? Oder Goethes erinnerndes Verschleiern, siehe, auch die Schwester will mich für sich allein, gesteht ihre Liebe. Triumph; Glück. Aber: die Grenzen sind schon überschritten, Rückkehr unmöglich. Die Geschwisterliebe ein Schattenreich, erstarrt, fern.

„Ich bin sehr in der Lufft. Schlafen Essen Trincken Baden Reiten Fahren, war so ein paar Tage her der seelige inhalt meines Lebens", Goethe am 10. Juni 1775, wenige Tage nach Emmendingen. Das ist das einzige unmittelbare Zeugnis. Keine Schwere und Bedrückung, verführerische Heiterkeit. Am 27. Mai trifft der Bruder bei der Schwester ein. Am späten Nachmittag. Er kommt von Straßburg her, mit dem Dichter Jakob Lenz. Die Nacht zuvor haben die beiden noch in der Nähe der Stadt verbracht, am Wasserzoll in der Ruprechtsaue.

Aus Straßburg schreibt Luise König: „... denken Sie, ich habe Götten nicht gesehen, er kam den Tag vor meiner Abreise. Was für Freude für seine Schwester, wann sie den besten Bruder sieht! Gott lasse es ihr an Leib und Seele gedeihen!" Vierzehn Tage später berichtet Luise nach Darmstadt, Lenz sei „mit Götte bei der Schlosserin" gewesen und könne „nicht sagen, was für Wunderwürkung sein Anblick auf ihre Seele und Körper gemacht haben. Sie ging gleich den anderen Tag mit ihnen spazieren und soll jetzt ganz wohl sein. O warum müssen solche Menschen voneinander getrennt sein!“

Von Cornelia haben wir kein Zeugnis über diese Tage. Vermutlich aber lebt sie auf, fühlt sich gut, spürt, wie ihr Gedanken zuwachsen, sie sich äußern kann. Gespräch belebt sie im wahrsten Sinne des Wortes. Und plötzlich, mit dem Bruder und Lenz in Gemeinschaft, verliert auch Schlosser das Besserwisserische, ewig Belehrende ihr gegenüber. Das macht sie frei. Locker und gelöst werden auch ihre Bewegungen, weiblich, weich. Vielleicht. Gedankenleere, ewige Gleichförmigkeit, die sie träge, krank macht, geht von ihr. Für kurze Zeit.

Am 5. Juni, nach zwölf Tagen Gemeinsamkeit, verläßt der Bruder die Schwester. Nach seinem Weggang Bewußtwerden, was sind diese Tage, kehren sie nicht wieder. Und was sind sie auch gegen die dreihundertfünfundsechzig des Jahres und die nächsten dreihundertfünfundsechzig und die kommenden unzähligen.

Bald darauf Rückfall in die Krankheit. Schlechter als vor jenen Maitagen geht es Cornelia vermutlich. Ist sie undankbar, unfähig zum Glück? Sie hat ein gesundes Kind, einen Mann, der geachtet wird, keinerlei materielle Sorgen bedrohen sie, sie ist reich, ein großes Haus, Dienstboten stehen ihr zur Verfügung. Bücher, ein Klavier, der Garten. Und dann unglücklich?

„Nennt ers ein Unglück eine Seele zu haben? So scheints mir beynah“, erwidert Caroline Schlegel-Schelling, als ein Göttinger Freund sie „unglücklich“ nennt. Auch Caroline ist wie Cornelia durch ihre erste Ehe mit dem Arzt Böhmer in eine abgeschiedene Landstadt verschlagen. Sie fühle sich in Clausthal, klagt sie Anfang 1786, als ein „elendes Geschöpf, das mit Gleichgültigkeit das Morgenlicht durch die Vorhänge schimmern sieht, und ohne Satisfaction sich niederlegt". Ihr „Herz" werde ein „unwirthbares Eyland", wenn sie im „Zweck des Weibs" den „Hauptzweck des Menschen" sehen solle. „... die Liebe giebt mir nichts zu thun als in leichten häuslichen Pflichten ... Auch bin ich keine mystische Religions Enthousiastin – das sind doch die beyden Sphären, in denen sich der Weiber Leidenschaften drehn. Da ich also nichts nahes fand, was mich beschäftigte, so blieb die weite Welt mir offen – und die – machte mich weinen."

„Mein Perspektiv ist das End aller Dinge", schreibt eine andere, Neujahr 1832, in dem einsamen Wiepersdorf in der Mark. Bettine Brentano, seit elf Jahren mit Achim von Arnim verheiratet, Mutter und Hausfrau fast ausschließlich in jener Zeit. „Das Schreiben vergeht einem hier", klagt sie, „wo den ganzen Tag, das ganze liebe lange Leben nichts vorfällt, weswegen man ein Bein oder einen Arm aufheben möchte. Ich kenne kein Geschäft, was den Kopf mehr angreift als gar nichts tun und nichts erfahren; jeder Gedanke strebt aus der Lage heraus, in der man sich befindet, man fliegt und erhebt sich weit und mit Anstrengung über die Gegenwart und fällt um so tiefer, um so gefährlicher wieder zurück, daß es einem ist, als ob man die Knochen zerschlagen habe. So geht mir's, die ganze Nacht brenne ich Licht, alle Stunden wache ich auf, ich vergleiche meine Träume mit dem, was ich gedacht hatte, und ich muß nur zu oft wahrnehmen, daß mich die einen wie die anderen in die Leerheit meiner täglichen Umgebung hinabziehen. Es macht nichts den Geist schwächer, als wenn er in seiner Eigentümlichkeit unaufgefordert bleibt ...“

Es ist Cornelias Situation. Bereits in Frankfurt schrieb sie in ihr Tagebuch: „Alle Tage sind einförmig ... aber diese Ruhe hat keine Reize für mich; ich liebe die Abwechslung, die Unruhe ...“ Damals wußte sie das Heilmittel: „Man ist niemals glücklicher, als wenn man ganz gleichgültig ist ...“ Aber sie wendet es nicht an, ist unfähig, ihre Wünsche zu unterdrücken, ihre Seele zur Mittelmäßigkeit zu bequemen. Stärke und Schwäche zugleich.

Ihre Lebensleistung verströmt in Abwehr. Auch in Emmendingen. Dies verzehrt ihre Kräfte. „Es ist sehr schlimm“, schreibt Cornelia von dort, „dass ich mich selbst mit nichts beschäfftigen kann, weder mit Handarbeit, noch mit lesen, noch mit Clavierspielen.“ Und „niemand“, klagt sie, der „meine Gedancken von dem elenden kräncklichen Cörper weg, auf andere Gegenstände zöge“. Ihre „Seelenkräffte“, gibt sie zu, seien „erschöpft“, sie sehe „alles unter einer traurigen Gestalt an“, mache sich „tausend närrische, ängstliche Grillen“, ihre „Einbildungs Kraft“ beschäftige „sich immer mit den schrecklichsten Ideen so dass kein Tag ohne Herzens Angst und drückenden Kummer“ vergehe.

Cornelias depressive Stimmungen sind offenbar länger und andauernder als die Bettines oder Carolines. Diese Frauen söhnen sich immer wieder – zumindest partiell – mit ihren Gegebenheiten aus, finden in sich und in anderen Kraft; Bettine in ihrer Liebe zu Achim von Arnim, ihrer Mütterlichkeit; Caroline in Freunden, in ihrem Kind. Neben jenen Worten von ihrem „Herzen“, das ein „unwirthbares Eyland“ sei, steht zum Beispiel: „Durch Interreße an Dingen außer mir, durch Betrachtung, durch Mutterschaft, durch alles waß ich thu, genieß ich mein Daseyn." Selbstberuhigung zweifellos, „... diese Situation zu tragen, mich selbst zu tragen ...", aber auch mutiges Lebenskonzept. Caroline hält am Gedanken fest, daß sie zu „höhern Hofnungen berechtigt" sei, fähig eine „größere Rolle zu spielen". Auch Bettine. Beide Frauen erreichen es. Bettine nach dem frühen Tod Achim von Arnims in ihrem dritten Leben, als sie zu schreiben beginnt, über fünfzig ist sie da. Caroline, nachdem sie, mit fünfundzwanzig Witwe, ihre Kinder allein aufzieht, selbständig wird, als Anregerin und Mittlerin im Kreis der Jenaer Romantiker. Cornelias früher Tod versagt ihr alles. Hätte sie sich jemals aus ihren Umklammerungen lösen können? Ich meine, ja. Die folgenden Vorgänge sprechen dafür.

Cornelia, auf einem Tiefpunkt ihrer körperlichen und seelischen Leiden angelangt, wird sich bewußt, so kann sie nicht weiterleben. Sie braucht einen Menschen, der ihr Hilfe gibt. Ohne Forderungen und Wünsche an sie muß er sein. Also nicht der Bruder, der Mann. Ein Fremder am besten. Cornelia findet diesen Menschen.

Es ist Johann Georg Zimmermann, der Arzt und philosophische Schriftsteller. Freund der Dichter Bodmer und Wieland und der jungen Generation, bekannt mit Herder, Lenz und Goethe. Ein Mann von Ruf, sein medizinischer Rat wird gesucht, selbst von Friedrich II. und der Zarin Katharina. Er ist ein Modearzt. Ein Mann von gewinnendem Äußeren, ein interessanter Charakter. Jahrgang 28, siebenundvierzig also, als Cornelia ihm begegnet. „Er bezaubert alle Welt", schreibt Goethe, „sonderlich die Weiber."

Im September 1775 weilt Zimmermann einige Tage mit seiner Tochter Catharina in Frankfurt im Haus am Hirschgraben bei Johann Caspar Goethe. Bald danach trifft er in Emmendingen ein, ist Gast im Hause Schlosser. Cornelia muß sehr schnell Vertrauen gewonnen haben, bereit gewesen sein, sich von ihm helfen zu lassen.

Die Behandlung beginnt. Welche Kur Zimmermann verordnet, ist nicht überliefert. Nichts Sensationelles vermutlich. Zuhören, Cornelia sich aussprechen lassen, das immer wieder. Stärkung ihres Selbstbewußtseins, Aufforderung zur eigenen Aktivität. Das Einfachste. Und doch das, was niemand tut. Der Mann nicht, nicht der Bruder.

Zimmermann ist ein kluger Psychologe. Er wird Cornelia die Vorteile ihres einsamen Landlebens in Emmendingen preisen, sie auf ihr Ich verweisen und vom „einsamen Selbstgenuß" sprechen, wird sie zur Beschäftigung mit ihrer eigenen Person animieren. Wird die Kleinstadt gegen die Residenz setzen, die Muße gegen die Langeweile, die Natur gegen die Sozietät. In der sie umgebenden Natur könne sie alles finden. Von „süsser Melankolie im Schoße ländlicher Ruhe ... beim Anblick aller Schönheit der Natur" wird er sprechen, wie er das in seinem vierbändigen Werk „Über die Einsamkeit" tut, das großen Einfluß auf seine Zeitgenossen hat. Der Hang zur Einsamkeit wird dort als gesellschaftliches Phänomen, als Ergebnis der Isolierung von der Macht und als Ergebnis der Verzweiflung an einer nicht zu durchbrechenden Ordnung dargestellt. Zimmermann schafft damit in der praktischen Psychologie der Zeit ein Ventil, um in erzwungener Untätigkeit und Machtlosigkeit eine Quelle des Eigenwertes zu suchen.

Cornelia wird ihr Leiden nicht als spezifisch weibliches gedeutet sehen, das wird sie ermutigen, ihre Haltung zu sich selbst zu überprüfen. Die Verbindung mit der Welt könne und müsse sie durch Briefe, durch Brieffreundschaften herstellen, sagt ihr Zimmermann.

Suggestiv und überzeugend muß Zimmermann mit Cornelia geredet haben.

Die „Wunderwürkung", von der Luise König im Mai 1775 spricht, tritt nun in der Tat ein. Am 16. Februar 1776 schreibt Cornelias Mutter: „Gott lob daß die Schlossern sich besser befindet: Wer war aber ihr Helfer! Wem hat sies zu dancken? nechst Gott gewiß niemandt als unserm theuren Zimmermann."

Cornelia sieht es ebenso. „– es ist auch wircklich durch seine [Zimmermanns] vortreffliche Vorschriften so weit mit meiner Corperlichen Besserung gekommen, dass ich grose Lindrung spüre –."

„Zimmermann kam als mein guter Genius mich an Leib und Seele zu erretten, er gab mir Hofnung und munterte mich so auf, dass ich seitdem wenig ganz trübe Stunden mehr habe", notiert sie am sechsten Januartag 1776.

Wir sehen sie in einem der Zimmer im weiträumigen Amtshaus an ihrem Schreibsekretär sitzen. Silhouetten an den Wänden, der Laokoonskopf, Geschenk des Bruders, auf einem Podest. Maria Anna Louisa spielt auf dem Fußboden, rutscht durch die Stube. Ein Jahr und zwei Monate ist das Kind. „... laufen kanns noch nicht allein." Cornelia sitzt, hat einen weißen Bogen vor sich. Der Brief ist erhalten, mit Bleistift hat Cornelia auf ein kleines Blatt geschrieben. Im Gegensatz zu ihren frühen Schreiben an den Bruder und dem Tagebuch mit den exakt gestochenen Buchstaben, dem völlig geschlossenen Schriftbild, das einem Schönschreibwerk gleicht, wirkt dieser Brief vom Januar sechsundsiebzig unbeholfen. Cornelia spürt es, „... auch das Schreiben fällt mir sehr beschwerlich wie Sie sehen –". Aber sie schreibt. Und das im Winter, der Jahreszeit, die sie nicht mag, die sie ausschließt von der Welt, schon in Frankfurt beklagte sie das.

Emmendingen im Januar. Kälte draußen. Es mag Schnee gefallen sein, dicht, Cornelia mag die Öllampe auf dem Sekretär angezündet haben – am frühen Nachmittag. Nach Wetzlar an Kestner ist jener Brief gerichtet. „Ich habe", beginnt er, „eine grose Sünde auf dem Herzen bester Kestner – Ihren lieben Brief so lange unbeantwortet zu lassen, das ist abscheulich – Ich wäre mit nichts zu entschuldigen wenn ich nicht seit zwey Jahren keinem Menschen in der Welt geschrieben hätte – so lang währt meine Kranckheit", setzt sie erklärend hinzu.

Cornelia wendet sich wieder anderen Menschen zu, nimmt teil an deren Leben. „Schreiben Sie mir doch ja viel und recht umständlich von Ihren Kleinen", bittet sie Kestner, „denn wie ich höre sind Sie so glücklich zwey zu haben – ich mögt gern wissen wie sie aussehn, ob sie der Lotte gleichen ob sie blaue oder schwarze Augen haben, ob sie lustig oder still sind u. s. w. Verzeihen Sie mir die vielen Fragen, ich würde sie nicht gethan haben wenn ich nicht versichert wäre dass Sie sie gern beantworten – Leben Sie wohl. Ihre liebe Lotte küss ich hundertmal."

Diese wenigen Zeilen – und wir haben eine Vorstellung von Cornelia als Mutter. Goethe hat ihr in „Dichtung und Wahrheit" auch diese Fähigkeit abgesprochen. Aber Cornelia ist ganz sicher in schöner

Weise mütterlich; mit jenem notwendigen Hang zum Detail, ist fürsorglich, aufmerksam für die geringsten Regungen und Veränderungen. Produktiv-geduldig. Es sei „sehr lustig“, ihr „Mädgen“ und wolle „den ganzen Tag tanzen“, berichtet Cornelia, „desswegen es auch bey jedem lieber als bey mir ist“. Durch die Krankheit würde ihr das Kind entfremdet, Cornelia leidet darunter. „Mein Mädgen würde mir sehr viel Freude machen wenn ich mich mit ihm abgeben könnte, aber so muss ichs ganz fremden Leüten überlassen, welches nicht wenig zum Druck meines Gemüths beyträgt –.“ Jetzt, da ihre Kräfte wachsen, nimmt sich Cornelia des Kindes an.

Eine sinnenfrohe Frau sehen wir vor uns. Vom Sommer 1776 ein Zeugnis. „Noch vor kurzer Zeit war ich ganz traurig und melancolisch“, schreibt Cornelia einer neugewonnenen Freundin. „Nun aber siehts Gott sey Danck ganz anders aus, ich finde überall Freude wo ich sonst Schmerzen fand und weil ich ganz glücklich binn befürchte ich nichts von der Zukunfft o meine Beste wenn der Zustand dauert so ists der Himmel auf der Welt –.“

Dieser Sommer. Cornelia mit ihrem Töchterchen. Freudig, erregt; sie entdeckt mit dem Kind täglich Neues. Cornelia mit Freunden. Emmendingen, das ihr immer außerhalb der Welt zu liegen schien, merkt sie nun, ist nicht abgeschlossen. Straßburg, Basel, Zürich, Colmar, Freiburg sind in der Nähe, überall wohnen Freunde. Und sie besuchen in jenem Sommer nicht nur Schlosser, sondern auch Cornelia.

Schlosser sei „Anfang des Monds nach Helvetien gereißt“, teilt Röderer, Theologiestudent in Straßburg, dem Dichter Lenz im Juni 1776 nach Weimar mit. „Die Frau Hofrätin ist allein. Vielleicht komm ich hin, ich wer' ohn das in die Gegend kommen ..." Ein Gespräch zwischen Cornelia und Johann Gottfried Röderer. Einladung, wiederzukommen. Der junge Mann folgt ihr. Er berichtet: „Vor ein paar Tagen war ich überm Rhein drüben und hörte Montag Abends, daß Hr. Hofrath zu Emmendingen zurück sey, gieng Dienstag Morgens sogleich dahin, machte 7 Stund wegs, macht Hrn. Hofrath um 7 Uhr abends meine schwache Aufwartung und gieng nach ein Viertelstündiger Visite wieder fort ..." Enttäuschung. Aber der Sommer ist noch lang. Wiederholt wird Röderer noch dort zu Besuch sein.

Auch andere kommen. Christoph Kaufmann, Schützling Lavaters und Genie-Apostel des Sturm-und-Drang-Kreises, weilt mehrmals in Emmendingen. „Kaufmann ist von E. zurück zum 1ten mal und ging zum 2tehn mal wieder hin", Röderer am 4. Juni. Ende des Monats dann: „Kaufmann ist jetzt zu Emmendingen, schreibt mir daß Pfenniger dort ist ..." Bedauernd fügt der Student hinzu: „Nicht einen Sous hab ich itzt Geld im Sack sonst gieng ich den Augenblick einen Gaul zu leihen um hin zu trotten."

Der Hochsommer vereint alle. Wiederum eine Notiz von Röderer, vom 8. August. „Vor 14 Tagen hab ich Pfenniger bey mir gehabt und bin mit Ihm samt Blessing und Wagner nach Emmendingen wo wir Lavater antrafen u. 2 Tage sehr vergnügt bey einander blieben." Von Johann Caspar Lavaters Besuch berichtet auch Cornelia etwa zeitgleich in einem Brief. Mehrmals muß Lavater Gast gewesen sein.

Cornelia und Johann Georg Schlossers Haus ist ein Anziehungspunkt für Intellektuelle, Dichter, fortschrittlich Gesinnte. Johann Lorenz Blessing, Student wie Röderer, gehört der in Straßburg von Jakob Lenz gegründeten „Deutschen Gesellschaft“ an, die auch von Schlosser gefördert wird. Mitglied ist auch der Dramatiker Heinrich Leopold Wagner.

Gespräch im Emmendinger Haus. Worum mag es sich drehen? Bestimmt Lavater es mit seiner schwärmerischen Religiosität? Oder spricht man von seiner Physiognomik? Lavater sammelt Köpfe, Schattenrisse, Kupfer; deutet danach den Charakter. In mehreren Bänden veröffentlicht er seine Sammlungen. Im Vorjahr ist der erste erschienen, hat Aufsehen erregt. Stoff genug, zumal er Freunde und Bekannte abbildet. Kreisen die Worte um Ökonomisches, die Lage der Bauern am Oberrhein, im Schwarzwald? Welche Reformen sind nötig, folgt man Turgots physiokratischem System oder dem Merkantilismus? Die Meinungen sind unterschiedlich. Einig ist man sich in der Empörung, daß Schlossers Schrift „Katechismus der Sittenlehre für das Landvolk“, Teil 2, 1776 gesetzt und gedruckt, von der Zensur beschlagnahmt und vernichtet wurde.

Oder nicht diese Themen, Beschränkung auf Literatur, aber auch da wird es politisch. Vielleicht liest Heinrich Leopold Wagner Szenen aus seinem gerade beendeten Stück „Die Kindsmörderin“. Cornelia mag sich an jenen grauenvollen Januar 1772 in Frankfurt erinnern, als Susanna Margaretha Brandt vor der Hauptwache öffentlich hingerichtet wurde; Schlosser mag auf seine Protokollführung bei jenem Prozeß zu sprechen gekommen sein. Wagner liest „Prometheus, Deukalion und seine Rezensenten“, eine freche Verteidigung von Goethes Briefroman „Die Leiden des jungen Werthers“.

Goethe, der Bruder, auf ihn geht das Gespräch wohl immer wieder zu. Vielfältig sind die Verknüpfungen. Da erzählt Lavater von gemeinsamen Tagen im vorigen Sommer mit ihm, wie sie auf dem Rhein, dem Main fuhren, in Sandhof nach „Frankfurter Manier – einen Teller voll Krebse miteinander aßen". Da gibt Röderer Briefe Lenzens aus Weimar wieder. Berichte über den Bruder natürlich. Da spricht Christoph Kaufmann von Goethe, er will zu ihm nach Weimar.

Cornelia, die sich immer lebhaft am Gespräch beteiligt, schweigt, stelle ich mir vor, wenn es um den Bruder geht. Die anderen wissen mehr. Näheres. Sie schweigt auch, wenn es um seine Dichtungen geht. Sie läßt die Männer reden. Sie reden ja so viel. Ihre Stunde kommt, wenn das Gespräch erlahmt. Dann singt Cornelia und fühlt sich dem Bruder nah, näher als all die anderen. Sie singt Vertonungen seiner Gedichte, singt Volkslieder, singt Lieder aus seinem Faust. „Meine Ruh ist hin, mein Herz ist schwer; ich finde sie nimmer und nimmermehr ..." Oder den König in Thule.

Es war ein König in Thule
Gar treu bis an das Grab,
Dem sterbend seine Buhle
Einen goldnen Becher gab.

Es ging ihm nichts darüber,
Er leert' ihn jeden Schmaus;
Die Augen gingen ihm über,
Sooft er trank daraus.

Und als er kam zu sterben,
Zählt' er seine Städt' im Reich,

Gönnt' alles seinem Erben,
Den Becher nicht zugleich.

Er saß beim Königsmahle,
Die Ritter um ihn her,
Auf hohem Vätersaale,
Dort auf dem Schloß am Meer.

Dort stand der alte Zecher
Trank letzte Lebensglut
Und warf den heiligen Becher
Hinunter in die Flut.

Er sah ihn stürzen, trinken
Und sinken tief ins Meer, –
Die Augen täten ihm sinken,
Trank nie einen Tropfen mehr.

Sie begleitet sich am Klavier dazu, wenn die Abendkühle alle in das Haus bannt. Sie singt die Lieder zur Laute, im Garten, wo die Freunde an den Hochsommertagen und Abenden sitzen. Röderer berichtet es. „Du hättest wieder dabey seyn sollen als sie uns alte Romanzen sang und besonders die aus dem Faust …", schreibt er an Jakob Lenz am 8. August 1776.

Cornelia im Kreis der Freunde von auswärts. Wird sie mit zunehmender Gesundung auch Beziehungen zu Emmendingen finden? Lang bestehende Einladungen annehmen, eigene aussprechen? Besuch und Gegenbesuch, mit Schlosser gemeinsam. Herr Hofrat und Frau Hofrätin. Da gibt es zur Amtszeit Schlossers, wie die Akten des Emmendinger Stadtarchivs ausweisen, einen Burgvogt mit Namen Johann Christian Volz, einen Renovator und Landkommissar namens Friedrich Benjamin Seufert, den Schatzungseinnehmer Ernst Heinrich Olnhausen, den durch seine Flugversuche berühmt gewordenen Landbaumeister Carl Friedrich Meerwein. Es gibt Förster, Forstverwalter, Oberforstmeister, Landgärtner, einen Herrschaftlichen Küfermeister, einen Geometer, einen „Teutschen Knaben Praeceptor“ und Geistliche, einen Spezial-Superintendenten der Diözese Hochberg, einen Kirchenrat, es gibt Stadtpfarrer und Diakonus.

Ihre Namen sind bekannt. Sie alle haben Frauen. Da wird die des Hatschiers Ostermann genannt, eines Juden namens Isaac Zadock, „welcher ... viel Jahre hiesiger Stadt Juden-Vorsinger gewesen, ein rabbinermäßig gelehrter Mann“, der sich mit seiner Familie 1761 taufen ließ. Sein Eheweib sei „eine in den Schriften Moses wohl belesene und der hebräischen Sprache ziemlich kundige, sehr verständige Frau“. Da wird die Witwe des Mägdleinschulmeisters und Sigrists Tschira erwähnt, Anna Regina Tschira. Die Namen der anderen Frauen sind nicht überliefert. Ist nicht eine unter ihnen, zu der Cornelia eine Beziehung findet?

Vielleicht sucht sie den Kontakt, macht Besuche mit ihrem Ehemann. Geht aber auch allein. Zirkel von Frauen, Kaffeerunden, Lesestunden. Tastende Gespräche von beiden Seiten. Bald Ermüdung auf der Seite Corneliens. Teufelskreis der Frauengespräche: sie erschöpfen sich mit Küche und Keller, Haus, Umgang mit den Dienstboten, Kirchgang, wenn's hoch kommt die Kinder. Aber selbst da nur Kleinlichkeiten, Mitteilungen von Dingen.

Cornelia erinnert sich der Mädchen-Gesellschaften

im Elternhaus, der „Kränzeltage" in Frankfurt. Schon da war sie manchmal ungehalten. Liefen die Zusammenkünfte nicht alle nach demselben Muster ab? Sophie Laroche beschreibt es in ihren „Frauenzimmerbriefen": „Jeden Donnerstag kommen sie mit ihrer Arbeit, Nachmittags um drey Uhr, artig geputzt zusammen; trinken eine Tasse Caffee, aber nicht heiß, weil heißer Caffee der Schönheit und Reinigkeit der Gesichtsfarbe schadet. Nach diesem geben sie einige Teller mit Obst und Confect; von dem letzten muß allezeit etwas von der Kranzgeberin selbst gemacht seyn. Ist es neu erfunden, oder erlernt, so muß sie die Vorschrift mittheilen. ... Dann müssen sie, nach der Reihe, sagen, was sie anderswo an ihren Freundinnen loben oder aussetzen gehört, Erläuterung geben, und sie sind verbunden, alle Eine, und jede alle zu verteidigen. Der Putz wird auch durchgesprochen, die Unkosten und die Art der Verfertigung werden gesagt, der wohlfeilere Kaufmann genannt ..." Und so fort. Auch Lektüre kommt zu ihrem Recht, etwas aus einer Komödie, einer moralischen Wochenschrift wird vorgelesen.

Cornelia versucht dies vielleicht in Emmendingen. Sie kommt damit nicht an. Befremden, bringt sie das Gespräch auf Dichtung. Vielleicht auch Neid, sie ist die Ehefrau des höchsten Beamten, eine Spur Mißtrauen, sie bleibt Zugereiste, Frankfurterin. Wir haben keine Belege solcher Näherungen von Emmendinger Bürgerfrauen an Cornelia. Sicher fehlt Cornelia die Fähigkeit Caroline Schlegel-Schellings, alles heiter, ironisch zu sehen, innerlich Abstand zu haben und dennoch Freude zu empfinden. Cornelia ist ungeteilt. Sie ist verschlossen. Wenn nicht Krankheit sie entschuldigt, kann der Vorwurf der Arroganz sie treffen. „Ich kann sie nicht leiden, sie affektiert so was

Besonders – sagte mir ein Stutzer von Dir …“, schreibt Lenz.

Das Taufregister des Emmendinger Kirchenbuches weist Cornelia und Schlosser nur in einem einzigen Fall als Paten aus. Das deutet auf Zurückhaltung gegenüber dem Ehepaar im privaten Bereich. Schlosser und „deßen Frau Eheliebstin, Frau Cornelia Friderica geb. Götin“ sind Taufpaten bei Louisa Friderica Baurittel, der am 21. September 1775 geborenen und am 23. getauften Tochter des Stadtschreibers Baurittel. Carl Wilhelm Baurittel ist wie Schlosser ein Jahr zuvor aus Karlsruhe in die kleine Landstadt gekommen.

Zur Natur aber findet Cornelia in jenem Sommer 1776 eine tiefe Beziehung. „Alles Vergnügen das hier in den herrlichen Gegenden die schöne Natur gibt, kann ich jezt mit vollem Herzen geniesen, meine Kräffte haben so wunderbar zugenommen, dass ich gehn, und sogar reiten kann, ich entdecke dadurch alle Tage neue Schäze die ich bisher entbehren musste, weil die schönsten Wege zu gefährlich zum Fahren sind –“, schreibt Cornelia im Juni 1776. Wir sehen sie in ihrem Garten, in den Wiesen, die zum Amtshaus gehören, sehen sie die Wege wandern, die durch die Felder führen. Gerüche des Sommers, ein weiter Himmel, warme zärtliche Luft. Von den Anhöhen der Blick zu den klaren Gebirgen, südlicher Schwarzwald, Kaiserstuhl, Vogesen. Die Landschaft, die Cornelia zu Fuß durchläuft, ist sanft; an und ab steigen die Hügel, verführerische Wellen, ein Abenteuer für die Augen. Und aus den Wiesenhängen und den Wegrändern der Geruch der Kamille, und wenn die Abendkühle kommt, der strenge Geruch des Huflattichs an den Wasserläufen. Am Mühlenbach, dem Brettenbach, an der Elz und der Treibsam. In Briefen an ihre Straßburger Freundin Luise König hat Cornelia Wege beschrieben. Die Briefe sind nicht überliefert. Vielleicht waren es jene Wege am Wasser entlang. Die Flüsse klein, zögernd oder schnell, wasserreich nach Regenfällen im Gebirge, heiter ihre Geräusche, anders als der Main, der Fluß ihrer Kindheit.

Die „schönsten Wege" entdeckt sie zu Pferde. Wir sehen sie reiten, sehen ihre große schlanke Gestalt. Ein „milder willkommener Atem durchs ganze Land", eine „Art Behagens", wie der Bruder sagt, erfüllt sie. Auch wenn am Morgen der Himmel verhangen ist, geht sie hinaus, befiehlt, das Pferd zu satteln. Schlosser wundert sich, ist erfreut, klagte er doch zwei Jahre zuvor über seine Frau, „jeder Wind, jeder Wassertropfen sperrt sie in die Stube". Mit „vollem Herzen" könne sie „genießen" und entdecke „alle Tage neue Schäze", schreibt Cornelia. Das sind ungewöhnliche Worte. Und weiter, sie besäße „alles was auf der Welt glücklich machen kann –".

Eine Einschränkung bleibt, einen vertrauten Menschen müsse sie entbehren. „Umsonst such ich schon lang eine Seele wie die Ihrige", heißt es, „ich werd sie hierherum nie finden – es ist das einzige Gut das mir jezt noch fehlt ..."

Nach Weimar, wo der Bruder ist, an den ihm nächsten Menschen, an Charlotte von Stein, schreibt Cornelia das. Wieder beginnt geheime Anziehung, seltsame Verquickung mit dem Leben des Bruders. Ein Brief an Charlotte von Stein, er wird ihn lesen. Rede vom Glücklichsein, vielleicht daher Übertreibung, Schutz; siehe, auch ich habe es geschafft, auch ich kann ohne dich leben. Sie begehrt nur noch eine Seele, und das ist eine weibliche.

Cornelias Brief an Frau von Stein hat eine – offenbar dramatische – Vorgeschichte. Wir können sie nur ahnen, da alle Zeugnisse vernichtet sind.

Cornelia muß, als es ihr gesundheitlich besser geht, auch dem Bruder gegenüber aktiv geworden sein. Ihm Briefe gesandt haben. Mit Bitten um Nachrichten, um ein Minimum an Gemeinsamkeit. Der Bruder schweigt darauf. Kein Brief. Die Schwester schreibt erneut und wieder. Goethe antwortet nicht.

Er ist dabei keineswegs kalt, abwesend, im Gegenteil, die Briefe der Schwester müssen ihn auf das höchste erregt haben. Eine Notiz auf einem Zettel an Charlotte enthüllt es. Am 20. Mai sendet Goethe der Freundin ein Schreiben Corneliens. „Hier ein Brief von meiner Schwester. Sie fühlen wie er mir das Herz zerreisst. Ich hab schon ein Paar von ihr unterschlagen um Sie nicht zu quälen."

Obwohl Goethe weiß, welch rettende Wirkung seine Worte auf die ferne Schwester haben könnten, obwohl die Post aus Emmendingen ihm das „Herz zerreißt", schweigt er.

An Charlotte dann: „Ich bitte Sie flehentlich nehmen Sie sich ihrer an, schreiben Sie ihr einmal, peinigen Sie mich dass ich ihr was schicke." Ein ähnliches Schreiben richtet er am Abend des 20. Mai 1776 an Auguste von Stolberg. „Eine grose Bitte hab ich! – Meine Schwester ... schreib ihr! – O dass ihr verbunden wärt! Dass in ihrer Einsamkeit ein Lichtstrahl von dir auf sie hin leuchtete, und wieder von ihr ein Trostwort zur Stunde der Noth herüber zu dir käme.

Lernt euch kennen. Seyd einander was ich euch nicht seyn kann."

Der Bruder bietet der Schwester jenes Heilmittel ERSATZ. Warum sollte ihr nicht helfen, was ihn gesunden läßt, ein anderer Mensch an Stelle des einst geliebten. In Charlotte von Stein findet er ihn. Schon wenige Monate nach seiner Ankunft in Weimar, am 23. Februar 1776, heißt es: „Wie ruhig und leicht ich geschlafen habe, wie glücklich ich aufgestanden bin und die schöne Sonne gegrüst habe, und wie voll Dancks gegen dich Engel des Himmels, dem ich das schuldig bin. Ich muss dir's sagen du einzige unter den Weibern, die mir eine Liebe in's Herz gab die mich glücklich macht." Einen Tag später an die Freundin die Zeilen: „Du Einzige, die ich so lieben kann ohne dass mich's plagt – Und doch leb ich immer halb in Furcht ... All mein Vertrauen hast du, und sollst so Gott will auch nach und nach all meine Vertraulichkeit haben."

„O hätte meine Schwester", schreibt er weiter, „einen Bruder irgend wie ich an dir eine Schwester habe." Cornelia ist für Goethe im ersten Weimarer Jahr, im glückhaften Wachsen seiner Beziehung zu Charlotte, ständig gegenwärtig. Er reflektiert in seiner Situation die ihre mit. Aber folgenlos für sie. Sein Schweigen bleibt. Ja, es ist sogar eng an seine liebende Näherung an Charlotte gebunden. Schließt Goethes Glück mit der anderen Frau seine Teilnahme am Unglück der Schwester aus?

Vertraulichkeit, Austausch über größte und kleinste Dinge, tagtäglich. Was er einst an Cornelien hatte, hat er nun an der Freundin. Sie ist ihm Zuhörerin, Widerpart, Spiegel und Gefäß. Das „Verhältnis" zu Charlotte bezeichnet Goethe als „das reinste, schönste, wahrste, das ich ausser meiner Schwester je zu einem Weibe gehabt ..." In „Warum gabst du uns die tiefen Blicke", dem Gedicht, das Goethe der Freundin am 14. April 1776 als Brief sendet, klingt in einem Vers das Einssein von Cornelia und Charlotte, die Übertragung der Schwester auf die geliebte Freundin an:

> Sag', was will das Schicksal uns bereiten?
> Sag', wie band es uns so rein genau?
> Ach, du warst in abgelebten Zeiten
> Meine Schwester oder meine Frau.

Die Wiederholung der Vorgänge, Cornelia ist es, die dem Bruder in der Freundin begegnet. An Wieland schreibt Goethe in jener Zeit, da das Gedicht entsteht: „Ich kann mir die Bedeutsamkeit – die Macht, die diese Frau über mich hat, anders nicht erklären als durch die Seelenwanderung."

„Ich habe keine Namen für uns – die Vergangenheit – die Zukunft – das All." Cornelia. Die „abgelebten Zeiten", Cornelia ist nur lebendig in Künftigem, im Wachsen liebender Vertrautheit zu Charlotte. Auf Nah-sein, ihr Da-sein, ist Goethe angewiesen. Wie sehr, deutet eine Briefstelle an. Als Charlotte ihn Ende Mai 1776 bittet, seine Besuche bei ihr für eine Zeit einzustellen, offenbar, weil in Weimar über sie geklatscht wird, erwidert Goethe erregt: „Wenn ich mit Ihnen nicht leben soll, so hilft mir Ihre Liebe so wenig als die Liebe meiner Abwesenden, an der ich so reich bin. Die *Gegenwart* im Augenblicke des Bedürfnisses entscheidet alles, lindert alles, kräftigt alles."

Ein Schlüssel auch seines Verhältnisses zu Cornelia? Liebe als Hilfe, die die Schwester nicht geben kann, die sie im Gegenteil von ihm erwartet. Er kann nicht. Daher die Bitten an Charlotte und Auguste, bei der Schwester an seine Stelle zu treten, ihr zu schreiben.

Die Weimarer Freundin muß es sofort getan haben, schon vom Juni ist Cornelias Antwortbrief. Auguste von Stolberg schreibt vermutlich später. Oder Cornelia zögert mit der Antwort. „Ganz unverzeihlich ist's, bestes Gustgen, daß ich Ihnen noch nie geantwortet habe", beginnt Cornelias einzig überlieferter Brief an sie; „ich will mich auch gar nicht entschuldigen, denn was sollte was könnte ich sagen."

Was kann sie sagen. Der Bruder hat auch hier über sie bestimmt. Cornelia nimmt das Angebot an. Wie wird ihr sein, wenn sie von Auguste Abschriften der Briefe des Bruders erhält oder Briefe von ihm mit der Bitte um Rücksendung an die eigentliche Empfängerin. Goethe hat Auguste ausdrücklich angewiesen: „Schick diesen", das heißt *seinen* „Brief, und schreib ihr!"

Cornelia liest. Das ist der Bruder, die alte Vertrautheit, Intimität. „Guten Morgen Gustgen", heißt es. Am Abend nimmt er die Feder wieder zur Hand, wünscht Gustgen eine „Gute Nacht"; „meinen Schlaf einweihen dass ich dir schreibe", Gespräch, wie es einst der Bruder mit ihr führte. Nun aber sind die Worte an andere gerichtet. Cornelia liest weiter, von „Beruhigung" seines „Herzens", von den „reinsten Glückseeligkeiten" schreibt er; zu „verdancken" habe er sie „Frau v. Stein einem Engel von einem Weibe". Von Auguste habe er ihr noch nichts erzählt, „heut aber will ich's thun will ich tausend Sachen von Gustgen sagen". Von ihr, Cornelia, ist von ihr denn die

Rede nicht? Doch! Am Ende des Briefes kommt der Bruder auch auf sie zu sprechen. Aber welche Kälte, welch verletzende Sachlichkeit! „Meine Schwester", liest Cornelia, „der ich so lang geschwiegen habe als dir, plagt mich heute wieder um Nachrichten oder so was von mir."

„Was rechte Weiber sind sollten keine Männer lieben, wir sinds nicht werth." Goethe an Gustgen. Cornelia spürt, solches schreibt er nur Frauen, die er los sein will. Es ist reine Koketterie. Und in der Tat bemäntelt Goethe damit seinen Rückzug von Auguste von Stolberg. Zu ihr bricht er den Briefwechsel ab, vier kleine Zettel noch, flüchtige, über lange Zeiträume. In Charlotte hat er alles gefunden.

Cornelia erwidert das Freundschaftsangebot der Weimarer Hofdame. „Wie soll ich Ihnen dancken beste edelste Frau", beginnt ihr erster Brief an Charlotte, „dass Sie sich in der unendlichen Entfernung meiner annehmen, und mir suchen meine Einsamkeit zu erleichtern o wenn ich nun hoffen dürffte sie ein einziges mahl in diesem Leben zu sehn so wollt ich nie schreiben und alles biss auf den Augenblick versparen denn was kann ich sagen das einen einzigen Blick, einen einzigen Händedruck werth wäre –." Cornelia gleicht dem Bruder in ihrer Sehnsucht nach Nähe. Freilich ist ihr Wunsch, Charlotte zu sehen, auch der, dem Bruder zu begegnen. Frau von Stein reagiert. Sie werde sie besuchen, muß sie geschrieben haben. Dieser Brief ist, wie alle ihre Sendungen nach Emmendingen, nicht überliefert. Am 20. Oktober 1776 aber entgegnet Cornelia: „Ich kann Ihnen nicht beschreiben beste Frau was die Nachricht dass Sie künfftigen

Sommer hierherkommen werden für eine sonderbare Wirkung auf mich gethan hat – ich hielts biss jezt für ganz unmöglich Sie jemals in dieser Welt zu sehen, denn die entfernteste Hoffnung wär unwahrscheinlich gewesen, und nun sagen Sie mir auf einmal – ich komme –. Schon zwanzigmal hab ich heut Ihren lieben Brief gelesen um gewiss versichert zu seyn dass ich mich nicht betriege – und doch sobald er mir aus den Augen ist, fang ich wieder an zu zweiflen –."

Charlotte von Stein wird Emmendingen nicht besuchen. Cornelias Überreaktion, ihr Enthusiasmus, die Entzündung der Phantasie an der bloßen Vorstellung gibt uns eine Ahnung ihres Alleinseins. „– hier sind wir abgeschnitten von allem was gut und schön in der Welt ist –", endet der Brief nach Weimar.

In jenen Emmendinger Herbsttagen 1776 bekommt Cornelia ein Schriftstück ihres Mannes in die Hand. Schockierend wird ihr bewußt, wie Schlosser ihre Beziehungen zueinander empfindet. Liebe kann sie, Cornelia, ihrem Ehemann nicht geben, sagt er, da sie dem Bruder verfallen ist und in seiner, einer anderen Welt als der Schlossers lebt. Er sagt es schmerzvoll, mit Trauer. Aber mit Endgültigkeit. Ihrer beider Sphären sind unvereinbar. Die Widersprüche nicht zu lösen.

Schlosser sagt es verschlüsselt, in literarischer Form, in einer kleinen Parabel, die er „Ehestandsszene" nennt. In Heinrich Christian Boies Zeitschrift „Deutsches Museum", in der Oktobernummer 1776, erscheint sie.

Der Wortlaut: „Ich hatte ein Schaaf, das lag in meinem Schoss, trank von meinem Becher, aß mein

Brod, und wandelte mit mir auf der Weide. Es kannte keinen Trank als meinen, keine Speis als meine; gieng nicht schneller als ich, und war glücklich bey mir.

Da kam ein Mann und lehrte es fliegen. Es trank Aetherluft, speiste Morgenthau und flatterte um die Sonne.

Ich sitze seitdem allein und weine. Es schwebt über mir, sieht mich weinen, bedauret mich, kann aber nicht mehr gehn meinen Gang, nicht mehr essen meine Speise, und ekelt vor meinem Trank.

Warum hat der Mann nicht gewartet, bis wir zusammenfliegen konnten?

Da oben schwebt's, und sieht Engel lieben, und keinen Engel, der's liebt; sieht herab, einen Menschen der's liebt, und ekelt vor seiner Liebe.

Ach ewige Gerechtigkeit! Warum nahm der Mann dem Schaafe das, womit es mich zahlen sollte, und gab ihm, was mir nicht nüzt, und mich nicht zahlt? Was hilft's, daß es ihm zahlt? Es war ihm nichts schuldig."

Cornelia liest. Hat sie die Bindung an den Bruder tatsächlich unfähig zu einem normalen Leben an der Seite Schlossers gemacht? Ist es die Wahrheit, die Schlosser da schreibt?

Sie kann „nicht gehn" seinen „Gang", nicht essen seine „Speise", und es „ekelt" ihr vor seinem „Trank". Und der, der sie „fliegen" lehrte? Widerstrebende Gefühle in Cornelia, Mitleid mit ihrem Mann, Klage über ihr Unvermögen, Gegebenes zu fassen, Scham über die Entblößung. Sie fühlt sich durchschaut. Immer wieder bleiben ihre Augen an den letzten Sätzen der Parabel hängen: „... warum nahm der Mann dem

Schaafe das, womit es mich zahlen sollte, und gab ihm, was mir nicht nüzt, und mich nicht zahlt? Was hilft's, daß es ihm zahlt? Es war ihm nichts schuldig."

Dem Bruder nichts schuldig? Das ist vermutlich Cornelias Qual: Schuld oder Nicht-Schuld. Ehe sie für sich eine Antwort findet, entscheidet der Bruder auch das.

Goethe schickt Cornelia sein Drama „Die Geschwister". Ende Oktober 1776 hat er es geschrieben, am einunddreißigsten ist die Abschrift beendet. Wir erinnern uns: „Peinigen Sie mich dass ich ihr was schicke", sagte er im Mai zu Charlotte. Etwas von seinen Arbeiten mag er damit meinen, Gedichte, kleine Dramen, Singspiele. Lange Zeit tut er das offenbar nicht. Das Manuskript der „Geschwister" aber sendet er gleich nach Beendigung.

Novembertag am Oberrhein. Cornelia hält ein kleines Paket in Händen. Nicht glaubhaft. Doch, es ist den Postweg von Weimar über Frankfurt gekommen, es ist das Siegel des Bruders, das wohlbekannte. Sie löst die Verschnürung, ihr Blick fällt auf das Titelblatt „Die Geschwister", sie beginnt zu lesen. Es geht um Wilhelm, seine Schwester Marianne und deren gemeinsamen Freund Fabrice. Der Freund will die Schwester heiraten, sie aber liebt den Bruder und verweigert sich daher Fabrice. „Meinen Bruder zu verlassen, wäre mir unerträglich – unmöglich, – alle übrige Aussicht möchte auch noch so reizend sein", liest Cornelia und erfährt bereits auf der ersten Seite, Wilhelm und Marianne sind nicht Bruder und Schwester. Aber nur Wilhelm weiß es. Er, der einst Charlotte liebte, nahm, als sie starb, ihr Kind Marianne zu sich. Marianne wächst bei ihm auf, er gibt sie als seine Schwester aus. Er liebt das Mädchen, je mehr er Züge von Charlotte an ihr entdeckt. Wilhelm, der einzig Fabrice „Zutritt" zur Schwester, „in dies Heiligthum" gewährt, ist über dessen Heiratsantrag empört, ist eifersüchtig, wirft dem Freund vor, Vertrauen mißbraucht zu haben, „ich ... hielt dein Gefühl für sie für das wahre brüderliche", wirft ihm vor, ihn durch „scheinbare Kälte gegen die – Weiber" eingeschläfert zu haben.

Cornelia, in Emmendingen an diesem Novembertag 1776, sie steht noch, während sie mit wachsender Erregung liest, inmitten der Stube, in der einen Hand das Papier, das um das Manuskript geschlagen war, in der anderen die Blätter des Dramas. Sie setzt sich nicht, läßt nur das Umschlagpapier fallen, blättert, liest weiter. Sie ist es, sie, zu der der Bruder spricht. So rückhaltlos, offen, war der Bruder noch nie. Aber auch niemals so hart in seinem Urteil über die Schwester. Was sie da liest, muß sie vernichten.

Sieh, so hätte ich mir meine Schwester gewünscht, kann die einzige Lesart für Cornelia sein.

Die Marianne des Dramas in der Entscheidung zwischen Bruder und Ehemann. Obwohl sie bis zum Schluß in dem Glauben lebt, die leibliche Schwester Wilhelms zu sein, beirrt sie das nicht. Fabrice entgegnet sie, als er sie bittet, die Liebe zum Bruder auf einen Mann zu übertragen: „Wo wollt ich einen Gatten finden, der zufrieden wäre, wenn ich sagte: Ich will Euch lieb haben und müßte gleich dazu setzen: ‚Lieber als meinen Bruder kann ich Euch nicht haben'." Als Fabrice daraufhin ein Leben zu dritt vorschlägt, verweigert sie auch das. Einzig dem Bruder fühlt sie sich zugehörig. Er nimmt „mein ganzes Herz, meinen ganzen Kopf ein". Seine Launen stören sie nicht, „von jedem anderen wären sie mir unerträglich". „Wenn ich ihn nicht hätte, wüßt ich nicht, was ich in der Welt anfangen sollte. Ich thue doch alles für mich, und mir ist, als wenn ich alles für ihn thäte, weil ich auch bei dem, was ich für mich thue, immer an ihn denke."

Goethes Marianne in den „Geschwistern" ist das Ideal der sanftmütigen Anlehnung. Weibliches geht in Männlichem auf, erfüllt sich in ihm. Der geheime Wunsch des Bruders an die Schwester. Cornelia hat ihn nicht erfüllt, mit grausamer Detailgenauigkeit führt der Bruder am literarischen Modell ihr Versagen vor.

Die Marianne im Drama weiß um die Ungeheuerlichkeit der Bruder-Schwester-Liebe: „Ich habe viel geweint! Es ist so ein gar erbärmliches Schicksal!" Dennoch wird sie Fabrice nicht heiraten, sagt dem Bruder: „Denn nur mit dir kann ich leben, mit dir allein mag ich leben. Es liegt von jeher in meiner Seele, und dieses hat's herausgeschlagen, gewaltsam herausgeschlagen – Ich liebe nur dich!" Entsetzt über ihr Geständnis fleht Marianne: „Verlaß mich nicht! Stoß mich nicht von dir, Bruder!" Goethe läßt Wilhelm die Prüfung fortführen. „Es kann doch nicht immer so bleiben", hält Wilhelm der, die seine Schwester zu sein glaubt, entgegen.

Da geht Marianne den letzten Schritt, sagt dem Bruder: „Ich will dir gern versprechen, nicht zu heiraten, ich will immer für dich sorgen, immer, immer so fort –!" Auch wenn er heirate, wäre es vergeblich, denn, „es hat dich niemand so lieb wie ich, es kann dich niemand so lieb haben".

Die Prüfung ist bestanden. Wilhelm zu Fabrice: „Siehe hier das Geschöpf – sie ist ganz mein – – und sie weiß nicht –." In ihm ist ein Gefühl, „um das", sagt er dem Freund, „du vergebens in die weite Welt wallfahrtetest!" Die seine Schwester zu sein glaubt, hat sich ihm rückhaltlos hingegeben, gegen den Widerstand der öffentlichen Meinung, im Wissen, daß es in den Augen der Welt das größte Verbrechen ist. Eine Frau, die das tut, liebt wirklich, und ihre Liebe steht außerhalb jeglichen moralischen Urteils – das kann es nur heißen. Dem Opfer folgt im Drama die Erlösung. Die Wahrheit kann gesagt werden. Sie sind nicht Schwester und Bruder. Sie werden Frau und Mann, ihre Liebe zueinander erfüllt sich.

Traum und Wunsch, diese Harmonie am Schluß. Aufgehen in der Norm, Wegnehmen der unerträglichen Spannung. Der Kern des Dramas bleibt: Goethe feiert unumwunden, an der drohenden Grenze zum Inzest, das Liebes-Bekenntnis von Schwester und Bruder als höchsten Ausdruck der Liebe.

Cornelia steht noch immer inmitten ihrer Stube im Emmendinger Haus. Sie bückt sich, hebt das grobe Papier vom Boden, schlägt das Manuskript darin ein.

Die Mitteilung des Bruders – sie ist ein Zeichen. Cornelia muß sich bewußt werden, er gab es ihr schon. Viele Male. Sie erinnert sich der Maitage des Vorjahres, erinnert sich an Gesten, Halbsätze, Schweigen. Sieht den Bruder plötzlich am Tage ihrer Hochzeit in Frankfurt – schon da –, sieht seine Gestalt, wie sie sich zwischen den Gästen bewegt, sein Gesicht, als er ihre Bitte abschlägt, sie mit ihrem Mann nach Karlsruhe zu begleiten. Erinnert sich jenes Abends, da er aus Wetzlar kommt, sie sich gegenübertreten, das erste Mal, seit sie Schlosser versprochen ist. Gleichgültig erschien er ihr, verschlossen. Eifersucht war es, Verletzung, von ihr ihm zugefügt.

Die Arbeit der Erinnerung, scharf, sezierend. Weiter zurück treibt es Cornelia. Ein Theatervorhaben. Voltaires Tragödie „Mahomet“ soll in Frankfurt aufgeführt werden. Der Bruder ist schon an der Leipziger Universität. Sie berichtet ihm davon. Da verbietet er ihr die Mitwirkung. „Unschicklich“ sei es. Sie erinnert sich genau der Worte, die er schrieb: „Nein Schwester spiele nicht mit, es ist unschicklich.“ Die Schwester Seides würde sie spielen, die einzige weibliche Partie in der Tragödie. Palmire und ihr Bruder Seide lieben sich, ahnungslos, daß sie Geschwister sind. Ihre Liebe, gewachsen in gemeinsamer Kindheit und Jugend, ist so stark, daß Seide, verführt von Mahomet, um den Preis der Liebe einen Mord begeht und dabei umkommt. Palmire erfährt, daß es ihr leiblicher Bruder war, aber sie will keinem anderen angehören. An der Leiche Seides ersticht sie sich mit dessen Dolch. Über den Tod währt diese Geschwisterliebe. Goethe wird sich als Fünfzigjähriger noch mit dieser Tragödie Voltaires beschäftigen, wird sie übersetzen und 1799 am Weimarer Theater aufführen.

Warum dann als junger Mann das Verbot der Schwester gegenüber. Ist es seine Abwesenheit, ein anderer wird Seide, den Bruder, spielen? Cornelia sucht nach einer Antwort. Schon einmal haben sie sich auf der Bühne als Geschwister gegenübergestanden. Elf waren sie, zwölf, Halbwüchsige. Gerüche von Schminke, Dekorationen, Staub wirbelt; Aufregung, Geheimnis. Sie sieht sich und den Bruder Theater spielen. Im Hause von Bekannten der Eltern wird mit anderen Kindern Johann Elias Schlegels Tragödie „Canut“ aufgeführt. Cornelia sieht sich als Estrithe, Schwester des Königs Canut. Der Bruder ist der König, und beide verbindet eine große Liebe. Da kommt ein anderer Mann und zerstört sie. Cornelia erinnert sich, sie, Estrithe, ist die Schuldige, da sie Ulfo, dem Gesandten des Bruders, Glauben schenkt. Der König wünsche die Verlobung seiner Schwester mit Ulfo, überbringt dieser Estrithe als Befehl des Bruders – und sie gehorcht. Ulfo aber hat das Vertrauen des Königs mißbraucht. Ein Mißverständnis trennt Bruder und Schwester, zerstört die Liebe und führt zu schweren Konflikten, zu Krieg und Tod im Land.

Spiel und Wirklichkeit. Nahm nicht auch Cornelia an, der Bruder werde ihre Verbindung zu Schlosser gutheißen? Gestand der Bruder ihr jemals, was er ihr in der literarischen Fiktion der „Geschwister" sagt: Du gehörst einzig mir. Aber deine Liebe reichte nicht aus.

Wenn es wahr wäre, Cornelias Eheentschluß auf einem tragischen Mißverständnis zwischen Bruder und Schwester beruhte? Goethe recht hätte mit dem, was er noch fünfzig Jahre später als Willen der Schwester erklärt: „Sie ... wünschte ihr Leben in dieser geschwisterlichen Harmonie ... zuzubringen."

Stellen wir uns vor, sie wären zusammengeblieben, Goethe hätte die Schwester mit nach Weimar genommen. Schon nach einem halben Jahr schenkt der Herzog ihm Haus und Garten vor den Toren der Stadt. „Meines Bruders Garten hätt ich wohl mögen blühen sehn, nach der Beschreibung von Lenzen muss er ganz vortrefflich seyn", schreibt Cornelia im Sommer 1776 an Charlotte von Stein, „in der Laube unter euch Ihr Lieben zu sizen – welche Seeligkeit –."

Für beide, für Bruder und Schwester, wäre im Haus am Stern Platz gewesen. Im „Erdsäalgen", dem

Eßzimmer, die gemeinsamen Mahlzeiten. Im Obergeschoß im Altanzimmer, Wohn- und Empfangsraum, Gespräche, Vorlesen, Freunde zu Gast. Die Stuben mit dem Blick auf Wiesen und Fluß, drei an der Vorderseite des Hauses geteilt, ein Arbeitszimmer für jeden, in dem auch geschlafen wird, in der Mitte die Bibliothek. Das Dach des Hauses, das Goethe in verfallenem Zustand übernimmt, wird im ersten Jahr von Handwerkern erneuert, auch Fußböden und Esse. Im verwilderten Garten arbeitet der Bruder selbst. Die Schwester würde ihm helfen, ihre Freude daran entdecken, bald würden beide Ranunkeln, Anemonen und Aurikeln bewundern.

Geldsorgen hätten sie nicht. Eine Köchin ist da, Dorothee. Ein Diener, Philipp Seidel. Cornelia wäre er wohlvertraut. Freundliches behäbiges Frankfurterisch in seiner Aussprache. Der Bruder hat ihn aus dem Haus am Hirschgraben mitgebracht. In einem Brief vom 15. 10. 77 schreibt Philipp Seidel, daß er „nunmehr eine ordentliche Haushaltung" in Weimar bei Goethe „dirigiere ... Ich habe ... so viele Freude über unsere Lebensart ... so viele Seligkeit bei ihm zu kosten ... Wir haben das ganze Verhältnis wie Mann und Frau gegeneinander. So lieb ich ihn, so er mich, so dien ich ihm, so viel Oberherrschaft äußert er über mich." Philipp Seidel steht dem kleinen Haushalt vor, er ist Abschreiber und Sekretär, erledigt Post und andere Arbeiten.

In Frankfurt, im Hause des Rat Goethe, war er auch Cornelias Bediensteter. Im gleichen Alter etwa wie Bruder und Schwester, intelligent, gewitzt, offen, ein Gesprächspartner und auch Freund. Wie sonst hätte Cornelia ihm, als sie das Elternhaus verläßt, ein Geschenk machen können, das ihr Geheimstes offenbart. Ein Siegel übergibt sie ihm, darauf ist ein Vogelbauer zu sehen. Die Tür des Käfigs ist geöffnet, der Vogel kann hinausfliegen. „La liberté fait mon bonheur" ist in das Petschaft eingraviert: „Die Freiheit ist mein Glück".

Vielleicht wäre Cornelias Hoffnung, die sie Philipp Seidel anvertraut, in Weimar an der Seite des Bruders eher erfüllt worden, hätte ihr „über ihr Geschlecht erhobener Geist", wie Goethe ihn nennt, ein Betätigungsfeld gefunden.

In Freundschaften und Gesprächen mit den dortigen Männern. Und den Frauen. Der jungen Herzogin, Charlotte von Stein, Anna Amalia, Luise von Göchhausen. Vierundzwanzig ist die Göchhausen 1776, zwei Jahre jünger als Cornelia. Sie wird ihr Leben allein gestalten, wie es auch Anna Amalia, die Witwe, mit ihren achtunddreißig Jahren tut. In Theateraufführungen und Lesungen, in der Herausgabe des „Tiefurter Journals" suchen sie Sinnerfüllung. Anna Amalia liebt die Musik, sie komponiert selbst. Alle zeichnen, eine Zeichenschule, die jedermann offensteht, gibt es in Weimar. Auch sie wäre Cornelia nicht fremd gewesen. Als ihr Leiter wird 1776 der Frankfurter Maler Georg Melchior Kraus von Karl August berufen. Kraus verkehrte in Cornelias Elternhaus, er ist derjenige, den sie bittet, das Porträt ihres englischen Freundes Harry zu zeichnen. Und Caroline Herder, ihre Freundin aus dem Darmstädter Kreis der Empfindsamen, würde Cornelia wieder begegnen. Und Johann Gottfried Herder, den sie mochte.

Cornelia in ihrer Lebhaftigkeit. Sie würde im Gespräch erblühen, sich entfalten, geistig und erotisch eine anziehende Frau. Sie würde für den Weimarer Kreis eine Bereicherung sein. Und das Haus des Bruders würde sie füllen mit einer Atmosphäre des Weiblichen. Sie ist keine normierte Hausfrau, aber sie ist ein ästhetisches Wesen, Gespräch und Bewirtung. Ihr Lachen. Ein schöner kleiner Gegenstand auf dem Kaminsims. Die Gäste fühlen sich wohl.

Sind sie gegangen, wieder die Zweisamkeit, Bruder und Schwester. Die vollständige Arbeitsruhe, die Cornelia dem Bruder schafft. Er ist allein, und doch ist sie da. Niemand klopft, die Tür bleibt unberührt, aber er kann sie jederzeit öffnen, die Schwester rufen. Wenn er sie braucht. Er braucht sie oft. Vorlesen, Fragen, Rückfragen, Bitten um Zuarbeiten, Exzerpte. Und sie schreibt ab, Gedichte, Dramen, tut ein Teil der Arbeit, die Philipp Seidel kaum bewältigen kann. In Papiersäcken bewahrt Goethe im Gartenhaus die angefangenen Manuskripte. Er muß nicht Luise von Göchhausen zu Abschreibediensten rufen. Vielleicht wäre es Cornelia gewesen, die den „Urfaust“ und anderes gerettet hätte.

Geistige Gemeinsamkeit, Lebensnähe, Cornelia entwickelt sich in schönster Weise neben dem Bruder, wächst mit seinen Gedanken. Das vermehrt ihre eigenen. Der Bruder akzeptiert sie, fördert sie, sieht auch für sich eine Bereicherung darin.

Sogar von Cornelias Schreiben ist wieder die Rede. Der Bruder ist jetzt berühmt, braucht die Konkurrenz nicht zu fürchten, die ihn als Leipziger Studenten bedrückte. Wir erinnern uns seiner Reaktion, als die Schwester ihm eine Szene schickt, die er bewundert und ihr neidet. Sie sei nicht mehr das „kleine Mädgen“, seine „Schülerin“, sei eine „fremde Person, ein Autor“. Seine Schlußfolgerung: „Oh meine Schwester, bitte keine solchen Briefe mehr, oder ich schweige.“

Die Schwester muß *sein Werck* bleiben, nichts Fremdes darf da sein.

Ist diese Gefahr nun jetzt beseitigt? Nein, wohl nicht. Auf anderer Ebene nur wiederholt sich der Konflikt. Selbst wenn Goethe ihr die Freiheit ließe, zu schreiben, es ihn nicht störte. Schreiben als Ornament, als Arabeske im Leben der Schwester. Er toleriert zeitlebens kleine Talente – warum nicht dann auch diesen Liebesdienst für die Schwester. Aber der Konflikt liegt tiefer, er liegt nicht nur in Goethe, in seinem persönlichen Verhalten und in der objektiv erdrükkenden Macht seines großen Talentes – er liegt in Cornelia selbst. Was dem Bruder „fremd" an ihr erscheint, ist ihr Eigenes. Aber was ist das: ihr *Eigenes*? Eine ihr unbekannte Macht. Sie wird nie wissen, was *sie* wünscht, will, vermag. Nie daher sich bekennen können. Ermutigung, hätte Cornelia sie im Idealfall durch den Bruder gehabt – verfolgen wir das Gedankenexperiment eines gemeinsamen Lebens weiter –, wäre weitgehend folgenlos geblieben.

Beispiele anderer Frauen, die zu Cornelias Zeiten an der Seite ihrer Dichter-Brüder leben, zeigen es. Da ist die 1764, vierzehn Jahre nach Cornelia geborene Mary Lamb, Schwester des englischen Dichters Charles Lamb. Sie lebt mit ihrem Bruder zusammen, arbeitet mit ihm. Im gleichen Zimmer sitzen sie, am gleichen Tisch. Alles, was entsteht, wird gemeinsam durchgesprochen. Mary Lamb veröffentlicht, hat Erfolg, kann sogar einige Zeit von ihren literarischen Arbeiten leben. Ihre Prosanacherzählungen von Shakespeares Komödien werden zu Klassikern der Weltliteratur für Kinder. Die Voraussetzung für ihr Schreiben ist allerdings ungewöhnlich. Einunddreißigjährig ermordet Mary ihre Mutter. Sie wird für unzurechnungsfähig erklärt und soll in ein Armen- und Siechenhaus eingeliefert werden. Da rettet der Bruder sie, gibt ihr ein Zimmer, und sie beginnt zu schreiben. Aber niemals macht sie sich selbst, ihre Ängste, ihre schreckliche Kindheit und das Trauma ihres Muttermordes zum Gegenstand ihrer Kunst. Sie verdrängt das alles und erstickt damit ihre Kreativität, findet keinen eigenen Stil, sie ahmt lediglich den des Bruders nach, weil sie glaubt, in der Anpassung an seine Bedürfnisse Liebe und Erfüllung zu finden.

Ähnlich und doch anders ist es bei Dorothy Wordsworth, der 1771 geborenen Schwester des englischen Romantikers William Wordsworth. Auch sie wähnt Liebe durch Selbstaufgabe zu erlangen. Ihre Tagebücher, das „Alfoxden-Journal" und das „Grasmer-Journal" [bisher nur in englischer Sprache erschienen] beinhalten Landschaftsbeschreibungen, Natureindrücke, Sinneswahrnehmungen von Licht, Farben, Gerüchen. Sie sind ein wunderbares Stück romantischer Prosa.

Sie ist eine Dichterin, sieht sich aber nie als solche. Sie kann ihre Prosa nicht als Kunst begreifen, denn Maß aller Dinge sind für sie die Verse des Bruders. Zu ihnen schreibt sie lange kritische Abhandlungen, der Bruder fühlt sich verstanden, er ändert meist, was sie anmerkt. Dem Bruder dient die Schwester. Als Materialsammlung für ihn sind ihre Tagebücher gedacht. Wortwörtlich übernimmt er auch vieles, wie nachgewiesen ist. Die Schwester habe ihm „Augen" gegeben, sagt er. Diese Frau fühlt instinktiv, daß damit alle Gefährdungen seines Schaffens ausgeschlossen sind, sie ihn im Gegenteil durch ihr Dienen erhöht und dies der Preis seiner brüderlichen Zuneigung ist. Dorothy und William Wordsworth lieben sich und streben zueinander. Ein gemeinsames Leben wird ihnen durch eine Erbschaft möglich, sie kaufen ein kleines Haus auf dem Lande in Racedown Dorset, nehmen, wie auch Mary und Charles Lamb, ein Kind an.

Nach zwei Jahren gesellt sich der romantische Dichter Colerigde ihnen zu. Fortan leben sie zu dritt, beziehen ein Haus in Alfoxden. Unaufhörliche Gespräche, gemeinsame Gänge durch die Landschaft, eine hochsensible, beglückende schöpferische Beziehung dreier Menschen. Im Ergebnis veröffentlichen zwei davon die „Lyrical Ballads“, das Hauptbuch der englischen Frühromantik: William Wordsworth und Samuel Taylor Colerigde.

Die Gemeinschaft endet jäh. Anstößig ist das Leben für die Nachbarn. Diese Frau streift mit den beiden Männern durch die Landschaft, sie ist skandalös braun, und sie wäscht ihre Wäsche am Sonntag. Die drei geraten in Verdacht, französische Spione zu sein. Das Haus wird anderweitig vermietet. Bruder und Schwester fliehen nach Deutschland, leben in Goslar in einem Zimmer, offenbar in der Qual einer nahen oder vollzogenen Umwandlung ihrer geschwisterlichen Liebe in ein inzestuöses Verhältnis. „Keinen Bruder, keine Gattin hat er bei sich –“, dichtet William Wordsworth da, „doch ich / Kann Wärme mir locken von der Wange meiner Liebsten, / So selig und froh, / Als bedeckte frühes Sommergras den Boden des Zimmers / Und Geißblatt hinge herab.“

Zurückgekehrt nach England, heiratet er. Die Schwester verfällt daraufhin in Wahnsinn.

Die ungewöhnlichen Schicksale der englischen Dichter-Schwestern Lamb und Wordsworth sind kein Zufall. Außenseiter müssen sie sein, mit Moralvorstellungen und herkömmlichem Rollenverhalten brechen. Bei Mary Lamb ist es der Muttermord, der sie faktisch außerhalb der Gesellschaft stellt. Bei Dorothy Wordsworth erscheinen die Voraussetzungen für das Leben mit dem Bruder leichter. Der elterliche Zwang, das Mädchen standesgemäß zu verheiraten, entfällt, Vater und Mutter sind zeitig gestorben. Beide sind mittellos, die Schwester ist keine „Partie", der Bruder als Dichter mit seiner brotlosen Kunst wie sie ein Randständiger. Aber auch hier ist eine ungewöhnliche Tat nötig. Dorothy lebt bei einem Onkel, der ihr den Umgang mit dem Bruder verbietet. Von ihm flieht sie. Sie stellt sich damit gegen die Welt.

Beide Frauen, die gemeinsam mit ihren Dichter-Brüdern leben, haben große schöpferische Kräfte in sich. Aber nie erlangen sie die Freiheit, sich dazu zu bekennen. Sie sehen sich als Dienerinnen der Brüder, das bedingt letztlich ihren Selbstverlust. Marys Schreiben beschränkt sich auf wenige Jahre, dann verstummt sie. Dorothy sieht ihr Tagebuch als Zuarbeit für den Bruder. Der Gedanke, selbst eine Schriftstellerin zu sein, verursacht ihr, wie sie sagt, „Abscheu".

Es ist jene Abscheu, die – kommen wir auf Cornelia zurück – in ihrem Umkreis einmal von Caroline Flachsland charakterisiert wird. Ihr Bräutigam Herder lobt sie für ein feinsinniges Literaturурteil, nennt sie eine „Kunstrichterin". Empört verwahrt sie sich dagegen, erwidert ihm: „Habe ich jemals eine solche Mißgeburt von Frauenzimmer sein wollen? War ichs?

oder bin ich's gar? Nein, das wäre abscheulich! Ich würde kein Buch mehr ansehen, wenn ich eine Kunstrichterin oder gar – ein gelehrtes Frauenzimmer dadurch würde." Caroline macht sich damit nur zu eigen, was Herder als Ideal in sie pflanzte und in seinem Werk verkündet. Nichts ist den Empfindsamen so verächtlich wie eine Emanzipierte, ein gelehrtes Frauenzimmer. „Abscheu der Natur" sei eine solche Frau, meint Herder und bekennt sich zu dem arabischen Sprichwort: „eine Henne, die da krähet, und ein Weib, das gelehrt ist, sind üble Vorboten: man schneide beiden den Hals ab!"

Herder folgt damit den Ideen Rousseaus. Die Berufung auf die Natur, die als Ruf nach Freiheit und Fortschritt bei Rousseau einen wichtigen geschichtsphilosophischen und politischen Stellenwert hat, wird in bezug auf die Frau rein negativ. Rousseau definiert die Weiblichkeit neu, einschneidende Akzentverschiebungen sind zu beobachten, zum Beispiel eine Absage an den von der Aufklärung vorgelegten Entwurf der weiblichen Gelehrsamkeit. „Eine schöngeistige Frau", schreibt Rousseau, „ist die Geißel ihres Mannes, ihrer Kinder, ihrer Freunde, ihrer Diener, aller Welt ... Außerhalb ihres Hauses wirkt sie überall lächerlich und setzt sich einer sehr gerechten Kritik aus, denn diese kann nicht ausbleiben, wenn sie den Stand verläßt und einen annehmen möchte, für den man nicht geschaffen ist ... Ihre Würde ist es, nicht gekannt zu sein; ihre Ehre ist die Achtung ihres Mannes; ihre Freuden liegen im Glück ihrer Familie."

Im Namen der Natur definiert Rousseau die Frau als „Ergänzung" des Mannes, als Zierat seiner gesellschaftlichen und individuellen Existenz. Auch die Ausbildung der Frau hat unter diesem Aspekt zu geschehen, er schreibt: „So muß sich die ganze Erziehung der Frauen im Hinblick auf die Männer vollziehen. Ihnen gefallen, ihnen nützlich sein, sich von ihnen lieben und achten lassen, sie großziehen, solange sie jung sind, als Männer für sie sorgen, sie beraten, sie trösten, ihnen ein angenehmes und süßes Dasein bereiten: das sind die Pflichten der Frauen zu allen Zeiten, das ist es, was man sie von Kindheit an lehren muß."

Die Geschlechterdifferenzen werden betont, die Ungleichheit aus der Natur entwickelt. Gesellschaftliche Ungerechtigkeiten sind damit von der Seite der Frau nicht einklagbar.

Die Ideen Rousseaus wirken stark auf die deutschen Stürmer und Dränger. Sie knüpfen an Rousseau an und übernehmen mit dem philosophisch und politisch Progressiven auch das Regressive der Weiblichkeitsauffassung. Johann Gottfried Herders große Geschichtsphilosophie ist ein Beispiel dafür. Als „Zierde der menschlichen Schöpfung", als „Reiz der menschlichen Natur" wird die Frau gesehen, als Ornament, als schmückendes Beiwerk der Historie. Mit dem Hinweis auf die Natur wird die Geschichtslosigkeit des Weibes legitimiert. Der Januskopf der Herderschen Philosophie.

Die Aufwertung der „Empfindsamen" und ihres sensitiven Vermögens im Sturm und Drang, die eine Feminisierung der Literatur zur Folge hat, führt keineswegs zur Aufwertung des Weiblichen schlechthin, sondern im Gegenteil zu einer Absage an weibliche Kreativität, die Frau wird nahezu kulturell ausgebürgert.

Waren die „gelehrten Frauen" der Aufklärung, diese „Papiergeschöpfe", sicher für die Schwestern und Freundinnen der Stürmer und Dränger kein erstrebenswertes Ideal, so wurde dieses Ideal in der

Folge nicht durch Kritik differenziert wie das der männlichen Gelehrsamkeit. Denn auch gegen dieses richtet sich Herder, als „Last", als „Höcker der Menschlichen Natur" sieht er die „Gelehrsamkeit" des Mannes. Aber während der Mann sich ihr „aus Noth unterziehen" muß, wird die Frau aus der Geschichte ausgeschlossen und zum „Einzigen wahren Menschlichen Geschöpfe auf dem Politischen und Exercierplatz unserer Welt" erklärt.

Ihrer „Natur" gemäß müsse sie leben, denn ihre „Unnatur" sei „tausendmal fühlbarer", schreibt Herder seiner Braut Caroline und fügt jenes arabische Sprichwort von der „Henne, die da krähet", und dem „Weib, das gelehrt ist", hinzu, für das er immer sei.

Welche Frau will gegen ihre Natur handeln, als unnatürlich, unweiblich gelten? Caroline macht sich, was Herder ihr schreibt, zu eigen, potenziert es noch; sie will keine „Mißgeburt von Frauenzimmer" sein.

In den Worten Carolines artikuliert sich jene panische Angst, die sie alle beherrscht, Kluge oder weniger Kluge, Begabte oder weniger Fähige. Es ist die Angst, durch irgendeine, auch nur leiseste Form von Eigenständigkeit Freundschaft und Liebe zu gefährden, den Unwillen der Männer – und damit der Öffentlichkeit – zu erregen; als lächerlich, als verrückt zu gelten. Ob es sich um Ehemänner oder Brüder handelt, macht keinen Unterschied.

Cornelia hat schon sehr früh von ihrem Bruder Signale in dieser Richtung empfangen. Goethes Auffassung von Frauen unterscheidet sich dabei wesentlich von der Herders oder Schillers. Während Herder seine Erbitterung gegen eigenständige Frauen nicht verbirgt, ergießt Schiller Haß und Spott über sie. Goethe hingegen, dessen Wesen selbst viele weibliche Züge hat, mag nicht nur die Anmut des weiblichen

Körpers, sondern auch des weiblichen Geistes. In den Bekenntnissen einer schönen Seele im „Wilhelm Meister" schreibt er: „Man hatte die gelehrten Weiber lächerlich gemacht, und man wollte auch die unterrichteten nicht leiden, wahrscheinlich, weil man für unhöflich hielt, so viele unwissende Männer beschämen zu müssen."

Daß Goethes Bindung an Cornelia diese Empfänglichkeit weckt und wachsen läßt, kann als sicher gelten. In „Dichtung und Wahrheit" bekennt er sich dazu. Die „Gewohnheit mit jungen Frauenzimmern anständig und verbindlich umzugehen, ohne daß sogleich eine entscheidende Beschränkung und Aneignung erfolgt wäre", heißt es da, habe er nur seiner Schwester Cornelia „zu dancken".

Partnerschaftliche Züge treten bei Goethe hervor, und sein Frauenideal nähert sich in vielem dem der Romantiker, ohne es jemals zu teilen. Die Frauen bleiben für ihn, wie er am 22. Oktober 1828 zu Eckermann sagt, „silberne Schalen", in die die Männer „goldene Äpfel legen".

Wirkliche weibliche Eigenständigkeit ist nicht gefragt. Wo sie Goethe in einem großen erotischen und geistigen Abenteuer begegnet, wie bei Marianne von Willemer, die Verse aus dem „Westöstlichen Divan" mit eigenen erwidert, flieht er. Die Frau muß Schale bleiben, aufgehen in seinem Leben. Schon im frühen zärtlich-liebenden Verhältnis zur Schwester zeigt sich das. Die Briefe des Studenten aus Leipzig belegen es. In dem Moment, da er sie nicht mehr als seine „Schülerin" sehen kann, sondern als „reifen Geist", wird sie ihm „fremd", und er beginnt sein Erziehungswerk an ihr von neuem. Wie eine Tafel, auf der man die Buchstaben einfach löscht und neue Schriftzüge aufträgt.

Wäre die Schwester mit dem Bruder nach Weimar gegangen, hätten sie wahr gemacht, was Goethe in „Dichtung und Wahrheit" als Wunsch Cornelias nennt, „ihr Leben in dieser geschwisterlichen Harmonie zuzubringen", – welch ein Leben hätte diese Frau geführt? Es bleibt im vielfach ungewissen.

Eines ist sicher, der Tod im Kindbett nach der zweiten Entbindung, nach nur dreieinhalbjähriger Ehe, hätte sie nicht hinweggenommen. Durch die Gefahren bei der Geburt wird die Ehe für viele Frauen zu einer Art Todesfalle. Eine unverheiratete Frau hat eine wesentlich höhere Lebenserwartung. Kinderlosigkeit, ob gewollt, erzwungen oder tief beklagt, ist Voraussetzung für Kreativität.

Fühlt Goethe das instinktiv, als er Cornelia noch eine zweite Rolle neben der ehelosen Nur-Schwester einräumt? „Aufrichtig habe ich zu gestehen", heißt es im 18. Buch von „Dichtung und Wahrheit", „daß ich mir, wenn ich manchmal über ihr Schicksal phantasirte sie nicht gern als Hausfrau, wohl aber als Aebtissin, als Vorsteherin einer edlen Gemeine gar gern denken mochte." Mit einer Klosterfrau verbindet sich der Gedanke der Jungfräulichkeit. Die Näherung eines anderen Mannes ist dadurch ausgeschlossen, verdrängt auch eigene sexuelle Wünsche an die Schwester-Frau. Die Nonnen-Version fügt ihm keine Wunden zu, ermöglicht ohne Schmerz die Vorstellung: die Schwester, nicht von ihm verlassen, sondern mit anderen Menschen.

„Ueber weibliche Seelen übe sie durchaus eine unwiderstehliche Gewalt", liest man in „Dichtung und Wahrheit". Was heißt, auf Männer wirkt sie nicht. Goethes Anmerkungen über Cornelias Häßlichkeit und Unsinnlichkeit sind so zu lesen. Nur in einem Frauenkreis mag der Bruder die Schwester sehen.

„Sie besaß alles was ein solcher höherer Zustand verlangt, ihr fehlte was die Welt unerläßlich fordert.“

Hatten Frauen hinter Klostermauern Bildungschancen, eine relative, eine Gefängnis-Freiheit? Die Nonne Hrotsvith von Gandersheim, geboren um 935, schreibt Verslegenden, Dramen und historische Epen in ihrer Zelle. Caritas Pirckheimer, mit dreizehn in ein Klarissenkloster in Nürnberg gekommen, nur durch ein vergittertes Redefenster mit der Welt verbunden, beginnt hier zu schreiben, bildet sich unermüdlich. Nach fünfundzwanzig Jahren Klosteraufenthalt wird sie achtunddreißigjährig Äbtissin. Als die Reformation die Klöster auflösen will, wehren sich die Frauen. Den Mönchen steht das Berufsleben offen, den Nonnen aber nur die Ehe oder ein Leben bei Brüdern und Verwandten. Caritas äußert sich, ihre Schriften erregen Aufsehen und Unmut, zumal bei dem lutherisch gesinnten, dem Humanismus verbundenen Nürnberger Patriziat. Caritas' Bruder, Willibald Pirckheimer, ihm zugehörig und in einer hohen Kulturstellung der Stadt, fühlt sich durch die Schwester bedrängt. Geschickt beginnt er sein Erziehungswerk an ihr, manipuliert sie. Er, der meint, es „sei besser ein Weib zu beerdigen als zu heiraten“, preist nun seine Schwester als Symbol weiblicher Tugend. Frömmigkeit, Demut, Selbstverleugnung vereinigen sich in dem Bild, was er von ihr entwirft.

Als die Klöster aufgelöst werden, treten an ihre Stelle kirchliche Damenstifte. Auch in Frankfurt am Main. Eines kennt Cornelia seit ihrer Kindheit, das Cronstettensche Damenstift am Roßmarkt, unweit vom Hirschgraben. In den Garten, westlich vom elterlichen Grundstück gelegen, kann sie aus den Fenstern des oberen Stockwerken hineinsehen. Vielleicht hat sie es getan, als Kind, als junges Mädchen.

Sehnsüchtig blickt sie hinunter, kein Mann weit und breit, kein Vater, der befiehlt und anordnet. In ihrem Tagebuch erwähnt Cornelia das Cronstettensche Damenstift mehrmals, erzählt von einem Ordenskreuz, das die Frauen an einem Band über der Schulter tragen.

Zwanzig Jahre nach Cornelias Tod wird Karoline von Günderode als Siebzehnjährige in das Cronstettensche Damenstift in Frankfurt am Main eintreten. Wird im Garten mit ihrer Freundin Bettina Brentano sein. Wird hier neun Jahre leben, in einer kleinen Kammer zu ebener Erde ihre Verse und Dramen schreiben. Mit sechsundzwanzig Jahren wählt sie den Freitod. Erfüllung als Frau und als Dichterin sind unvereinbar.

Der Eintritt in ein Stift wäre Cornelia als Tochter eines reichen Frankfurter Bürgers verwehrt gewesen, verarmten Adligen ist er vorbehalten.

Eine standesgemäße Ehe ist für Johann Caspar Goethe eine Prestige-Frage. Bruder und Schwester in Gemeinsamkeit? Unmögliches hätten sie wagen müssen, diese beiden Frankfurter Großbürgerkinder, gezwängt in den Ehrenkodex einer Stadt, in patriarchalische Familienstrukturen: den Bruch mit den Konventionen.

Der Vater hätte es niemals zugelassen, hätte Cornelia Geldzuwendungen entzogen, die er Schlosser mit Selbstverständlichkeit zukommen läßt. Vierhundert Gulden jährlich, eine beträchtliche Summe, von der Cornelia, wenn auch nicht ihrem Stand gemäß, doch immerhin gut leben könnte. (Sophie Mereau baut sich und ihrer Tochter nach ihrer Scheidung 1801 mit zweihundert Reichsgulden jährlich eine Schriftsteller-existenz auf.)

Ein gemeinsames Leben der Geschwister würde die Konvention nur unter zwei Bedingungen erlauben. Cornelia wäre um vieles älter und nicht verheiratet. Eine sitzengebliebene Jungfer. Dann dürfte sie beim Bruder leben. Oder sie wäre nach kurzer Ehezeit verwitwet.

Hat Goethe als junger Mann jemals ein Leben mit der Schwester wirklich in Erwägung gezogen? Er, der patriarchalische Strukturen, soweit sie ihn bedrücken, haßt, der sinnvoll wirken will, das in der Vaterstadt nicht kann, und nun am Weimarer Fürstenhof ausprobiert, wie ihm „die Weltrolle zu Gesicht stünde“? Ich glaube nein. Wie jenes Versprechen, Cornelia nach Leipzig nachzuholen, Wunsch bleibt, verharrt auch die Idee der geschwisterlichen Lebensgemeinschaft in der reinen Phantasie. Verlockung, Spiel mit Schmerzen, wirkliche Schmerzen. „Wenn meine Schwester heurathet, so muss sie fort, ich leide keinen Schwager“ – der Realismus des Siebzehnjährigen. Die tatsächlichen Rollen werden niemals angezweifelt.

Auch von Cornelia nicht. Sie erfüllt die Erwartungen der Gesellschaft: Ehe, Familie, Hausfrau, Gattin. In ihrem geheimen Tagebuch ist an keiner Stelle auch nur andeutungsweise von einem Leben mit dem Bruder die Rede; nicht als Möglichkeit, nicht als Wunsch, nicht als Traum.

Kehren wir zurück nach Emmendingen. Zu dem Tag, da Cornelia aus Weimar das Manuskript der „Geschwister" vom Bruder erhält. Zum November 1776. Sie legt das Manuskript nach der Lektüre in ein Fach ihres Schreibsekretärs, legt es neben die „Ehestandsszene" ihres Mannes. Verschließt das Fach, öffnet es wieder und wieder in jenem November.

Die Zurückweisung durch den Bruder, schmerzvoll, vernichtend. Die letzte Hoffnung auf irgendeine Art auch nur kleinster Gemeinsamkeit mit ihm erlischt. Die Erklärung Schlossers auch Verletzung. Aber vielleicht empfindet Cornelia Mitleid mit ihm. Schlosser braucht eine andere als sie. Praktisch, stabil, heiter, ihm immer zugewandt, ihm folgend, ihn bewundernd, ihm ergeben. Warum nur kann sie sich auf dieses Maß nicht reduzieren, mag sie sich gefragt haben. Grübeln setzt ein, jene ungute, sie lähmende Melancholie gewinnt wieder in ihr Raum.

Cornelia spürt, wie ihre Kräfte, die ihr im Sommer 1776 so wunderbar zuwuchsen, schwinden. Ihre Worte im Sommer, „... ich finde überall Freude wo ich sonst Schmerzen fand ...", erscheinen ihr jetzt völlig unwirklich. Da war sie voller Hoffnung, „befürchtete ... nichts von der Zukunfft ..."

„... wenn der Zustand dauert so ist der Himmel auf der Welt ..." Es ist erst Monate her, als sie das schrieb. Im Juni war es. Jetzt ist November.

In die Zwischenzeit fällt ein Ereignis, das Cornelia auch körperlich widerstandslos macht, sie offenbar wieder in jenen Teufelskreis der Depressionen zwingt.

Sie wird schwanger. In den letzten Augusttagen oder den ersten des September muß es ihr zur Gewißheit werden. Im November ist sie im dritten Monat. Was wird werden, wenn schon die Geburt von Maria Anna Louisa sie so schwächte? Wird sie es wieder ertragen müssen, monatelang im Bett, nicht fähig zu den geringsten Arbeiten wie damals. Auf andere Leute angewiesen, die ihr fremd sind. Wieder ihnen ihr Kind überlassen, nun auch das kommende. Und die Tochter, die gerade zwei geworden ist.

Die erneute Schwangerschaft zerstört alles.

Cornelias Ängste steigen wieder hoch, ihr körperliches Befinden verschlechtert sich. Schon die Belastung der ersten Schwangerschaftsmonate führt wahrscheinlich wieder zu den gleichen Leiden wie beim ersten Kind. Herzschwäche, Gliederschmerzen, Übelkeit. Alle Anzeichen ihrer vormaligen Krankheit treten verstärkt auf. Die Abwehrkräfte von Leib und Seele werden immer geringer. Sie fürchtet, die Geburt nicht zu überstehen.

Sommer und Herbst. Ein abrupter Wechsel ihrer Befindlichkeit innerhalb weniger Monate. Die Einsamkeit nimmt wieder schreckliche Gestalten an. „Der Winter ist mir unangenehm und beschwehrlich", schreibt sie, „hier macht die schöne Natur unsre einzige Freude aus, und wenn die schläft, schläft alles."

Die Wände von Cornelias Frauenzimmer rücken immer dichter zusammen. Am 10. Dezember heißt es: „Wir sind hier ganz allein, auf 30–40 Meilen weit ist kein Mensch zu finden; – meines Mannes Geschäffte erlauben ihm nur sehr wenige Zeit bey mir zuzubringen ..."

Schlosser teilt ihre Ängste nicht. An keiner Stelle seiner Briefe gibt es auch nur die geringste Andeutung, daß für ihn Schatten auf die bevorstehende Geburt fallen, er sich um Cornelias Zustand ernstlich sorgt. Ein unbegreiflicher Optimismus. Einmal heißt es: „Ein Bub wär' mir herzlich lieb, ich wollt' wunderliches Zeug mit ihm machen, um doch im Alter einen Freund zu haben." Cornelias Mann führt sein Leben weiter wie zuvor. Er verreist mehrmals, seine Amtspflichten erfordern es. Im März 1777 zum Beispiel hält er sich in Frankfurt auf, ist auch bei den Schwiegereltern.

Bittet er Cornelias Mutter, nach Emmendingen zu kommen? Wir wissen es nicht, wissen nur, auch bei ihr gibt es keine Befürchtungen. Am 16. April 1777 schreibt Catharina Elisabeth Goethe an Rat Crespel: „Tante ... und ich haben jetzt ein groß gaudium am Schach-spiel, lachen was rechts über den Matzbumbes von König, den jeder laffe Schach machen kan", spricht vom Sohn in Weimar, der „Gott sey Danck Gesundt, Baut pflantz, gräbt in seinen Garten, daß er Art und schick hat", und kommt dann auf die Tochter mit der üblich distanzierenden Anrede „die Schlossern".

„Die Schlossern", schreibt die Mutter, „liegt noch nicht in Wochen, auf Pfingsten können wir gute neue Mähr hören." Mit gleicher Zuversicht äußert sich der Ehemann am 3. Mai 1777. „Noch", schreibt er da an Merck nach Darmstadt, „ist meine Frau die Last nicht los, zwischen hier und Pfingsten hoff' ich aber."

Im gleichen Brief, sieben Tage vor der Geburt des Kindes geschrieben, wird spürbar, wie getrennt die Sphären von Cornelia und ihrem Mann sind. Gibt es wirklich keinerlei innere Bindung mehr zwischen diesen beiden Menschen? „Ich stecke in der Mathesis", berichtet Schlosser, „und wenn ich noch einige Wochen herum habe, so werde ich alle meine freien Stunden allein mit ihr zubringen ... Dann hab' ich auch eine Drechselbank, und ob ich gleich schon drei

Jahre drechsele, so hab' ich doch, weil ich nicht mehr als vier oder fünf Lectionen nehmen wollte, erst seit drei Wochen das Geheimnis gefunden, mir selbst darauf fort zu helfen … Rechnet dazu mein Amt und meine Braunen und denkt Euch nun, daß mir die Zeit nicht mehr lang genug ist …" Mathematik, Drechselbank, seine Pferde. Schlosser beschäftigt sich. „O Lieber, wie schwer ists in der Welt, Liebe zu haben und Mann zu bleiben", heißt es Monate zuvor an Lavater. Vieldeutig dann: „Die Leute sind alle wie Spinngewebe, man darf ihnen keine starke Wahrheit mehr sagen …"

Ist diese Äußerung eine Anspielung auf Cornelia, auf ihren Rückzug von ihm? Schlosser spürt sicher die Abweisung durch seine Frau, die Verachtung. Es führt zur weiteren Entfremdung zwischen den beiden. Auch zur Verbitterung auf Schlossers Seite. Ein Indiz dafür ist eine Äußerung an Johann Heinrich Merck in jenem Brief vom 3. Mai 1777. Wiederum ohne Hinweis auf Cornelia, wie an Lavater, aber ganz sicher in bezug auf sie. Seit er sich einen neuen Wahlspruch zugelegt habe, schreibt Schlosser, sei er „um zwei Drittel toleranter und tolerabler geworden". Dieser Wahlspruch lautet: „Never to be hot an a cold subjekt". [Sich nicht an einem kalten Subjekt heiß machen.]

Fünf Wochen hat Cornelia da noch zu leben. Wie sah ihre abendliche Gemeinsamkeit aus, von der Schlosser in den ersten Ehejahren mehrmals berichtet: „Sie singt mir alle Abend." Vielleicht bittet Schlosser nicht mehr darum. Oder Cornelia lehnt unter dem Vorwand von Unwohlsein und Schmerzen ab.

Vielleicht singt Cornelia Lieder für die Tochter, das Kind hört es gern, Cornelia bringt es innere Ruhe, die Aufmerksamkeit des Mädchens, seine Nähe und Wärme. Oder Singen, allein, gegen die Ängste, Klavierspiel als mögliche Form von Konzentration.

Cornelia nimmt vielleicht wieder die Stücke von Johann Schobert, dem schlesischen Komponisten, vor, den sie als Siebzehnjährige so mochte. „Ausgezeichnet“ nennt sie seine Werke in ihrem Tagebuch, sie werde „nicht müde, sie zu spielen“. Auch Anna Maria Mozart spielte jenen Schobert, wie belegt ist. „Jede andere Musik gefällt mir nun fast nicht mehr“, schreibt Cornelia am 1. Oktober 1767, sechs Wochen nachdem Schobert in Paris zusammen mit Weib und Kind, Dienstmädchen und drei Freunden an einer Pilzvergiftung gestorben ist. „Während ich spiele“, Cornelia im Tagebuch, „durchdringen schmerzliche Gefühle meine Seele, ich betraure diesen großen Schöpfer, der in der Blüte seiner Jahre, mit solch einem Genie, so elend und plötzlich hat umkommen müssen.“ Cornelia erinnert sich der vielen Konzerte in Frankfurt, die sie als Kind und junges Mädchen besuchte. Wie selbstverständlich schien es ihr damals. Und wie absurd ist ihr jetzt in ihrer Abgeschiedenheit die Vorstellung, erregt, gespannt, schön gekleidet in einem Konzertraum zu sitzen, Musik zu hören.

Gar eine Oper. In dem Jahr, als Cornelia von Karlsruhe nach Emmendingen zieht, ist eine Oper von Christoph Willibald Gluck in aller Munde. „Orfeo ed Euridice“. Bereits 1762 am Wiener Hofburgtheater in italienischer Sprache uraufgeführt, wird sie am 2. August 1774 in Paris in einer französischen Fassung gegeben und löst Begeisterungsstürme aus. Cornelia wird davon gehört haben. Jetzt aber erhält sie Klavierauszüge von Glucks tragischer Oper. Aus

Weimar schickt Charlotte von Stein sie mit anderen Noten. „Für Ihre Musick meine Liebste kann ich Ihnen nicht genug dancken", erwidert Cornelia am 20. Oktober 1776, „ob ich schon nur den kleinsten Schatten davon auszuführen im Stande binn."

„Das Recitativ vom Orpheus muss eine erstaunende Würkung thun – ich glaub ich käm von Sinnen wenn ich einmal wieder so was hörte –." Der Mythos von Orpheus, dem Dichter und Sänger, dessen Saitenspiel selbst wilde Tiere, Bäume und Felsen rührt; das Schöne siegt über die Schrecknisse des Infernos, die Liebe über den Tod. Durch Liebe wird Unmögliches möglich: Orfeo holt seine Gattin Euridice aus dem Totenreich zurück. Orfeo darf sich nicht umdrehn, und als sie hintereinander der Oberwelt zuschreiten, verfällt Euridice daher in den Wahn, von ihm nicht mehr geliebt zu werden. Orfeo wendet sich, und Euridice sinkt erneut in den Tod.

Jenes „Recitativ", auf das Cornelia im Brief anspielt, ist sicher die Totenklage Orfeos, als die Götter ihm zum zweiten Male die Geliebte nehmen. „Che faro senza Euridice? Dore andro senza il mio ben?" – „Ach, ich habe sie verloren, all mein Glück ist nun dahin!"

Dezember 1776. Die ersten Schneefälle. Die träge Landstadt Emmendingen. Cornelia steht am Fenster, es scheint ihr, als ob sich nichts mehr bewege.

Die Freunde, die des Sommers über den Rhein kamen oder aus Basel oder Zürich herab; niemand. Nur Stimmen der Dienstboten, Anweisungen Schlossers, sein Pferd wird gesattelt, er reitet weg. Am Abend wieder die Hufe, er kommt zurück. Cornelia hört das eine wie das andere. Ohne Teilnahme, starr. „... und da schleiche ich denn ziemlich langsam durch die Welt, mit einem Körper der nirgends hin als ins Grab taugt", schreibt sie am 10. Dezember. Es ist der letzte Brief, den wir von ihr haben. Ihre Einsamkeit scheint grenzenlos.

Tage später wird für Monate ein Gast in ihr Haus einkehren. Ein Mann, der sie hochschätzt, verehrt, der Zeit für sie hat, sensibel ist. Die merkwürdigen Zufälle des Lebens. Es ist ein enger Freund des Bruders, und er kommt aus Weimar. Mitte Dezember, zwischen dem fünfzehnten und zwanzigsten, tritt er in Cornelias Tür. Die Christnacht verbringt er in Emmendingen, den Anbruch des neuen Jahres, bis in den April 1777 lebt er im Haus. Es ist der Dichter Jakob Michael Reinhold Lenz.

Kein Unbekannter. Cornelia ist ihm das erste Mal im französischen Straßburg begegnet. Vermutlich im zeitigen Frühjahr 1775. Schlosser „führte sie hieher um mich kennen zu lernen", schreibt Lenz. Es ist wohl jene Reise über den Rhein, die Cornelia auch nach Colmar zu Pfeffel und Lerse führt und von der Wilhelm Heinse später in einem Brief an Friedrich Heinrich Jacobi berichtet. „Ich lernte bei Lerse und durch ihn zuerst Goethes Schwester, die erste Schlosser, kennen, das lieblichste Wesen, durchaus Gefühl und Seele, voll reinen Klanges." Einen ähnlich starken Eindruck muß Cornelia auf Jakob Lenz gemacht haben. Der ersten Einladung, die er nach Emmendingen erhält, folgt er bald. Im April 1775 vermutlich. Anfang Mai jedenfalls bedankt sich Schlosser für Lenzens Besuch, berichtet von seiner Krankheit und daß es Cornelia besser gehe. „Meine kleinen Leiden", schreibt er, „werden durch die täglich wachsende Gesundheit meiner besten Frau wieder doppelt vergolten. Adieu, lieber Lenz, auf den Herbst also sehn wir Dich gesünder, fröhlicher, besser wieder. – Versags uns nicht! Wie sollst Dus? Das wird eine wirklich seelige Familien-Gruppe werden –." Nicht bis sich das Jahr neigt, müssen sie warten, schon in den Maitagen 1775 gibt es ein erneutes Beisammensein. Goethe kommt von Straßburg, bringt den Freund zur Schwester mit. Zehn Tage Emmendingen.

Wir sprachen schon von jener Zeit, glaubten, nur dem Bruder galten in jenen Maitagen Cornelias Gedanken und Blicke. Aber dem ist nicht so. Wir haben ein Zeugnis darüber. Ein Geschenk Cornelias an Jakob Lenz. Es läßt auf Offenheit, ja Vertraulichkeit zwischen den beiden schließen. Cornelia überreicht Lenz zum Abschied einen Band Gedichte und schreibt ihm zwei Verszeilen in sein Stammbuch. Nicht deutsch, sondern italienisch trägt sie die Worte mit ihren klaren Schriftzügen in sein Stammbuch ein. Es sind Verse des italienischen Dichters Francesco Petrarca aus dem 24. Sonett seiner „Sonetti e Canzoni in vita di Madonna Laura".

Auch ein Bild Cornelias nimmt Lenz von Emmendingen mit. „Gottlob daß ich Dich habe", schreibt er dann in Straßburg in sein Tagebuch, „– und wenn Du nicht da bist Dein Porträt und Deinen Petrarca. Nimmer werd ich's vergessen wie Du mir ihn mitgabst zum Geleitsmann bei meiner Abreise."

Monate später ist Lenz wieder in Emmendingen bei Cornelia, „eben komme" er von ihr, heißt es am 20. November 1775 in einem Brief an Herder.

Was bedeutet Cornelias Geschenk, was ihre Zeilen in seinem Stammbuch? „Sie versprach mir zu schreiben." Lenz nach seiner ersten Begegnung mit ihr in Straßburg. Die Existenz einer solchen Korrespondenz ist immer bezweifelt worden, in das Reich der phantastischen Träume Lenzens verwiesen. Zu Unrecht. Es ist sehr wahrscheinlich, daß Cornelia an einem Briefaustausch mit Lenz interessiert ist und die Aktivität sogar von ihr ausgeht, wie bei Franz Lerse, dem Freund des Bruders aus seinen Straßburger Tagen. Auch dieser Briefwechsel ist nicht überliefert, nur durch eine Äußerung Heinses vom 8. 12. 1780 haben wir Kenntnis davon. „Sie" [Cornelia] „schrieb zuerst Lerse nach Versailles, und so fing sich ihre Correspondenz an. Ihre Briefe waren mir, wie Leersen selbst, wirklich heilige Reliquien." Ende 1771 geht Lerse nach Versailles, 1774 kehrt er nach Colmar zurück. Wenn Cornelia im Fall von Lerse von sich aus einen Briefwechsel beginnt, warum sollte sie es dann nicht gleichfalls mit einem anderen Freund des Bruders tun, mit Lenz, den er „liebt" wie seine „Seele", der in Deutschland in Literaturkreisen in einem Atemzug mit ihm genannt wird.

Cornelias vermutliche Briefe an Lenz sind nicht überliefert. Die seinen an Cornelia dagegen sind teilweise erhalten. Und zwar die nicht abgesandten. Die er nach Emmendingen schickt, verbrennt Schlosser sicher mit anderen Papieren nach dem Tod seiner Frau.

Wieso behält Lenz Schriftstücke an Cornelia für sich? „Selbstunterhaltungen" nennt er seine Gespräche mit der Freundin, auf weißem Bogen mit dem Federkiel führt er sie. Schon nach dem ersten Emmendingen-Aufenthalt beginnt er damit. Was diese Frau in ihm auslöst, sie ihm bedeutet, bekennt er enthusiastisch: „Engel, Trost, Beglückung meines Lebens, Kleinod das der Himmel meinem Herzen zuwarf ... Beruhigung und Ziel aller meiner Wünsche, Cornelia! Cornelia!!!"

„Du bist meine erste, beste, heiligste Freundin ..."

Frau und Schwester ist sie anderen. Ihm soll sie beides im Geiste sein. Seine sexuellen Wünsche, die ihn in den Beziehungen zu den Straßburger Mädchen bedrängen, kommen bei ihr zur Ruhe. Sie führt ihn zu sich selbst, „alle höheren Fähigkeiten meiner Seele" gelänge Cornelia durch ihre „edelsten Freundschaftsbezeigungen anzureizen".

Die Grenzen zwischen Brief als Form der Mitteilung und Brief als literarischer Fiktion verschwimmen bald. Literatur wird es, ein Prosa-Tagebuch, deren Adressatin Cornelia ist. Zwiegespräche mit ihr. Klage, „hat Dein Herz keinen Raum mehr für mich übrig? Stelle mich zu Deinem Bruder, oder stelle mich zu Deinen Gespielinnen – oder zu Deinem Hunde, ich werde ihm wenigstens an Treu nicht nachgeben." Dann wieder phantastische Träume von Offenheit gegeneinander, Liebesgeständnisse. „O daß ich diesem Papier Flügel geben und es vor Deine Augen bringen könnte." Aber er schickt die Briefe nicht ab. „So muß ich denn ewig alles bei mir behalten was ich für Dich fühle und darf es kaum den Winden fortzuführen geben."

Der Mann, der dies alles schreibt, tritt nun im Dezember 1776 erneut in Cornelias Haus. Schlecht sieht er aus, verstört. Schweigsam ist er die ersten Tage. Widerwillig gibt er Auskunft. Cornelia fragt, kommt Lenz doch von Weimar, vom Bruder, kennt sein Treiben dort, sein Tun und Denken, Garten und Haus in den Wiesen vor den Toren der Stadt, kennt seine Freunde, den Herzog, Wieland, kennt Charlotte von Stein. Die Uraufführung der „Geschwister" war doch Ende November. Spricht der Bruder von ihr, erwähnt er sie anderen gegenüber, was denkt er? So viele Fragen.

Dann endlich Lenzens Erklärung nach Zögern und Stummheit. Er mußte aus Weimar fliehen, ausgewiesen, verbannt aus der Stadt wurde er. Ja, von Goethe. Seine Freundschaft hat er für immer verloren.

Das wird er wohl an einem der Abende sagen, als Cornelia, ihr Mann und Lenz beieinander sitzen. Schlosser vermutlich wird dann sagen, das wundere ihn nicht. Auch sein Wunsch nach Nähe zum Schwager Goethe sei unerfüllt. „Alle, die ich noch kannte", schrieb er im Mai 1774 an Lavater, „waren an Verstand oder an Herz unter oder entfernt von mir. Goethe allein würde es gekonnt haben ... Aber es ist noch nicht die Zeit, daß er Freund sein könnte!" Es bleibt eine Wunde. Am 3. Mai 1777 dann teilt Schlosser Merck mit: „Göthe hat mir neulich durch seinen Bediensteten schreiben lassen, ohne nur ein ‚Grüß Dich Gott' beizusetzen. Das Ding hat mich anfangs entsetzlich geärgert, und im Ernst geschmerzt! Nun fühl ichs nicht mehr! Er war innig von mir geliebt, er hat mich aber vorbereitet, erstaunlich gleichgültig gegen ihn zu sein."

Harte Worte gegen Goethe sagt Schlosser vermutlich auch an jenem Dezembertag in Gegenwart Lenzens. Cornelia scheint sie nicht zu hören. Zu grob sind ihr Schlossers Äußerungen. Was aber dieser Lenz da erzählt, stockend, unsicher, sich und andere beschuldigend, niemals den Bruder, da sieht Cornelia plötzlich sich selbst. Wie in einem Spiegel entdeckt sie in dem anderen Eigenes; ihre Liebe zum Bruder, ihre Hörigkeit, in ihr Scham und Wut, Gefühl qualvoller Unterlegenheit, das sich immer wieder auflöst in Wollust, ihm anzugehören. Wahlverwandtschaft spürt sie. Lenz ist sich dessen längst bewußt.

Monatelang leben diese beiden Menschen gemeinsam in einem Haus. Unterbrochen nur durch Lenzens Winterreisen über den Rhein hinüber, nach Straßburg, Colmar, Sesenheim. Unüberlegte hektische Aufbrüche. Wiederkehr meist schon des anderen Tages. Trauer im Gesicht, in der ganzen Gestalt. Er geht in seine Stube, läßt sich tagelang nicht sehen, nicht einmal zu den Mahlzeiten. Er schreibt. Dann wieder Wanderungen durch den Schnee, lange Wanderungen in der Umgebung von Emmendingen.

Manchmal vielleicht die Bitte an Cornelia, doch ein Stück Wegs mitzukommen. Es täte ihr und dem werdenden Kind gut. Sie dürfe sich nicht gehenlassen. Er sagt es wie zu sich selbst. Cornelia kleidet sich an, umständlich, langsam. Sie verlassen das Haus. Es ist ungewöhnlich für eine Frau und in ihrem Zustand, im Winter zu Fuß zu gehen. Verschneite Wege, Felder, Hügel. Kein Wiedererkennen der Landschaft, wo sie des Sommers ging. Dennoch, mit dem Gefährten an der Seite scheint ihr das Weiß nicht trostlos. Sie ermüdet bald, sie kehren um.

Die Erfindung einer möglichen Gemeinsamkeit zwischen ihnen. Phantasie, gewiß. Daß es aber eine solche Zweisamkeit von Cornelia und Lenz in jenem Winter 1776/77 gegeben hat, ist sicher. Den Beleg liefert ein Außenstehender, Friedrich Eberhard von Zinck, ein Freund von Schlosser: Lenz sei, schreibt er am 4. April 1778 aus Emmendingen nach Leipzig, „besonders der Liebling der Hofräthin Schlosserin gewesen … Von ihr genoß Lenz außer der guten Aufnahme in ihrem Hause noch viele Wohltaten …“ Zinck spielt auf Lenzens finanzielle Lage an. Offenbar hat ihn Cornelia auch mit Geldzuwendungen unterstützt.

Die Zweisamkeit von Cornelia und Jakob. Welch äußeren und inneren Raum sie hat, bleibt offen. Zögernd, verletzbar, sensibel mag diese Gemeinsamkeit gewesen sein, wie sie beide. Berührend und schön. Zärtlichkeit im Geiste. Die Anwesenheit des anderen schon Trost. Vielleicht.

Bereits bei ihrem ersten Zusammensein – man entnimmt es dem Tagebuch von 1775 – fühlt Lenz sich verstanden. „Bei Dir war alles gesättigt alles befriedigt", erinnert er sich. „Ach Cornelia wie wohl war mir bei Dir wo ich die Nase hängen lassen durfte wie ich wollte und lachen wenn mich's kützelte ... Du große starke Seele, die nur mein Herz nicht meine Maske verlangt." Das wird sich wiederholen.

Und sollte ihr, Cornelia, nicht gleiches von ihm widerfahren? Gespräche, die sie nicht belehren wollen. Sogar Rede über das kommende Kind. Die Vermutung liegt nahe. Lenz, ist überliefert, sollte der Taufpate des Kindes werden. Im Kirchenbuch von Emmendingen findet sich eine derartige Eintragung allerdings nicht. Zögert Cornelia, befürchtet den Affront des Bruders oder der Mutter, die Taufpatin ist. Kein zweiter Name steht im Register. Als das Kind geboren wird, ist Lenz nicht in Emmendingen. „Herr Schlosser hat mir gar keine nähern Umstände von der Kindstaufe geschrieben und ich weiß nicht einmal daß ich Pate bin."

Als Lenz in der Schweiz die Nachricht von der Geburt erhält, dichtet er „ein Liedgen" auf das Neugeborene. Er weiß, es ist ein Mädchen. Es wird der Mutter ähnlich werden. Lenz sieht Cornelia vor sich, erinnert sich ihrer Gespräche; seine Verse sind der Widerschein von beidem.

Willkommen kleine Bürgerin
Im bunten Tal der Lügen!
Du gehst dahin, du Lächlerin!
Dich ewig zu betrügen.

Was weinest Du? die Welt ist rund
Und nichts darauf beständig.
Das Weinen nur ist ungesund
Und der Verlust nothwendig.

Einst wirst Du kleine Lächlerin!
Mit süssern Schmerze weinen
Wenn alle deinen treuen Sinn
Gott! zu verkennen scheinen.

Dann wirst Du stehn auf deinem Wert
Und blicken, wie die Sonne
Von der ein jeder weg sich kehrt
Zu blind für ihre Wonne.

Bis das der Adler kommen wird
Aus fürchterlichen Büschen,
Der Welten ohne Trost durchirrt –
Wie wirst du ihn erfrischen!

Cornelia wird diese Verse nicht mehr lesen.

Andere Verse von Jakob Lenz aber hört sie sicher in den Wintermonaten 1776/77. Zum Beispiel sein Gedicht nach Francesco Petrarca, angeregt durch ihr Geschenk damals. Im Juli 1775 sendet Lenz das Manuskript an Lavater. Es sei ihm „sehr viel dran gelegen", es bald „fertig zu sehen". Sein Wunsch sei einzig „sauberen Druck, sauberes Papier und allenfalls ein paar gutgestochene Vignetten", er wolle es „jemanden" überreichen, „der sehr viel Anteil daran nehmen wird". Er verzichtet sogar auf ein Honorar. Heinrich Steiner in Winterthur druckt es, Mitte 1776 bekommt Lenz dann das Büchlein in Weimar in die Hände. Nun, in Emmendingen, liest er daraus vor. Die unerfüllte Liebe zu Laura.

Ob Lenz auch jene geheimen Briefe an Cornelia preisgibt, deren „Papier" er damals „Flügel" wünscht, und es doch den „Winden" nicht anvertrauen will. Vielleicht sagt er ihr manches, verfremdet, Gefühle verbergend. Aus dem Gedächtnis sagt er es. Vorlesen kann er nicht, denn er hat das Manuskript verschenkt.

An Cornelias Bruder. Wann tat er das? In Weimar im November 1776, nach der Uraufführung der „Geschwister", zu der man ihn nicht lud? Ein Versehen von Goethes Diener nur, oder Absicht, dieser Ausschluß Lenzens. Das Manuskript eine Gegengabe, siehe, so sehe ich deine Schwester. Cornelia wird für Lenz auch in seiner „Catherina von Siena" wichtig, ein Drama, das Fragment bleibt. In Weimar und Berka arbeitet er daran. Auf einem Entwurf notiert er am Rande: „so bleibt das Stück immer für Goethen und seine Schwester." Wie es auch gewesen sein mag, die Huldigungen Lenzens an Cornelia tragen weitere Spannungen und Eifersüchte in das Verhältnis der Dichter-Freunde. Zumal Goethes Drama „Die Geschwister" nicht nur Bezüge zu Cornelia, sondern ebenso zu Charlotte von Stein hat, von der Lenz gerade nach vierwöchigem Aufenthalt auf ihrem Gute Kochberg zurückkehrt. Literatur und Leben sind nicht zu trennen, berühren sich schmerzlich, verwunden einander. Ausnahmslos alle. Auch in Emmendingen schließt sich wieder der Kreis Bruder–Freund–Geliebte–Schwester.

Im April 1777 beginnt Cornelia die Tage zu zählen bis zur Niederkunft. Das Kind in ihrem Leib hat sich schon gesenkt. Es kann nicht mehr lange dauern.

Aus Cornelias Heimatstadt Frankfurt kommt diesmal nicht Antoinette Gerock, sondern ihre jüngere Schwester Charlotte Jakobina. Und wieder wird die Hebamme Schwörer dabeisein. Seit zwei Herbsten wird sie durch eine „Beyfrau" unterstützt, die Witwe Anna Regina Tschira. Auch ein Arzt ist zugegen, das ist überliefert. Es ist der Landphysikus Dr. Wilhelm Ludwig Willius. Ob er von Anfang an dabei ist oder hinzugerufen wurde, wissen wir nicht.

Der 16. Mai. Cornelia sammelt die ihr verbliebenen Kräfte. Sie ist voll Angst, aber auch voller Mut. Es wird gut werden. Abends um neun Uhr kommt das Kind zur Welt. Eine Tochter ist es. Elisabeth Katharina Julia nennt die Mutter sie. Zwei Tage später wird das Mädchen getauft. Stadtpfarrer Friedrich Ernst Bürklin betritt das Haus. Die Zeremonie vollzieht sich an Cornelias Bett.

Cornelia ist schwach, das war sie auch nach der ersten Geburt. Sie hofft auf Zunahme der Kräfte, langsame. Aber diese Hoffnung erfüllt sich nicht.

Die folgenden drei Wochen müssen schrecklich gewesen sein. Von Tag zu Tag verringert sich die Hoffnung, daß Cornelia überleben wird. Details kennen wir nicht. Treten die Symptome, die es bereits nach der ersten Geburt gab, verstärkt auf? Ist Cornelia körperlich und seelisch einfach erschöpft? Kommt eine Infektion, kommt Kindbettfieber hinzu? Was sagt Dr. Willius, was ordnet er an, wie behandelt er Cornelia?

Zunehmendes Fieber vermutlich, sich steigernd, in Schüben wiederkehrend. Schwäche, Bewußtlosigkeit, Fieberphantasien. Drei Wochen lang. Am achten Juni am Vormittag, elf Uhr, stirbt Cornelia.

Einen Tag später, am neunten Juni, teilt Schlosser den Tod Cornelias ihren Eltern in Frankfurt, ihrem Bruder in Weimar und den Freunden in der Schweiz mit. Einzig der Brief an die Freunde ist überliefert. „Lieber Lavater, lieber Lenz, lieber Pfenniger, unserer Hoffnung und Freude war umsonst. Mein armes Weib ist gestern gestorben! Ich kann euch die Geschichte Ihres Leidens nicht erzählen! Es thut mir zu weh!"

Am 10. Juni 1777 ist die Beerdigung. Vom Amtshaus hinter dem Stadttor zur Kirche, von der Kirche zum Friedhof bewegt sich der Zug. Als Cornelias Körper ins Erdreich gesenkt wird, Hände, fremde Hände Erde auf den Sarg werfen, Pfarrer Bürklin seine Worte spricht, da wissen es die ihr Nahen noch nicht. Die Briefe sind auf dem Wege; irgendwo treiben sie durch den Sommer.

Am 13. Juni schreibt Cornelias Mutter aus Frankfurt an Lavater: „Da meine Kinder nicht bey mir sind; so beruht alles auf das Schreiben so wir erhalten. Von Weimar haben wir gute neue Mähr, von Emmendingen aber – – ist die Schlossern kranck vielleicht gefährlich – – Gott weiß es –." Eine Vorahnung, Tage später erreicht sie der Brief; „gantz ohnvermuthet, Blitz und Schlag war eins", heißt es am 23. Juni. „Ein ... lebendiger, dastehender Zeuge sind wir, die wir unsere Cornelia unsere eintzige Tochter nun im Grabe wissen – –." Sie klagt über den Schmerz des Vaters, der den Winter über krank war, „und dem Mann muste ich der Todes Bote seyn von seiner Tochter die er über alles liebte". In der Schilderung ihres eigenen Leidens ist sie merkwürdig zurückhaltend; „aber wir! die wir wissen daß über den Gräbern unsterblichkeit wohnet, und daß unser spannenlanges Leben auch gar bald am Ziel seyn kan –

uns ziemt die Handt zu küssen die uns schlägt, und zu sagen: / zwar mit 1000 thränen: / der Herr hats gegeben, der Herr hats genommen, sein Nahme sey gelobet." Zeilen später wird ihr Brief wieder ganz warm und persönlich, sie gesteht Johann Caspar Lavater, daß sie bei seiner „Abreiße" einen „ganzen Tag geweint habe". Die Äußerung der Mutter über den Tod der Tochter ist ein letztes Zeugnis der Fremdheit zwischen beiden.

Schlosser ist tiefbetroffen, aber auch ihm hilft, wie Catharina Elisabeth, seine Religiosität. Als Ratschluß Gottes legt er Cornelias Tod aus. „Er duldet wie ein Christ u Mann und – – glaubt an Gott ... ich habe zwey herrliche Briefe von meinem lieben Sohn Schlosser bekommen", schreibt Catharina Elisabeth Goethe am 23. Juni. Diese Briefe sind nicht überliefert. Ein Brief Schlossers an den Bruder nach Frankfurt vom 14. Juni aber. „Ich will nicht klagen. Es ist unmännlich", heißt es. „Das ist mein erstes wahres Unglück und Dank sei Gott, daß das mich traf, wo mein Leib und meine Seele noch einige Stärke hat. Nun kann mich nichts mehr brechen."

Jakob Michael Reinhold Lenz erhält die Todesnachricht, als er von einer Fußwanderung durch die Schweizer Berge nach Zürich zurückkehrt. Er eilt nach Emmendingen. „Ich bin hier angekommen ... mit welchem Herzen, als ich überall mir entgegen schallen hörte, sie ist todt", notiert er am 24. Juni. Er steht an Cornelias Grab. Jener bereits erwähnte Zinck überliefert, daß Lenz, als er im Juni 1777 in Emmendingen angekommen sei, „ganz untröstlich" war, er „wolte das Grab geöffnet haben, um sie noch einmahl zu sehen u. dergl.“. Zinck berichtet dann noch vom Januar 1778, als Lenz, wie auch anderweitig belegt ist, auf seinem Weg zu Pfarrer Oberlin ins Steintal in den Vogesen in Emmendingen haltmachte. „Er mochte gehört haben“, schreibt Zinck am 4. April 1778, „daß die Schlosserin aus Verwahrlosung gestorben wäre, und gieng zu dem hiesigen Land-Physicus, D. Willius, setzte diesen zur Rede, drohte, ihn umzubringen, wenn er, wie er sich ausdrückte, ihre geheiligte Asche entweyhen wolte. Der Arzt antwortete ihm, daß er einer ieden medicinischen Fakultät von seiner Curart Rechenschaft geben wolle, allein die Schlosserin sey nicht unsterblich gewesen!“ Lenz habe, berichtet Zinck, dem Arzt darauf entgegnet: „Die Schlosserin nicht unsterblich? ... Die Schlosserin verwesen? Nein, das ist unmöglich!“

Lenz muß aufs äußerste erregt gewesen sein. Von einer „Wunde“, die das „Schicksal ihm geschlagen“ habe, spricht er und: „Mir füllt diese Lücke nichts – ein edles Wesen von der Art auf der Welt weniger kann sie einen schon verleiden machen.“ Er dichtet berührende Totenklagen, die zum Schönsten gehören, was über Cornelia geschrieben wurde.

Auch andere Freunde, die sie nur einige Male sahen, aber ihre Briefe liebten, bekennen ihren Schmerz. „Ach, so etwas kann nicht wieder ersetzt werden, wenn es einmal durch den Tod entrissen ist! Ich hätte mein ganzes Leben lang nach dem theuren Gute geweint und geseufzet“, schreibt der Dichter Wilhelm Heinse.

Goethe, der Bruder in Weimar, erhält die Nachricht vom Tod der Schwester am Morgen des 16. Juni 1777. Von diesem Tag ein Zettel an Charlotte von Stein. „Um achte war ich in meinem Garten, fand alles gut und wohl und ging mit mir selbst, mitunter lesend auf und ab. Um neune kriegt ich Brief, daß meine Schwester todt sey. – Ich kann nun weiter nichts sagen." Im Tagebuch am 16. Juni die Eintragung: „Brief des Todts m. Schwester. Dunckler zerrissner Tag." Am 17. die Notiz: „Leiden und Träumen." Dann Schweigen. Nach zwölf Tagen ein Brief an die Mutter nach Frankfurt. „Ich kan Ihr nichts sagen", beginnt er, „als dass das Glück sich gegen mich immer gleich bezeigt ..." Sein Wohlbefinden und Cornelias Tod in einem Atemzug. „... dass mir der todt der Schwester", fährt er fort, „nur desto schmerzlicher ist da er mich in so glücklichen Zeiten überrascht." Fünf Wochen nach Cornelias Tod sendet er Auguste von Stolberg den Vers:

> Alles gaben Götter die unendlichen
> Ihren Lieblingen ganz
> Alle Freuden die unendlichen
> Alle Schmerzen die unendlichen ganz.

Er fügt hinzu: „So sang ich neulich als ich tief in einer herrlichen Mondnacht aus dem Flusse stieg der vor meinem Garten durch die Wiesen fliest; und das bewahrheitet sich täglich an mir. Ich muss das Glück für meine Liebste erkennen, dafür schiert sie mich auch wieder wie ein geliebtes Weib. Den Todt meiner Schwester wirst du wissen. Mir geht in allem alles erwünscht, und leide allein um andre."

Inmitten der Tragödie sagt er, daß alles nach seinen Wünschen gehe, er der Liebling der Götter sei. Die Nicht-Existenz der Schwester ist ihm längst vertraut, die Schmerzen sind schon alle gefühlt, die Bitterkeit. Qualvoll ist ihm nun, was er in freier Entscheidung längst tat, durch ihren wirklichen Tod vollzogen zu sehen. „Leiden und Träumen" daher. Kindheit und Jugend mit Cornelia steigen in ihm auf. Die Erinnerung als Richter. Schuldzuweisungen vielleicht. Rechtfertigung. Beschwörung, die Verbannung, Zauberspruch ist.

„Mit meiner Schwester ist mir so eine starke Wurzel die mich an der Erde hielt abgehauen worden, dass die Äste, von oben, die davon Nahrung hatten auch absterben müssen", schreibt Goethe am 16. November 1777.

Als er von der Mutter erfährt, Schlosser gedenke wieder zu heiraten, erwidert er ihr: „Sagen kann ich über die seltsame Nachricht Ihres Briefes gar nichts", und gratuliert am gleichen Tag der zukünftigen Frau des Schwagers. Es ist Johanna Fahlmer, Goethes vertraute Freundin, sein „Tantchen", nur fünf Jahre älter als er und ihm in Briefen seit Jahren nah. „Dass du meine Schwester seyn kannst", schreibt Goethe Johanna, „macht mir einen unverschmerzlichen Verlust wieder neu, also verzeihe meine Thränen bey deinem Glück. Das Schicksal habe seine Mutterhand über dir und halte dich so warm, wie's mich hält, und gebe dass ich mit dir die Freuden genieße, die es meiner armen ersten versagt hat."

„Lebe wohl", setzt er darunter. Es ist ein Abschiedsbrief. In dem Moment, da Johanna Fahlmer sich Schlosser zuwendet, wendet sich Goethe von ihr.

„Mir ists wunderlich auf deinen Brief, mich freuts und ich kans noch nicht zurecht legen", steht da noch im Schreiben an Johanna. „Ich bin sehr verändert, das fühl ich am meisten, wenn eine sonst bekannte Stimme zu mir spricht, ich eine sonst bekannte Hand sehe.“ In einer Krise ist Goethe Ende 1777, sucht einen Ausweg, macht, wie auch später in solchen Situationen, eine Reise.

Am 29. November, fast auf den Tag genau ein Jahr nach dem Bruch mit Jakob Lenz, wandert Goethe allein und unter fremdem Namen in den winterlichen Harz. Gibt, befragt, vor, von Gotha zu kommen und auf dem Wege zu Schwester und Schwager nach Braunschweig zu sein. Wunsch, die Schwester noch lebendig zu wissen, Sehnsucht, sich zu ihr auf den Weg zu begeben?

Goethe sucht in Wernigerode einen jungen Mann namens Plessing auf. Begabt, selbstquälerisch, depressiv hat dieser sich mehrmals an Goethe brieflich mit Bitten um Hilfe gewandt. Goethe schwieg. Nun besucht er Plessing, spricht mit ihm, gibt ihm Ratschläge; sie sind in Plessings Lage und bei seiner Mentalität ebenso sinnlos wie die, die er Lenz gegeben haben muß. Goethe fühlt es, enttäuscht und ungeduldig verläßt er Plessing.

Ich stelle mir vor, daß vielleicht der verlorene Dichter-Freund und die Schwester vor seine Augen treten, er Versäumnis ahnt, mangelnde Liebe. Am 7. Dezember 1777 notiert Goethe in sein Tagebuch: „Geburtstag meiner abgeschiedenen Schwester.“

Zwei Jahre später besucht er auf dem Wege in die Schweiz mit Herzog Karl August zusammen Emmendingen. Er steht das erste Mal am Grab der Schwester, er ist Gast im Amtshaus. „Ihr Haushalt ist mir wie eine Tafel, worauf die geliebte Gestalt stand, die nun weggelöscht ist“, schreibt er an Charlotte von Stein.

Von den Töchtern Cornelias hält sich Goethe zeitlebens fern. Keine Briefwechsel, keine Besuche, keine Einladung der Kinder der Schwester nach Weimar. Als Goethe 1793 bei der Belagerung von Mainz in der Nähe von Emmendingen weilt und Schlosser ihn einlädt, entzieht er sich. Er weiß, Julia, die zweitgeborne Tochter Cornelias, ist sehr krank. Am 5. Juli 1793 stirbt das Mädchen. Sie ist sechzehn Jahre. 1811 stirbt Cornelias andere Tochter Lulu. Sie ist siebenunddreißig. Obwohl Goethe keinerlei Verbindung zu ihr hatte, sendet er ihrem Mann Ludwig Heinrich Nicolovius überraschend ein Kondolenzschreiben.

Ganz sicher ist das kein Zufall. Zu jener Zeit trägt er sich mit dem Gedanken, seine Lebenserinnerungen zu schreiben. Das Bild der Schwester steigt wieder in ihm auf.

„Wenn sie bey so viel liebenswürdigen und edlen Eigenschaften mit der Welt nicht einig werden konnte", schreibt Goethe an Nicolovius, „so erinnert sie mich an ihre Mutter, deren tiefe und zarte Natur, deren über ihr Geschlecht erhobener Geist sie nicht vor einem gewissen Unmuth mit ihrer jedesmaligen Umgebung schützen konnte. Obgleich in der letzten Zeit fern von ihr, und nur durch einen seltenen Briefwechsel gleichsam lose mit ihr verbunden fühlt ich doch diesen ihren, der Welt kaum angehörigen Zustand sehr lebhaft, und ich schöpfte daraus bey ihrem Scheiden zunächst einige Beruhigung."

Cornelias Tod wie der Ihrer Tochter wird durch die Worte „da sie mit der Welt nicht einig werden konnte" in die Nähe einer Selbstverschuldung gerückt. Das hängt mit Goethes im Alter immer stärker werdenden Überzeugung von der Eigenverantwortung jedes Menschen für sein Leben zusammen; bewußte Gestaltung, Harmonie, Folge und Form muß es für ihn sein. Selbst der Tod wird da einbezogen. Ein Beispiel. Am 19. März 1830 schreibt Goethe in einem Brief an Soret: „Da ist kürzlich 2. März der Sömmering gestorben, fünfundsiebzig Jahre alt. Was doch die Menschen für Dummköpfe sind, daß sie nicht die Courage haben, länger leben zu wollen als lumpige fünfundsiebzig Jahr! Da lob ich mir den großen radikalen Narren Bentham; der hält sich gut und ist sogar noch einige Wochen älter als ich."

Schon 1811 wird das „nicht mit der Welt ... einig werden" als Lebensunfähigkeit gewertet. Cornelias Tochter Lulu ist, wie aus über hundert ihrer überlieferten Briefe hervorgeht, eine heitere sinnenfrohe junge Frau, die sehr wohl ihr Leben gestaltet. Goethe geht an ihrem Charakter völlig vorbei; er spricht auch nicht über sie, die er gar nicht kennt, sondern über seine Schwester Cornelia. „Kaum angehörig" der „Welt" sei ihr „Zustand", daher die „Beruhigung" bei ihrem Tod. Von „Unmut der Umgebung" ist die Rede. Erinnerung an ihr Flehn um Briefe, um brüderliche Nähe in den Jahren vor ihrem Tode verdrängt. Abgeklärt wird von „gleichsam lose verbunden" gesprochen. Jener Brief von 1811 trägt schon alle Züge des Cornelia-Bildes, das Goethe in „Dichtung und Wahrheit" entwirft.

In den ersten fünf Büchern des ersten Teils von „Dichtung und Wahrheit" erscheint die Schwester – wir haben vieles in den vorangegangenen Kapiteln davon zitiert – eingebunden in das Familienleben im Frankfurter Haus am Hirschgraben. Goethe schildert sie liebevoll als ihm Vertraute, als Helferin, Trösterin in seinem ersten Liebesschmerz. Zu Beginn des zweiten Teils enthüllt Goethe das geschwisterliche Verhältnis bis an die Grenze des Tabus, da fallen jene Worte vom „seltsamen Falle“, wo die „Vertrauenden sich nicht in Liebende umwandeln durften“. Und er setzt zu einem großen Porträt Cornelias an. Als einen „Magneten, der von jeher stark auf mich wirkte“, empfindet er die Schwester, will diese geheime Anziehung erklären, um bald darauf zu sagen, es sei unmöglich, der Versuch schlage fehl. Ratlos nennt er Cornelia einen „Charakter, der dargestellt, kein Bild, pragmatisiert, kein Resultat gibt“. Ein „unbegreifliches Wesen“ sei Cornelia, ihre „Individualität“ in einem „dichterischen Ganzen“ darzustellen unmöglich.

Ihm schwebt vor, wie er über sie schreiben müsse, um ihre Persönlichkeit zu fassen – im Stil des empfindsamen Romans von Samuel Richardson. „Nur durch das genaueste Detail, durch unendliche Einzelheiten, die lebendig alle den Charakter des Ganzen tragen und, indem sie aus einer wundersamen Tiefe hervorspringen, eine Ahnung von dieser Tiefe geben; nur auf solche Weise hätte es einigermaßen gelingen können, eine Vorstellung dieser merkwürdigen Persönlichkeit mitzutheilen: denn die Quelle kann nur gedacht werden, in sofern sie fließt.“

Goethe wird es nie tun, so über die Schwester schreiben. Der „Tumult der Welt“, sagt er entschuldigend, habe ihn daran gehindert, und er fügt hinzu, es bleibe „nichts übrig, als den Schatten jenes seligen Geistes nur, wie durch Hülfe eines magischen Spiegels, auf einen Augenblick heranzurufen.“

Der Zauberspiegel, der Helenas „Wohlgestalt“, das Ideal der Schönheit im zweiten Teil des „Faust“ faßt, soll nun auch Cornelia, die Schwester, wiedergeben.

Jener Spiegel wird zum Zerrspiegel. Merkwürdig wiederholt sich bei Goethe der Spiegelkomplex Cornelias. Die Motive beim Bruder sind völlig andere, das Ergebnis scheint gleich. Auf nur einen Zug reduziert Goethe das Bild der Schwester, läßt es erstarren. Von abstoßendem Äußeren, von Häßlichkeit spricht er. Schon im 6. Buch, dann, Jahre später im 18. Buch von „Dichtung und Wahrheit". „Die Gesichtszüge" der Schwester, weder „bedeutend noch schön", entbehrten einer „gewissen Regelmäßigkeit und Anmuth", heißt es, die Haarfrisur wird kritisiert, die unreine Haut ein „dämonisches Mißgeschick" genannt. Cornelias Vorzüge, „groß, wohl und zart gebaut", Augen, die „tiefsten", die Goethe „jemals sah", werden darüber vergessen. Die Häßlichkeit dominiert. Aus dem Äußeren der Schwester wird auch ihr Inneres abgeleitet: Lebensabgewandtheit und Lebensunfähigkeit zu Cornelias Gesetz erklärt. Goethe konstatiert den Ausschluß der Schwester aus der Männerwelt und macht ihren Mangel an Schönheit und Sinnlichkeit dafür verantwortlich. Sein Urteil gipfelt in dem Satz „wäre sie von aussen begünstigt worden, sie unter den gesuchtetesten Frauen ihrer Zeit würde gegolten haben".

Es scheint, als ob Goethe mit allem einer Grundaussage zustrebe, die einzige Lebenschance Cornelias hätte in der Rolle einer ehelosen Nur-Schwester oder einer Äbtissin bestanden. Und in der Tat stilisiert er Cornelia in „Dichtung und Wahrheit" zu einer „schönen Seele", zu einer „Heiligen". Noch als Einundachtzigjähriger kommt Goethe im Gespräch mit Eckermann auf seine Cornelia-Darstellung in „Dichtung und Wahrheit" zurück. „Dieses Kapitel", sagte er, „wird von gebildeten Frauen mit Interesse gelesen werden, denn es werden viele sein, die meiner Schwester darin gleichen, daß sie, bei vorzüglichen geistigen und sittlichen Eigenschaften, nicht zugleich das Glück eines schönen Körpers empfinden."

Goethe kann seinen Besitzanspruch bis zuletzt nicht aufgeben. Und Ratlosigkeit bestimmt seine Erinnerung. Wenn er zum Beispiel ihrer Augen gedenkend von einem „Ausdruck" schreibt, der „eigentlich nicht zärtlich" war, nicht aus dem „Herzen", sondern aus der „Seele" kam, nichts „Sehnsüchtiges und Verlangendes" mit sich führte, aber „voll und reich" war, „er schien nur geben zu wollen, nicht des Empfangens zu bedürfen", so deutet das auf etwas Starkes, Eigenes in Cornelias Persönlichkeit, das sich ihm entzieht. Auch andere Umschreibungen drücken das aus, „ein fester nicht leicht bezwinglicher Charakter", ein „seltsames Gemisch von Strenge und Weichheit, von Eigensinn und Nachgiebigkeit" sei sie gewesen, ohne „Glaube, Liebe, Hoffnung". Letztlich gesteht er ein, daß alle Annäherungen versagen, Unauflösbares, Fremdes bleibt: „Sie war ein eigenes Wesen, von dem schwer zu sprechen ist", ein „indefinibles" Wesen. Mit dem gleichen Wort charakterisiert er den Dichter Jakob Michael Reinhold Lenz.

Mit der wirklichen Cornelia, ihrem Leben, ihren Wünschen und deren Scheitern, hat das kaum etwas zu tun. Viel aber mit Goethes nie endendem Schmerz über den Verlust der Schwester, den zwiefachen: der erste durch Schlosser trifft ihn wohl tiefer als der wirkliche Verlust durch den Tod.

Alles, was Goethe in „Dichtung und Wahrheit" über Cornelia schreibt, ist Versuch seiner Selbstheilung, Erklärung von Unerklärbarem, Annäherung, die versagt.

Der „magische Spiegel“ Goethes in „Dichtung und Wahrheit“ ruft nicht die Schwester Cornelia hervor, sondern gibt unbewußt Verletzungen, Schuld, Scham der nie endenden und nie bewältigten Auseinandersetzung mit der geliebten Schwester wieder.

„Er sollte ihr totes Bild nicht loswerden, er sollte nicht aufhören, sich Vorwürfe zu machen, daß er ihre Gesinnungen nicht erkannt, nicht erforscht, nicht geschätzt habe.“ Spuren seiner tiefen Betroffenheit, Worte aus der in den Roman „Die Wahlverwandtschaften“ eingefügten Novelle „Die wunderlichen Nachbarskinder“, die sich wie ein Gleichnis auf seine Beziehungen zur Schwester liest.

Spuren auch in anderen Werken, in „Iphigenie“, in der Prinzessin im „Tasso“, im kleinen frühen Drama „Lila“ und in dem ihm angehängten „Proserpina Monolog“, diesem eigenartig schönen Text, der von der Tochter der Ceres und des Jupiter erzählt, die jungfräulich bleiben will und auf Befehl Plutos geraubt wird. Spuren auch im zeitgleich mit dem Cornelia-Porträt in „Dichtung und Wahrheit“ entstandenen Aufsatz „Der Tänzerin Grab“ oder in der Therese aus „Wilhelm Meisters Lehrjahren“? Jaro, heißt es da, habe Therese die drei schönen Eigenschaften Glaube, Liebe, Hoffnung völlig abgesprochen. Es sind dieselben Eigenschaften, die Goethe Cornelia abspricht. „Wundersame Natur meiner Schwester. Man hätte von ihr sagen können, sie sei ohne Glauben, Liebe und Hoffnung.“ Von Therese heißt es in „Wilhelm Meisters Lehrjahren“: „Statt des Glaubens hat sie die Einsicht, statt der Liebe die Beharrlichkeit, und statt der Hoffnung das Zutrauen.“

Späte Abbitte, verhüllte Hinneigung, wie sie auch in der die Schatten der Vergangenheit beschwörenden „Zueignung“ zum „Faust“ spürbar wird?

Zu vermuten ist es, zu belegen nicht. Und wenn es wahr wäre, Cornelia lebt nicht darin fort, sondern in dem von Goethe in „Dichtung und Wahrheit" verbal ausgesprochenen harten Urteil.

Cornelia Goethe – der Abstand der Jahrhunderte und die Nähe zum Jetzt, zu dem, was ich bin, die andere neben mir ist. Zeitverschiebung – und Überschneidung der Zeit. Verlust und Gewinn.

Cornelia – Freundin für mich, Vertraute, nahe, zärtlich Verstandene. Ihre letzten Wochen. Was geht in ihr vor, frage ich mich? Trägt sie, ein weiblicher Werther, die „Krankheit zum Tode" bereits in sich, bevor sie der Bruder beschreiben wird. Sie, die ihrem Tagebuch an ihrem achtzehnten Geburtstag rücksichtslos anvertraut, daß die Zukunft wie ein „Traum" vergehen werde, „mit dem Unterschied, daß ich Unglück erwarte, das ich noch nicht kenne".

Nicht aus Lebensüberdruß schreibt sie das, sondern aus Sehnsucht nach einem sinnvollen Leben, von dem sie nicht einmal weiß, wie es aussehen soll; gestaltlose Wünsche, die nur in Schweigen münden können. Daher steht am Ende ihres Tagebuches die Rebellion gegen die Weiblichkeit und in der Folge die Verneinung, die Selbstabtötung.

Nicht ihr allein geht das so. Frauen, die in Kindheit und Jugend durch Väter oder Brüder geistig geweckt wurden, die begabt sind, verlieren die Fähigkeit, sich erfolgreich weiblich anzupassen – einzig lebbare Alternative.

„Aber ich mußte zwischen 12 und 24 Jahren schon ziemlich darauflosarbeiten, mich selbst umzubringen … und mir ins Fleisch schreiben, daß es besser ist, sich in neutrale Farben zu kleiden an stillen Wassern zu wandeln und seine Seele in Schweigen zu hüllen." Worte aus dem Tagebuch von Alice James, der Schwester des nordamerikanischen Schriftstellers Henry James. Auch sie ist nicht todessüchtig, aber das Leben verweigert ihr die Entfaltung; es wird ihr nicht bewußt, sie versteht es nicht, so bleibt ihr das Papier des Tagebuches als Schauplatz ihrer wilden Ausbrüche, ihrer starken Persönlichkeit. „Ich arbeite nach besten Kräften daran so schnell wie möglich tot zu sein." Das ist ihr Fazit.

Sechsundzwanzig Jahre ist Cornelia Goethe, als sie stirbt. Acht Jahre sind vergangen, seitdem sie sich aufgegeben hat. Lebt sie nur fort „durch einen Irrtum der Natur", wie eine andere von sich sagt, die im gleichen Alter wie Cornelia in den Tod geht, die Dichterin Karoline von Günderrode. Bereits im August 1801 schreibt sie; „es freut mich nichts, es schmerzt mich nichts bestimt, ich bin in dem elendesten Zustand, dem des Nichtfühlens, des dumpfen kalten Dahinschleppens." Und kurz vor ihrem Freitod im Juli 1806 antwortet sie einer Freundin: „Nach mir fragst Du? Ich bin eigentlich lebensmüde, ich fühle daß meine Zeit aus ist, und daß ich nur fortlebe durch einen Irrtum der Natur; dies Gefühl ist zuweilen lebhafter in mir, zuweilen blässer. Das ist mein Lebenslauf."

Das könnte auch der Cornelias sein. Die letzten Wochen. Immer wieder drängt sich mir ihr schmales Gesicht auf, ich sehe sie in Emmendingen in dem großen Haus. Will sie, daß der „phisische Tod" ihr, wie die Günderode sagt, „zu Hülfe" komme?

Was mag in den Fieberphantasien und im Wachen durch Cornelias Kopf, durch ihre Sinne rasen. Das Schrecklichste vielleicht: die Welt wird völlig farblos, geruchlos. Wieder und wieder versucht sie sie zurückzuholen, die Gerüche der Kindheit, die aus dem Fluß steigenden, die der herbstlichen Rebgärten, die der Tafel im Haus der Textor-Großmutter, die ihres Zimmers im Hirschgraben-Haus, die der Wachsstöckgen, wenn das Christfest naht. Vergeblich. Auch keine Farben. Wie sehr sie sich auch müht, was sie auch in die Erinnerung ruft, was sie im Traum sieht, alles ist ohne Farben – einzig Schattierungen von Grau und Weiß. Selbst die Geräusche in weiter Ferne. Die Trommel der Wache in Frankfurt am Main, das Lied des Türmers, nach Nord und Süd, Ost und West geblasen, das ihren Tag dreiundzwanzig Jahre teilte. Alles entfernt sich von ihr, als ob es nie gewesen wäre.

Gesichter bleiben, überdimensionale, grotesk verzerrt wie in einem Spiegelkabinett, Stirnen und Münder, die Köpfe in die Länge, in die Breite gezogen. Für Sekunden real. Und Stimmen! Die des Vaters, aber Cornelia versteht nicht, was er sagt. Die Stimme Schlossers, auch sie verliert sich. Zusammenhanglose Laute, in die Ferne gehend.

Einzig die Stimme des Bruders. Ganz deutlich ist sie, nah, voll Zärtlichkeit.

Die Fieberschübe werden von Tag zu Tag stärker. Das Bewußtsein schwindet. Manchmal spürt Cornelia, jemand wechselt ihr nasses Hemd, trocknet ihre schweißnassen Haare. Sie bittet um einen Spiegel. Das Gesicht, das sie darin erblickt, ist ihr fremd. So fremd wie ihre Kinder. Was wird aus ihnen werden? Wird sich ihr Leben in ihnen wiederholen? Das vielleicht ihre letzte Angst. Und im kurzen Moment der

Klarheit – vielleicht – Erinnerung an jene Verse Francesco Petrarcas, die sie im Mai 1775, als der Bruder in Emmendingen ist und sie ihn das letzte Mal sieht, seinem und ihrem Freund Lenz schenkt. Ihre Klage, ihm anvertraut, ihm zur Tröstung, jeder ist allein. Sie kennt die Verse, Wort für Wort.

> Je mehr ich mich dem letzten Tag nähere,
> Der das menschliche Elend abzukürzen pflegt,
> Desto mehr sehe ich, daß die Zeit schnell und leicht vergeht,
> Und daß meine Erwartung von ihr trügerisch und eitel ist.
>
> Ich sag zu meinem Innern: Nicht viel werden wir
> Mehr von Liebe reden, weil der harte und drückende
> Irdische Kerker zusammenfällt wie frischer Schnee;
> Dann werden wir Frieden haben.
>
> Denn mit ihm wird jene Erwartung fallen,
> Die uns so lange getäuscht hat,
> Und das Lachen, das Weinen, die Furcht, der
> Zorn …

NACHBEMERKUNG

Für die Übersetzung des gesamten Brieftagebuches von Cornelia Goethe aus dem Französischen danke ich Frau Tilly Bergner. Alle Äußerungen Cornelias werden nach ihrer, eigens für diese Arbeit entstandenen Übersetzung zitiert. Die übrigen Briefe Cornelias werden zitiert nach: Ernst Beutler, „Johann Caspar Goethe. Briefe aus dem Elternhaus", Ergänzungsband der Goethe-Gedenkausgabe, Zürich 1960.

Goethes Briefe aus Leipzig an die Schwester werden nach der 1986 in Hamburg erschienenen Ausgabe „Goethe an Cornelia. Die dreizehn Briefe an seine Schwester" zitiert, die André Banuls herausgegeben hat und in der erstmalig die französischen und englischen Briefe und Passagen ins Deutsche übertragen sind. Über Cornelia Goethe haben unter anderen geschrieben: Heinrich Düntzer, „Frauenbilder aus Goethes Jugendzeit", Stuttgart 1852; Georg Witkowski, „Cornelia, die Schwester Goethes", Frankfurt a. M. 1903; Ernst Beutler, a. a. O.; Otto Rank, „Goethes Schwesterliebe" in „Geschlecht und Gesellschaft" 9, 1914; Sigmund Freud, „Ansprache im Frankfurter Goethehaus", 1930, in „Gesammelte Werke", Band 14, Frankfurt am Main 1977; K. R. Eissler, „Goethe, eine psychoanalytische Studie", Frankfurt am Main 1983; Ulrike Prokop, „Die Melancholie der Cornelia Goethe“ in „Schwestern berühmter Männer. Zwölf biographische Portraits“, Frankfurt am Main 1985. Dem letztgenannten Buch habe ich für Fakten und Anregungen zu danken.

Weiterhin gilt mein Dank für lokalgeschichtliche Auskünfte Herrn Stadtarchivar Ernst Hetzel in Emmendingen. Frau Dr. Annelies Plätzsch, Leipzig, verdanke ich den Hinweis auf die Handschrift des unveröffentlichten Zinck-Briefes. Er befindet sich im Handschriftenarchiv der Leipziger Universitätsbibliothek, der ich, wie auch dem Goethe- und Schiller-Archiv in Weimar, für Einsichten in Handschriften Cornelia Goethes danke. Für die freundliche Erlaubnis zur Reproduktion des Bildnisses der Cornelia Goethe von J. L. E. Morgenstern danken Verlag und Autorin Herrn Dr. Jürgen Behrens, Freies Deutsches Hochstift, Goethe-Museum Frankfurt am Main.

Sigrid Damm

Berlin, den 7. Dezember 1986

JOHANN WOLFGANG GOETHE

IM INSEL VERLAG

Werkausgabe

Insel-Goethe. 6 Bände.
Herausgegeben von Emil Staiger, Walter Höllerer,
Hans-J. Weitz, Norbert Miller u.a. 1986.

Das dramatische Werk

Faust I.
Mit Illustrationen von Eugène Delacroix
und einem Nachwort von Jörn Göres. 1986.

Faust II.
Mit Federzeichnungen von Max Beckmann.
Mit einem Nachwort zum Text von Jörn Göres
und zu den Zeichnungen von Friedhelm Fischer. 1987.

Faust. Zweiter Teil.
Faksimile der Erstausgabe. 1970.

Faust.
Drei Urfassungen. Urfaust. Faust. Ein Fragment. Faust.
Eine Tragödie.
Herausgegeben mit einem Nachwort von Werner Keller. 1985.

Iphigenie auf Tauris.
Prosafassung.
Herausgegeben von Eberhard Haufe. 1982.

Frühes Theater.
Mit einer Auswahl aus den dramaturgischen Schriften
1771-1828.
Herausgegeben und mit einem Nachwort versehen
von Dieter Borchmeyer. 1982.

Klassisches Theater.
Herausgegeben und mit einem Nachwort versehen
von Dieter Borchmeyer. 1982.

Das erzählende und das epische Werk

Der Mann von fünfzig Jahren.
Mit einem Nachwort von Adolf Muschg. 1985.

Hermann und Dorothea.
Mit Aufsätzen von A. W. Schlegel, W. v. Humboldt,
G. W. F. Hegel und H. Hettner.
Mit 10 Kupfern von Catel. 1982

Die Leiden des jungen Werther.
Bibliothek deutscher Erst- und Frühausgaben in
originalgetreuen Wiedergaben.
Herausgegeben von Bernhard Zeller. 1979.

Die Leiden des jungen Werther.
Mit einem Essay von Georg Lukács und Illustrationen
von Chodowiecki.
Nachwort von Jörn Göres. 1987.

Märchen.
Der neue Paris. Die neue Melusine. Das Märchen.
Herausgegeben von Katharina Mommsen. 1987.

Novellen.
Herausgegeben und mit einem Nachwort versehen
von Katharina Mommsen.
Mit Federzeichnungen von Max Liebermann. 1987.

Reineke Fuchs.
Mit Stahlstichen nach Zeichnungen
von Wilhelm Kaulbach. 1987.

Unterhaltungen deutscher Ausgewanderten.
Mit einem Nachwort herausgegeben von Gert Ueding. 1987.

Die Wahlverwandtschaften.
Mit einem Essay von Walter Benjamin. 1987.

Wilhelm Meisters Lehrjahre.
Herausgegeben von Erich Schmidt. 1986.

Wilhelm Meisters theatralische Sendung.
Mit einem Nachwort von Wilhelm Voßkamp. 1984.

Wilhelm Meisters Wanderjahre oder Die Entsagenden.
Mit einem Nachwort von Adolf Muschg. 1985.

Das lyrische Werk

Elegie von Marienbad.
September 1823.
Faksimile einer Urhandschrift.
Herausgegeben von Christoph Michel und Jürgen Behrens.
Mit einem Geleitwort von Arthur Henkel. 1983.

Römische Elegien.
Faksimile der Handschrift und Transkription.
Mit einem Nachwort von Horst Rüdiger. 1984.

Das ›Tagebuch‹ Goethes und Rilkes ›Sieben Gedichte‹.
Erläutert von Siegfried Unseld. 1987.

West-östlicher Divan.
Herausgegeben und erläutert von Hans-J. Weitz.
Mit Essays zum ›Divan‹ von Hugo von Hofmannsthal,
Oskar Loerke und Karl Krolow. 1987.

Xenien. 1986.

Gedichte in einem Band.
Herausgegeben von Heinz Nicolai. 1986.

Gedichte in zeitlicher Folge.
Zwei Bände.
Herausgegeben von Heinz Nicolai. 1986.

Goethes schönste Gedichte.
Herausgegeben von Jochen Schmidt. 1985.

Goethes Liebesgedichte.
Ausgewählt und herausgegeben von Hans Gerhard Gräf.
Mit einem Nachwort von Emil Staiger. 1985.

Alle Freuden, die unendlichen.
Liebesgedichte und Interpretationen.
Herausgegeben von Marcel Reich-Ranicki.
Mit einem Frontispiz. 1987.

Reiseskizzen und -tagebücher

Das Römische Carneval.
Mit den farbigen Figurinen von 1789 und Goethes Fragmenten ›Über Italien‹.
Herausgegeben von Isabella Kuhn. 1984.

Italienische Reise.
Mit vierzig Zeichnungen des Autors.
Herausgegeben und mit einem Nachwort versehen von Christoph Michel. 1987.

Tagebuch der Italienischen Reise 1786.
Notizen und Briefe aus Italien.
Mit Skizzen und Zeichnungen des Autors.
Herausgegeben und erläutert von Christoph Michel. 1987.

Tagebuch der ersten Schweizer Reise 1775.
Mit den Zeichnungen des Autors und einem vollständigen Faksimile der Handschrift.
Herausgegeben und erläutert von Hans-Georg Dewitz. 1980.

Goethes letzte Schweizer Reise.
Dargestellt von Barbara Schnyder-Seidel.
Mit zeitgenössischen Illustrationen. 1980.

Reise-, Zerstreuungs- und Trostbüchlein 1806–1807.
77 zum Teil vierfarbige Tafeln.
Herausgegeben und mit einem Nachwort versehen von Christoph Michel. 1979.

Auswahlausgaben

Dichtung und Wahrheit.
Mit zeitgenössischen Illustrationen.
Ausgewählt von Jörn Göres. 1986.

Historische Schriften.
Eine Auswahl in biographischer Folge.
Herausgegeben von Horst Günther.
Mit Zeichnungen von Goethe. 1985.

Goethes Gedanken über Musik.
Eine Sammlung aus seinen Werken, Briefen, Gesprächen und Tagebüchern.
Herausgegeben von Hedwig Walwei-Wiegelmann.
Mit 48 Abbildungen von Hartmut Schmidt. 1987.

Schriften zur Naturwissenschaft.
Ausgewählt und herausgegeben von Horst Günther.
Mit Zeichnungen Goethes. 1985.

Schriften zur Weltliteratur.
Mit Buchillustrationen aus der Goethezeit.
Herausgegeben von Horst Günther. 1987.

Maximen und Reflexionen.
Mit den Erläuterungen und der Einleitung Max Heckers.
Nachwort von Isabella Kuhn. 1982.
(Text der Ausgabe von 1907)

Über die Deutschen.
Herausgegeben von Hans-J. Weitz. 1982.

Die guten Frauen als Gegenbild der bösen Weiber.
Mit Kupferstichen von Johann Heinrich Ramberg aus dem Taschenbuch für Damen auf das Jahr 1801. 1986.

Goethe warum?
Eine repräsentative Auslese aus Werken, Briefen und Dokumenten. Herausgegeben und mit einem Nachwort versehen von Katharina Mommsen. 1984.

Briefe

Goethes Briefwechsel mit Marianne und Jakob Willemer.
Dokumente. Lebens-Chronik. Erläuterung.
Herausgegeben von Hans-J. Weitz. 1965.

Goethe–Schiller: Briefwechsel.
Neu herausgegeben und mit einer Einleitung versehen
von Emil Staiger. 1966.

Briefe an Auguste Gräfin zu Stolberg.
Herausgegeben und mit einem Nachwort versehen
von Jürgen Behrens.
Mit Abbildungen und Faksimiles. 1982.

Briefwechsel zwischen Goethe und Zelter 1799-1832.
Herausgegeben von Max Hecker. 1987.

Über Goethe

Johann Peter Eckermann,
Gespräche mit Goethe in den letzten Jahren seines Lebens.
Herausgegeben von Fritz Bergemann. 1987.

Goethe – seine äußere Erscheinung.
Literarische und künstlerische Dokumente seiner
Zeitgenossen.
Zusammengetragen von Emil Schaeffer.
Überprüft und ergänzt von Jörn Göres. 1980.

Goethe im zwanzigsten Jahrhundert.
Spiegelungen und Deutungen.
Herausgegeben von Hans Mayer. 1987.

Johann Wolfgang Goethe. Sein Leben in Bildern und Texten.
Herausgegeben und mit einem Vorwort versehen
von Christoph Michels.
Gestaltet von Willy Fleckhaus.
Mit Erläuterungen zu 500 Abbildungen, einer Chronik und
Register. 1982.

Goethes Leben und Werk in Daten und Bildern.
Herausgegeben von Bernhard Gajek und Franz Götting
unter Mitarbeit von Jörn Göres. 1987.

Bibliophile Ausgaben

»Hier schicke ich einen Traum«.
50 Geschenk- und Albumblätter.
Faksimile im Lichtdruck. 1000 Exemplare limitiert.
Herausgegeben und kommentiert von Gerhard Femmel. 1982.

Sammelhandschriften Goethescher Gedichte.
Faksimile.
Mit einem Kommentarband.
Herausgegeben und kommentiert von Karl-Heinz Hahn. 1984.